남북협력개론

남북한 제대로 알기
민주시민교육총서

CONTENTS

남북한 제대로 알기 민주시민교육총서
"남북협력개론"

04p **박상철** 교수
발전적인 북한정책론

26p **김경성** 이사장
[DMZ]
국제스포츠대회
민간 & 지자체
역할과 전망

64p **차성근** 박사
북한 독재체제의
구조적 특징

102p **이정호** 박사
북한의 사법, 검찰,
안전, 보위사업
들여다보기

126p **김수연** 박사
과학기술로 이루는
남북교류협력

152p **이성희** 겸임교수
북한의 교육과
SDG-4
목표와 이행

200p **오형식** 겸임교수
북한의 새 국가전략
'인민대중제일주의'

236p **차동길** 교수
두 개의 코리아
(Two Korea)

260p **이호곤** 교수
북한과 로마 제국의
정치 체제 비교

288p **문근식** 박사
북 비핵화
교착상태에서
할 수 있는
통일노력은?

314p **위영금** 박사
북한 음식문화 기행

346p **강동완** 박사
한반도 평화체제의 길

386p **권남회** 박사
농업으로 본 북한 개혁

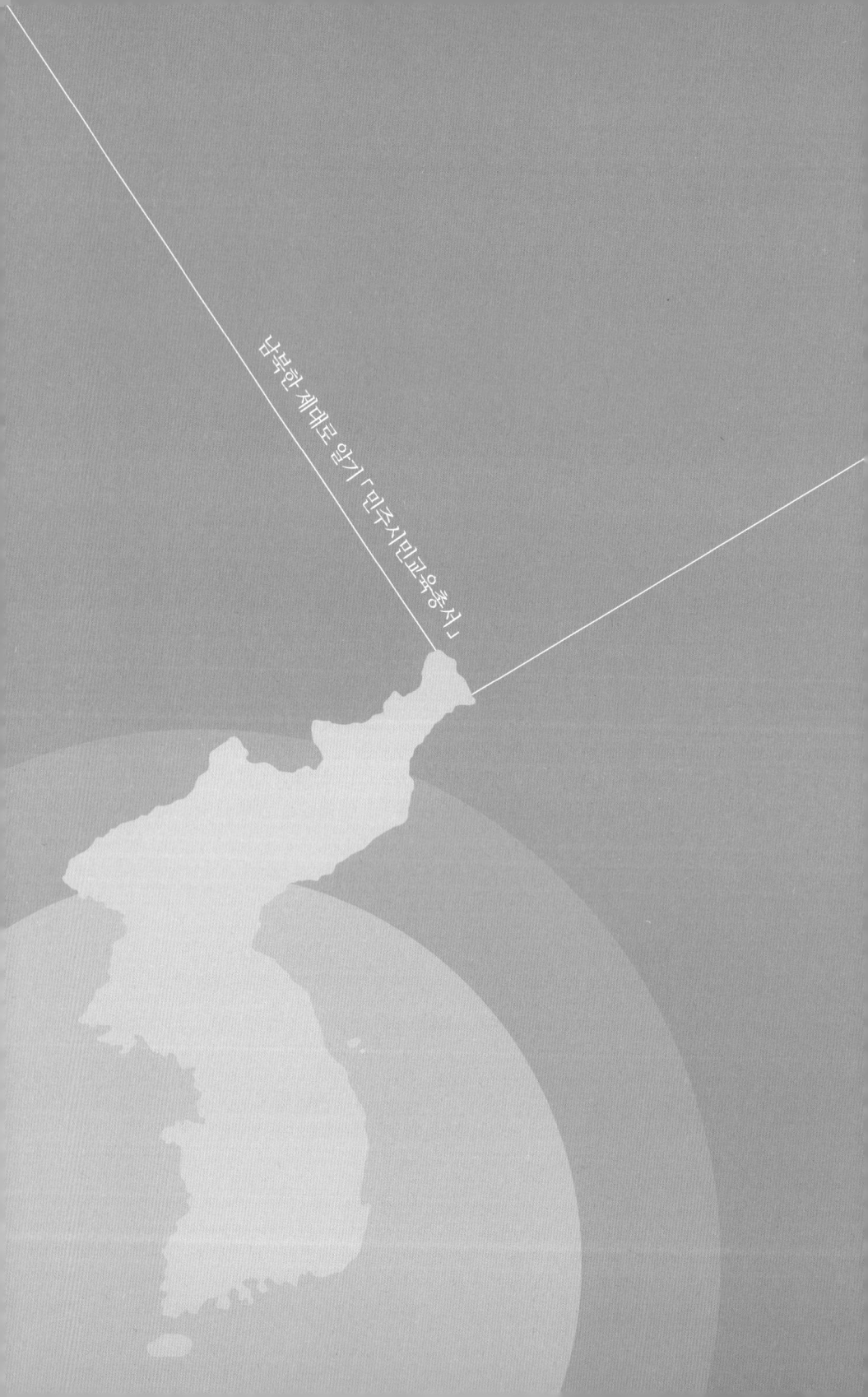

남북한 체제도 앞기「민주시민교육총서」

남북한 제대로 알기 민주시민교육총서
남 북 협 력 개 론

발전적인 북한정책론

박상철 교수

01 발전적인 북한정책론

1. 대북정책에 대한 확신과 자신감

> **키 – 포인트 key point**
>
> 절대적 대북우월적 지위를 바탕으로 대북정책에 대한 확신과 자신감을 가지는 것이 중요하며, 3대 대북정책의 규범화의 필요성을 강조
>
> ✓ 통일정책과 안보정책의 동일화 경계
> ✓ 시장경제 원리의 대북 확산
> ✓ 통일정책에 대한 정치공세 자제

    북한에 대한 자신감과 대북정책의 일관성이 확보된다면 많은 국민들이 정말 편안해 할 것이다. 북한을 효율적으로 다루려면 무엇보다 북한에 대한 지식과 정보가 충분해야 한다.

    이를 위해서 사회과학으로서 북한학이 정립되어야 하는데, 우리 사회

에서 북한학 공부를 제대로 하기가 어렵다. 북한을 사회현상의 관찰대상으로 삼기가 어려운 것은 북한에 대한 정보부재가 걸림돌이지만, 가장 큰 장애는 남남갈등 수준의 이념대결 때문에 북한에 대한 객관적 연구가 불가능에 가깝다.

보수·진보 간의 서로 다른 이데올로기적 입장에서 전시작전통제권, 북한인권문제, 남북교류협력확대 등을 객관적으로 연구하고 토론하기가 어렵다. 한·미 동맹은 새로운 동북아 질서와 미국의 아시아세력 재균형 정책과 중국의 세계세력 재균형 충돌에 대한 거리낌 없는 토론을 어렵게 한다. 과거 THAAD 문제와 AIIB 문제는 바로 이러한 고민이 현실로 다가왔음을 보여주었다.

한반도 평화문제는 대한민국의 모든 국사(國事)의 하드웨어이다. 한반도에서의 평화문제는 남북통일이 핵심사항이다. 무엇보다도 남북통일문제에 대한 국민적 합의가 확보되어야 한다.

다음의 질문에 같은 답변을 할 수 있는 국민들이 많아져야 한다.
① 북한은 우리에게 어떤 존재인가?
② 어떤 통일방식이 바람직하고 효율적인가?
③ 우리는 무엇을 할 것인가?

대북문제를 보수 진보 간의 논쟁으로 끌고 가는 것은 정치·경제·문화 등의 절대적인 대북우월적 지위를 포기하는 것이나 마찬가지다. 여유와 다양한 전략, 그리고 보수·진보 간의 자유로운 토론과 논쟁을 할 수 있는 생산적인 정치·사회구조를 만들어 내는 것이 절실하다. 그 첫 번째로서, 국민적 합의를 담보할 수 있고 대북정책에 대한 자신감과 확신을 위한 세 가지 대북정책의 기본원칙을 제시한다.

통일정책과 안보정책의 동일화 경계

　대북정책은 통일정책과 안보정책으로 구성되고 양자 간의 조화를 필요로 한다.

　'통일정책'과 '안보정책'은 통일한국을 향하여 가는 열차의 두 레일에 해당된다 해도 과언이 아니다. 통일과 안보의 관계는 밀접한 관계를 갖지만 그 속성에 있어서 서로 다르다. 통일정책은 남북대결의 정책 중 이데올로기적 대립을 극복하고 사회통합으로 이끌어 가는 데 중점을 둔 반면, 안보정책은 군비경쟁을 통한 대북 군사력 우위를 점하는 것은 물론 잠재적 적국으로부터의 모든 위협에 대비하는 데 그 목적을 두기 때문이다. 통일정책은 국내외적 상황과 남북 간의 상대성을 감안한 유연성을 그 특징으로 갖게 된다면, 안보정책은 절대성과 경직성을 그 본질로 하고 있다.

이에 통일정책과 안보정책을 동일시하거나 통일정책의 안보정책화 경향은 경계의 대상이 될 수밖에 없다. 통일정책의 안보정책화가 보혁갈등에 있어서 보수적 식견의 정책일 순 없고 양 정책을 상호 대립 개념으로 이해하여서도 안 된다. 과거에도 헌법상 대북정책에 있어서 국시(기본원칙)는 반공이 아니라 평화통일이었다는 점을 상기할 필요가 있다.

정부의 통일정책은 확고부동한 안보를 바탕으로 할 때, 그 위력이 배가되기 때문에 바로 '통일정책'과 '안보정책'은 상호의존적이며, '통일한국'을 향해 가는 통일열차의 두 레일이 되는 것이다.

미국이 냉전시대에 소련을 붕괴시킨 것은 국방정책의 승리가 아닌 탄탄한 국방력을 믿고 자신 있고 탄력적인 외교정책을 발휘했기 때문이다. 우리의 안보정책에 해당되는 미국의 국방정책은 미·소 SALT회담에서 나타났듯이 미사일 보유의 비교우위를 놓치지 않으려는 절대성에 근거한 것이다. 반면, 우리의 통일정책에 해당하는 미국의 대소 외교정책은 경제

지원, 락그룹 공연·햄버거·코카콜라 등의 문화이식, 경제봉쇄정책과 같이 강경 및 온건정책을 다양하게 구사하면서 단 한발의 총성 없이 소련을 붕괴시킨 것이다. 미국의 소련정책 예에서 보듯이 우리의 대북정책 또한 통일정책과 안보정책의 탄력적 운영이 요청된다.

시장경제 원리의 대북 확산

6·15남북정상회담 이후 한 때 남북한 교류와 경제협력은 남북분단사에 유례를 찾아보기 힘들 정도로 활성화 되었다는 것은 분명하다. 다만, 자유민주주의에 대한 가치와 상호주의에 대한 개방적인 태도가 협소하거나 미진하기에 '속도조절론', '북한의 변화부정론' 등의 논리가 비등하고 있는 형편이며, 시민단체를 중심으로 한 이산가족을 비롯한 민간교류사업의 활성화가 인도주의적 성격에서 더 이상 진전이 없고 오히려 북한 지역 전단살포와 같이 정부의 대북정책에 부담을 주는 민간영역의 활동은 심히 유감이다.

남북한 교류협력사업의 목적이 뚜렷할 필요가 있다. 이제는 단순한 동포애의 차원을 넘어서서 북한에 시장경제의 가치와 의식을 접목시킨다는 목표를 설정하여 서둘지 않고 꾸준히 실현해 나가는 자세가 요청되는 시점이다. 시장경제 원리의 대북확산이라는 대전제를 분명히 한다면 이 분야에 관한 한 북측에 어떠한 형태의 지원 및 교류를 하여도 우리는 이미 남북한 간 등가성 및 대칭성의 상호주의를 확보하고 있는 셈이 된다.

정확한 통계는 없지만 얼마 전부터 북한 경제체제에서 시장경제부문이 약 30%를 상회하고 있다 한다. 물론 이는 물물교환과 같은 현물거래가 포함된 통계로서 시장경제원리의 정착근거로는 많은 한계를 갖고 있으나, 대북 교류·협력사업의 최종목적이 시장경제원리의 대북확산에 있다는 인식을 가져야 한다는 기본원칙수립에 있어서 매우 중요한 단초를 제공하는 가치가 있다.

여기에서의 시장경제원리는 '시장경제'라는 말이 당초에 경제학상의 용어가 아니었듯이 시장과 가격결정, 반사회주의 경제원리, 경쟁·자율·책임을 경제운용의 기본틀로 하는 시장경제 등과 같은 협의의 의미의 시상경제원리만을 말하는 것이 아니다.

대북정책의 일환으로서의 '시장경제원리'는 '모두를 살리는 시스템'으로서의 원리를 의미하며, '인간다운 삶'을 추구할 수 있는 사회제도를 말한다. 정치적 민주화와 인간의 기본권을 향유하는 국민이 존재하여야 작동되는 원리가 시장경제의 원리인 것이다. 과거 세계사에서 17·18세기의 보호무역주의를 구가하던 제국주의를 반역사적이고 반도덕적인 것으로 비난한 것은 시장경제원리에 반하기 때문이며, 우리 사회에서 '재벌의 악덕'을 개혁대상으로 삼는 것도 같은 연유인 것이다. 그리고 구소련이나 중국조차도 그들 국민의 '인간다운 삶'을 위해 한동안 그토록 경원시 해왔던 시장경제원리를 받아들이고 있는 것도 시장경제의 원리의 유용성과 개방성 때문임을 알 수 있다.

이에 시장경제원리의 대북 확산 또한 남북관계 규범화의 기본원칙의 하나로서 일반국민의 대북인식에 각인되어야 한다.

통일정책에 대한 정치공세 자제

우리 헌법상 대통령은 국가원수이자 동시에 국정의 최고책임자로서 조국의 평화적 통일을 완수할 정책적 결단권과 책임을 가진 자이다. 그리고 경우에 따라서 헌법 제72조에 의거 주권자로서의 국민과 합의에 의하여 통일과업을 달성할 수도 있다.

모든 국민의 정치적·헌법적 대표인 대통령은 많은 국민의 바람직한 통일관(統一觀)에 근거한 다양한 통일논의(統一論議)의 수렴과정을 거쳐 통일정책(統一政策)을 수립하는 책무를 갖되, 일관되고 당당하게 통일정책을 추진하여야 할 것이다.

과거 한때(유신 및 제5공화국 시기) 양심의 자유의 영역인 통일관의 형성에 마저 국가가 관여하기도 했으며, 다양한 통일논의를 용공시하여 금기시하였던 적이 있었다. 그런데 적극적인 통일정책을 지향했던 시기(국민의 정부·참여정부시기)에 가장 큰 문제는 정부의 통일정책 추진에 대하여 지나치게 남남갈등의 이데올로기적 정치공세가 너무 심하고, 정치권에서는 이미 일상화되었다는 점에 그 심각함이 있었다.

　일반국가의 외교정책과 분단국가의 통일정책의 창구단일화는 국가운영시스템의 아주 기본적인 원리임에도 불구하고 오늘날 대한민국의 통일정책 추진에는 기이한 현상이 나타나고 있다. 이렇게 되어버린 이면에는 우리 사회의 정치세력 및 시민단체의 당리당략과 언론의 무책임성이 그 현행범이며, 대통령의 국가관리시스템과 지도력 부재가 공동정범이라고 해도 폭언은 아니라 판단한다.

　이에 바람직한 '통일관 → 다양한 통일논의 → 일관된 통일정책'의 순서에 따라 형성된 국가의 통일정책이라면 정치공세의 대상이 되어서는 안 된다는 점을 남북관계 규범화의 기본원칙에 추가한다.

　분명한 것은 한국은 북한과 비교할 때, 정치·경제·사회·문화 모든 영역에서 압도적 우위를 점하고 있음에도 불구하고, 남북 간의 1:1 수준의 맞대결 구도에 갇혀있는 것은 활발한 대북정책을 자신있게, 자유롭게 구사하지 못하고 있는 까닭에서 비롯된 것이다. 이를 극복하기 위해서 북한과 남북관계 주변의 역학구조에 대한 사회과학적, 지적 자신감을 갖는 것이 전제되어야 한다. 대한민국의 많은 사회과학도가 북한을 이제라도 열공할 것을 권한다.

2. 북한정책 궤도수정론 ① : 남북관계

> **키 – 포인트** key point
>
> 제6공화국 출범 이후 꾸준히 지속되어 온 3단계 통일방안의 조건과 환경이 변화되고, 한반도 문제에 있어서 비핵화와 평화협정론 등의 새로운 개념이 도입되면서 북한정책의 궤도수정이 불가피함
>
> ✓ 상호교류 · 화해협력 · 남북연합의 오버랩(Overlap)
> ✓ 챙길 것이 더 많아진 보통국가 관계로서 남한과 북한
> ✓ 문제는 남북한 주민 간의 절대적 적대감 해소다

　기존의 대북정책은 통일정책에 비중을 두면 진보, 안보정책을 강조하면 보수로 구분하였다. 그러나 대북정책이라는 표현이 공세적이기에 '북한정책'으로 대체하는 것이 지금의 상황에 걸맞는 것 같다. 그 북한정책이 대폭적인 궤도수정을 할 때가 왔다.

　첫째, 졸지에 기존의 3단계 통일과정 중 2단계인 남북연합단계 문턱까지 갈 수 있음을 인지해야 한다. 둘째, 남북관계가 적대적 또는 우호적인 것으로 양자택일하는 단순화 시대에서 같은 민족이지만 보통국가끼리의 관계로 재정립해야 하는 상황에 직면했음을 자각해야 한다. 셋째, 한반도평화체제가 구축되려면 남북한 양쪽의 주민들이 절대적 적대관계에서 벗어나야 한다. 이상의 세 가지 측면에서 '북한정책 궤도수정론'을 구성 · 토론하고자 한다.

상호교류 · 화해협력 · 남북연합의 오버랩(Overlap)

제6공화국에 들어서면서 모든 남한정부의 대북정책과 통일정책은 3단계의 구조를 갖고 있다. 1단계는 상호교류 및 화해협력·신뢰회복 등 정부별로 통일정책 기조를 다양하게 가진 반면, 2단계와 3단계는 이구동성·천편일률적으로 '남북연합'과 '통일한국'으로 설정하였다. 남북연합과 통일한국은 지금까지는 먼 미래의 문제였기 때문에 깊은 고민 없이 노태우·김영삼·김대중·노무현·이명박·박근혜 정부가 형식적으로 남북한 3단계 통일기조로 답습해왔던 것이다. 그러나 '4·27 판문점 선언' 이후 갑작스러운 한반도 비핵화 및 평화협정론의 등장은 통일정책의 제1단계에서는 상상할 수 없었던 색다른 개념과 용어들이 속출하였다. 통일정책론적 측면에서 볼 때 남북연합시대에서 상정하는 개념과 발상들이 등장한 것이다.

제1단계에서는 민족의 동질성을 강조하면서 상호교류와 화해협력을 이야기한다면, 남북연합단계에서는 공동의 언어, 공용어와 공동의 역사 및 문화를 합작하게 된다. 군사적 측면에서도 정전협정 시절에는 상호불가침을 약속하며 소극적인 평화 즉 전쟁 없는 상태를 유지하는게 목표였다면, 제2단계인 남북연합의 시대에는 전쟁해소의 제도화 즉 군축(軍縮)을 합의해야 한다. 한반도평화협정의 자율성을 위해서는 전시작전통제권은 민족자주, 국방자주 등등 운위할 것 없이 당연히 대한민국으로 넘어와야 할 것이다. 작전통제권 없이 한반도평화협정체제를 어떻게 기획·관리하겠는가. 우호적이든 적대적이든 간에 남북 화해협력의 단계에서는 일방향의 주장을 해도 되지만, 남북연합의 문턱에 들어선 순간 쌍방향의 합의와 토론이 필요하게 되고, 심지어는 통일한국을 향한 경제통합과 단일화폐 그리고 주한미군 철수까지 논의하게 된다.

과거 남북 예멘이 통일논의를 시작하면서 생각보다 빨리 남북 예멘 간의 연합시대에 들어서게 되었으나, 공동의 역사교과서·경제표준화·종교문제 논의 등 각종 연합을 시작하면서 오히려 충돌과 갈등이 곳곳에서 증폭되어 무력대결, 즉 전쟁으로 치달은 비극적 역사가 있었다. 남북 예멘의 경험에 비춰볼 때 남북한은 고도의 협상과정과 결속력을 갖고 있기에 비교할 바는 아니지만, 남북대결의 긴장관계 시대보다 더 복잡해진 한반도평화체제에서는 다른 차원의 숙제가 많이 기다리고 있음을 명심하여야 한다. 북한정책의 이론과 실제에 있어서 질적으로나 양적으로 급격한 궤도수정이 불가피한 시대가 오고 있다.

챙길 것이 더 많아진 보통국가 관계로서 남한과 북한

한반도 비핵화 이후 한반도평화체제의 시작은 남북관계를 명실공히 보통국가의 관계로 정상화·전환시키려던 시도가 있었다. 지금까지 남북관계는 같은 민족임을 강조하거나, 이념적으로 공산주의와 대결했던 단순구도의 시대였다. 우호적이거나 적대적이면 정리되는 것이 기존의 남북관계였다면, 이제는 남한과 북한이 보통국가로서 서로를 정확히 이해하고 대우하는 정치적 예법을 갖출 때가 되었다. 남북한의 정치·외교적 궤도와 차원이 크게 바뀌어야 한다.

당장에 정부는 북한이 남한의 정치제도와 민주주의 양식에 대해서 충분히 알도록 해야 한다. 문재인 대통령과 김정은 위원장이 덕담을 나누고 포옹을 할 때 청와대와 대북관계자들은 한국의 정치와 민주주의를 북한이 충분히 인지(認知)·인용(認容)하도록 해야 한다고 강조한 적이 있었다. 북한과 달리 한국에는 야당과 언론이 있음을 분명히 숙지시키고 대한민국 대통령의 임기는 5년 단임제이며 문재인 대통령의 경우 4년의 임기가 남아있음 또한 강조하라는 것이었다.

보수 야당이 탈북 보수인사를 국회로 불러 세미나를 한다든가 위험수위를 넘나드는 보수언론의 보도는 바람직하지는 않으나, 남한정치에서 작동되고 있는 정치·사회적 현상임을 남북이 같이 이해하도록 해야할 것이다. 청와대와 대통령 대북참모진들은 한반도 평화시대의 돌입과 함께 넘쳐나는 감격과 기쁨을 삼키고 기뻐서 웃음이 나와도 진지한 표정과 마음가짐으로 남북관계의 새로운 궤도수정의 주체, 즉 냉정한 작동자가 될 것을 주문하였다.

북한이 남한에 대한 정치적 이해와 외교적 예법을 숙달하도록 권유·유도하면서도, 한편 우리도 북한의 정치적 결단과정과 경제시스템 및 북한의 지방정치 등이 오로지 김정은 위원장의 지시에 의해서만 이루어지는 것인지 아닌지에 대한 확실한 연구와 인지가 있어야 한다.

현재까지 북한의 권력엘리트와 정치과정에 대한 연구는 대남정책에 집중되어 있었지 북한체제 유지 및 작동의 실체 해명에는 많은 부분 크게 미치지 못하고 있다. 한 나라가 다른 나라와 관계를 맺는 보통국가의 관계로서 남북한의 밀착관계는 매우 빠른 속도로 폭넓게 진행될 것이다. 준비가 필요하다.

문제는 남북한 주민 간의 절대적 적대감 해소다

4·27 남북정상의 만남은 새로운 남북관계로의 정점(頂点)이라기보다는 한반도평화체제의 출발점(出發點)이었다. 기존의 남북관계에서와는 달리 명실공히 한반도평화체제에서는 남북한 주민들 간의 절대적 적대감이 있어서는 안된다.

70년의 대한민국에서도 오랜 기간 동·서 간 즉 전라도와 경상도 간의 정치적·사회적 갈등과 적대관계는 매우 심각했고 아직도 그 여진이 남아있다. 선거와 투표를 여러 번 같이 하는 민주국가 남한에서도 주민들 간의 적대감은 너무나 큰 과제였으며 별의별 처방으로 애써왔고 그 시간은 기나긴 세월이었다. 너무도 오랫동안 적대적 관계에 있었던 남북한

주민 간의 이질감을 상호 친화적으로 전환시키는 것은 난제이자 불가능할 수도 있으나, 한반도평화체제에서 남북한 주민 간의 적대감 해소는 필수적 선행과제이다.

지나간 장면이었지만 다행스러운 것은 트럼프 미국 대통령의 도발적인 북미회담 취소 직후 여론조사 결과 평소 보수적이었던 계층에서 김정은 위원장보다는 트럼프 미국 대통령을 더 믿을 수 없다고 반응했던 대목이었다. 남북한 특수관계와 민족 내부거래를 국제적으로 공인받는 것이 한반도평화체제의 외적 유지조건으로 본다면, 남북관계 차원에서 남북한 주민의 상호 친화력 강화는 내적 조건이라 하겠다. 북한 주민이 지금의 상황을 올바르게 판단해서 마음을 내줄 수 있게끔 하는 정책 못지않게, 그에 상응하여 남한 주민들의 대북신뢰 강화정책 또한 중요하다.

명실공히 남북한 주민 간의 절대적 적대감 해소와 상호 친화력 강화는 상당부분 의식적(意識的) 차원의 문제가 본질적이어서 오랜 시간이 필요할 수도 있다. 필자의 '한반도 평화협정론' 칼럼에서 말미 문장, "소극적 평화는 지도자의 힘으로도 가능하지만, 적극적 평화는 많은 이의 동참이 필요하다"라는 것을 반복하자면, 한반도평화체제의 진행은 전국민적 축복이자 모든 국민의 현실적 과제이다.

과거 판문점 선언으로 시작된 북한정책의 새로운 궤도로 진입하기 위해 국민적 총동원이 불가피함을 특히 강조한다. 동시에 현재의 남북관계를 리딩(leading)하는 정부관계자들은 '북한정책 궤도수정'이라는 역사적

과제를 전유물마냥 스스로 떠안고 있을 것이 아니라 속히 다양한 전문가들과 일반 국민들에게 환원(還元)·환류(還流)시켜야 함을 지적한다.

요컨대, 지금의 남북관계야말로 비유하자면 '대기권'에서 '우주권'으로 진입하는 질적·양적 전환과 변곡의 시점이다. 대기권에서 통했던 여객선에 계속 탑승하고 우주로 갈 수 없는 것 아니겠는가. 우주선, 즉 '북한정책 궤도수정론'을 연구·실천할 때이다.

3. 북한정책 궤도수정론 ② : 국제관계

> **키 – 포인트** key point
>
> 한반도 평화체제에 있어서 중심축은 남한과 북한이지만, 미국·중국 그리고 일본·러시아 등 주변국들의 한반도정책과 외교전쟁이 시작된 것으로 보면서 남한 중심의 '대북정책'을 국제정치·외교적 관점에서 '북한정책'의 개념으로 확대시킬 필요가 있음
>
> ✅ 하노이 충격 이후에 본, 변화된 북한
> ✅ 한반도평화협정론과 외교전쟁

'북한정책'이라는 용어는 기존의 '대북정책'이 남한 중심의 시각에 한정되어 있다는 점에서 현재의 시대상황에 맞게 진화된 개념이라 하겠다. 특히 2019년 하노이 충격 이후 북한의 비핵화 및 제재완화 문제가 남·북·미 3자 해결방식에서 중국·러시아 등으로 다변화되면서, 남북관계론 못지않게 국제정치·외교적 정책연구가 추가되어 이제는 '신북한정책론' 연구를 본격화할 때가 되었다.

북한사회는 이미 비핵화와 경제개방의 길로 병행 진입해가고 있다는 사실을 전제로 할 때, 우리의 대북인식과 북한정책이 새롭게 수정되어야 한다. '북한이 어떻게 변할 것인가'에 대한 전망과 조망 없이 불변의 기존 대북정책에 계속 머물러 있어서는 안 될 것이다.

하노이 충격 이후에 본, 변화된 북한

2019년 소위 '하노이 충격' 직후 한국사회에서는 과거회귀적인 대북논쟁이 상당기간 복원되었다. '북한은 결코 핵을 포기하지 않을 것이며 남한 정부는 들러리를 하고 있을 뿐이다'라는 류의 남남갈등적 대북논쟁이 되살아나고 있는 것이다. 그러나 하노이 정상회담 불발 이후 김정은 체제의 대응방식을 유심히 관찰할 때 북한사회가 근본적으로 바뀌고 있음을 확인할 수 있다.

핵위협으로 대응하기보다는 대미 중심의 외교라인을 정비하고, 중국·러시아와의 관계를 돈독히 하며, 대미협상의 기한을 연말까지 길게 설정하는 등의 모습은 북핵협상과 제재완화를 통한 북한경제 발전에 강한 의지를 보여주고 있다. 북한정책은 변화된 북한사회를 근거로 했을 때 유효하다. 베트남에서 북한이 어떻게 변할 것인가에 대한 힌트를 얻을 수 있다. 그 유명한 월남전은 미국과 베트남 간의 치열한 전투였으며, 한국군 또한 베트남의 적이었다. 지금 미국과 한국을 빼고는 베트남 경제를 상상할 수 없다. 북한이 베트남처럼 될 개연성이 다분하다는 점에서 불변의 기존 대북정책은 수정할 때가 되었다.

6·25 한국전쟁의 호국장병을 기념하는 것은 한국역사가 있는 한 영원할 것이지만, 이것이 북한사회의 변화를 외면하게 해서는 안 될 것이다. 북한사회는 어쩌면 베트남보다 더 큰 폭의 변화가 예견될 수 있다. 북미관계가 정상화되고 중국·러시아·아시아·유럽 등과의 교류가 시작되면 상상할 수 없을 정도의 발전이 예상된다. 여기에 북핵폐기와 제재완화 및

경제교류를 견인해 줄 수 있는 남한이 있기에 북한의 변화 폭은 클 수밖에 없을 것이다. 하노이 북미정상회담 이후 관측되는 북한의 실체는 북한 정책의 수정 필요성을 재확인시켜주고 있다.

한반도평화협정론과 외교전쟁

미국 리퍼트 대사 테러가 있기 전, 김기종씨의 우리마당독도지킴이가 주관하고 국가인권위가 후원한 강좌에서 한반도평화협정론에 대한 강연을 한 적이 있었다. 그 당시만 하여도 한반도평화협정론이라는 말을 거론하는 것 자체가 종북좌파 성향으로 낙인되던 시절이었다. 강연에서 한반도평화협정론이 오직 북한을 위한 논리만이 아니다는 것을 강조하면서, 한반도평화협정론의 당사자는 2자·3자·4자·6자·8자 관계로 확대될 수 있고, 그 유형마다 한국에게 유·불리가 있을 수 있다고 설명했었다.

대학원 강의 때도 한반도평화협정론에 대한 토론을 자주 하였는데 학생 각각의 입장에 따라 한반도평화론 자체를 거론하는 것에 대해서 부담스러워하는 경우가 종종 있었다.

특히 보수적인 성향의 군 출신인 경우 공개적으로 거론하는 한반도평화협정론의 필요성에 대해서 당혹스러워하기도 했다. 그러나 토론을 할수록 평화협정론에는 북한에 유리한 것도 있지만 우리에게도 유리한 한반도평화협정론이 있을 수 있음을 인정하는 분위기였다. 불과 몇 년 전만 해도 한반도평화협정론은 금기시되었거나 부분적으로만 그 개념을 수용하는 정도였다. 이제는 한반도평화협정론의 당사자로서 남·북·미는 당연하고 여기에 중국이 추가되거나 러시아, 일본 등이 가세할 정도로 확대되고 있다. 한반도평화협정 논의는 북한과 미국, 그리고 중재자로서 남한이 같이 만들어낸 종전선언문 성격에서, 한반도를 축으로 하는 새로운 외교 각축장으로 전환되고 있다.

이에 남북관계에만 치중하는 우리의 기존 대북정책은 시대적 상황에 맞지 않기에, 한반도에서의 외교전쟁을 가상·감안할 수 있는 새로운 차원의 북한정책으로 대체·보완되어야 할 것이다.

한반도의 축은 분명히 남한과 북한이지만 이미 외교전쟁이 시작되었다고 보아야 한다. 전쟁에서 승리하기 위해서는 확실한 전략·전술이 있어야 하듯이 한반도평화를 위한 우리의 전략과 대안 또한 분명하고, 관철 가능한 설득력이 있어야 한다.

최근에 문재인 대통령이 제기한 '영변 핵폐기는 북핵해결의 입구이고 완전폐기가 출구이다'라는 단계적 북핵완전폐기 및 한반도평화론은 분명한 전략·전술의 가치를 가지고 있다.

한반도평화협정 즉 종전선언을 협상의 시작으로 생각하는 북한과 종전선언을 협상의 마무리로 간주하는 미국과의 간극을 매우 쉬운 설명으로 중재한 것이다. 종전선언을 협상의 시작으로 생각하는 북한의 입장에서는 영변의 핵폐기가 시작치고는 큰 것을 준 것으로 생각하고, 종전선언을 협상의 끝으로 받아들이는 미국의 입장에서는 턱없이 부족한 것이었다.

향후 북·미 간 충돌을 중재한 한국정부의 안을 보다 더 심플하게 천명할 경우, 주변국들의 지지와 동의를 얻을 가능성은 상당히 높다. 이러한 제안이 '기존의 대북정책'이 아닌 '새로운 북한정책' 차원의 고민과 임무일 것이다.

02

남북한 제대로 알기 민주시민교육총서
남 북 협 력 개 론

[DMZ]
국제스포츠대회
민간 & 지자체 역할과 전망

김경성 국제스포츠교류지원협회(남북체육교류협회) 이사장

02 [DMZ] 국제스포츠대회 민간 & 지자체 역할과 전망

I. 스포츠 외교, 민간 & 지자체 역할

키 - 포인트 key point

올림픽 유치는 그 자체로 하나의 관광상품인 동시에 개최지가 세계적인 관광명소로 자리매김하는 계기가 된다. 올림픽 유치를 통한 도시브랜드는 전 세계 주요 언론을 통해 쉽게 노출되기 때문에 단기간에 도시 이미지를 제고하는데 확실한 방법은 없을 것이다. 올림픽 남북공동개최는 추진 그 자체로 안보 위기 상황 대책 방안이며 남북대화 통로를 마련하고 긴장 완화를 효과적으로 실천하는 정책방안이다.

- ✓ '군부대 이전부지' 등 적극 활용, 올림픽 타운 및 선수촌 건설 등 도시 인프라 개선에 따른 시민들의 자긍심을 높이며 삶의 질 향상
- ✓ 도로·철도·공원·다리 등 SOC 시설 확충, 소득증대 및 고용 창출 등에 따른 지역 경제 활성화
- ✓ 경기 외에 각종 문화·공연·회의 등에 활용되면서 도시 활성화에 기여
- ✓ 2027 세계군인올림픽 '의정부·북원산' 남북공동개최 추진으로 경기북부권 균형발전기회마련, 경원선 복원추진(서울·의정부·금강산·원산)
- ✓ 2034 청소년 하계올림픽 '남한도시·북 개성' 추진으로 개성공단을 국제산업단지로 확대하는 방안 마련

[DMZ] 국제스포츠대회 민간 & 지자체 역할과 전망

남북환경~
눈앞 현상에 일희일비 마라
보이는 것, 그 너머를 보라

01 / 88 서울하계올림픽, 2018 평창동계올림픽
"역대 최고올림픽 평가, 올림픽 유산을 넘어,
글로벌 가치가 되다"

  2022년 3월 17일 이집트 카이로에서 열린 ANOCA(아프리카 국가올림픽위원회 연합총회)에 '2024 강원 동계 청소년올림픽 지원위원회 위원장' 자격으로 참가한 김경성 남북체육교류협회 이사장(이하 김 이사장)은 개막 연설을 통해 대한민국을 소개했다. 대한민국은 아시아 동쪽 끝에 있고, 1950년 6월 25일부터 53년 7월 27일까지 3년이란 긴 전쟁 끝에 남한과 북한으로 갈라진 세계 유일의 분단국가 되었다고 소개했지만 KOREA에 대한 배경 지식이 없는 ANOCA 회원들의 흥미를 끌 수 없었다. 이어서 대한민국의 눈부신 경제성장을 소개했으나 ANOCA 회원들은 역시 관심이 없었다. 그러나 대한민국은 88 서울 하계올림픽과 2018 평창 동계올림픽을 성공적으로 개최한 국가였다고 하니까 큰 관심을 갖고 연설에 귀 기울이기 시작했다. 이어서 대한민국은 2024 청소년 동계올림픽을 유치했고 평화올림픽으로 추진하기 위해 눈이 없는 나라 청소년 선수들을 지원하는 프로그램을 준비했으며 ANOCA 회원국들이 그 대상이라고 강조하자 그들은 대한민국의 국제스포츠 위상을 지지하고 응원하며 기립박수를 보냈다.

ANOCA 회원국 뿐만 아니라 IOC(국제올림픽위원회) 위원들 대부분 88 서울 하계올림픽과 2018 평창 동계올림픽을 역대 최고의 올림픽으로 손꼽는다. 1980 모스크바올림픽은 서방국가들이 불참하고, 1984 LA올림픽은 동방국가들이 불참함으로써 올림픽 정신이 훼손된 반쪽짜리 올림픽이라는 오명을 피할 수 없었다. 그러나 88서울하계올림픽은 미·소·중 등 동서가 모두 참가하는 화합의 올림픽으로 동서냉전시대를 극복하고 진정한 올림피즘을 실천하는 평화적 대회가 되었기 때문이다. 당시를 회상해 보면 아직도 개막식 때 전세계인이 다같이 손잡고 부르던 '손에 손잡고 벽을 넘어서~' 노래가 귀가에 맴돌며 가슴을 뜨겁게 한다. 이후 30년이 지나고 대한민국에서 2018 평창 동계올림픽을 성공개최하였다. 이번엔 마지막 미완의 퍼즐, 북한이 참가했다. 평창 동계올림픽은 동서화합과 남북화합을 동시에 완수함으로써 남북정상회담, 북미정상회담으로 이어지는 가교 역할을 하였다.

2020 도쿄 하계올림픽은 코로나로 누더기가 되었고, 2022 베이징 동계 올림픽은 코로나와 몇몇 국가의 정치적 보이콧으로 또다시 반쪽짜리 올림픽이 되었다. 2022년 2월 베이징올림픽에서 만난 토마스 바흐 위원장은 김 이사장에게 2024 강원 동계청소년올림픽에 거는 기대가 크다고 말했다. 과거 평화와 화합의 대한민국 올림픽 성공 신화는 또 다시 시작되는 전쟁과 국가 간 갈등을 해소하는 올림픽이 되리라는 기대감과 믿음을 갖게 하기에 손색이 없었다.

  유일한 분단국가인 대한민국에서 열릴 2024 강원 동계청소년올림픽은 한반도에서 첨예하게 대립중인 국제 정치적 갈등을 넘어 올림픽 정신으로 하나됨을 구현하는 화합의 축제가 될것이다.

02 / 2024 강원 청소년올림픽 지원사업은 스포츠 외교력 위상 강화를 활용하여 남북통로를 잇는 절호의 기회

2020년 1월, 강원도는 2024 청소년동계올림픽 유치를 확정하였다. 더욱이 올림픽 개최지 명칭을 사상 최초로 도시명이 아닌 '강원'이란 광역단체명을 써서 '2024 강원 동계청소년올림픽' 이란 공식 명칭을 사용하게 되었다. 이것은 남북한 모두 강원도란 같은 명칭을 사용하고 있다는 점에

착안해, 북한과 합의만 한다면 자연스럽게 남북공동개최로 이어질 수 있도록 사전에 계획된 것이다.

　김 이사장은 당시 개최지역 단체장 최문순 강원도지사와 함께 전 세계가 참여하고 협력하여 스포츠외교를 통해 남북공동개최로 잇는 방법을 고안했다. 국제올림픽위원회(IOC) 회원국은 206개국이다. 그러나 역대올림픽은 갈수록 지구상의 최대 축제가 아닌 몇 개 국가의 메달 잔치로 축소되고 있는 상황이다. 전체 206개국 중 상위 10개국이 전체메달의 90% 이상을 가져가고 나머지도 상위 20개국이 거의 가져가기 때문에 전체 회원국 중 186개국은 들러리가되어 메달 구경조차 할 수 없는 형편이다. 상황이 이렇다보니 올림픽정신이 실종되고, 올림픽의 참가국 수와 중계방송을 원하는 국가 수가 날이 갈수록 줄어들고 있다.

　이러한 반올림픽적 문제를 해결하면서 남북공동개최를 성사시킬 방안을 찾아냈다. FIFA 주최 축구 월드컵은 단일종목 대회지만 지구상 모든 국가가 열광하는 이유는 인구가 작은 국가나 저소득국가도 언제든 세계 8강에 들어갈 수 있는 기회가 있기 때문이다.

　그런 고민 끝에 눈 없는 나라 동계스포츠 약소국가 지원 프로그램을 구상하고 기획하여 2021년 4월 '2024 강원 동계청소년올림픽 지원위원회'를 설립하고 김경성이 위원장으로 추대됐다. 김경성 위원장은 2024 강원올림픽(YOG) 지원위원장 자격으로 2022년 2월 베이징 동계올림픽에 참가하여 국제올림픽위원회(IOC) 토마스 바흐 위원장, 세르미앙 응 재정위원장, 장흥 조정위원장 등을 만나서 2024 강원올림픽 지원사업 프로그램을 소개하고 IOC 사업으로 승인받았다. 또한 무스타파 베라프 아프리카 국가올림픽위원회 연합총회 회장을 만나 상호협력에 뜻을 모았다.

무스타파 ANOCA (아프리카국가올림픽위원회연합총회) 회장은 2022년 3월 이집트 카이로에서 열린 ANOCA 개막식 연사로 김경성 위원장을 초청하였고, ANOCA 54개국 회원국들을 대상으로 눈 없는 나라 동계스포츠 지원 프로그램을 강연하면서 기립박수를 받았다. 무스타파 ANOCA 회장과 상호협력 MOU계약도 체결했다.

계약체결 3개월이 지난 2022년 5월에 ANOCA 회원국 알제리, 수단, 시에라리온, 에티오피아, 남아프리카공화국, 튀니지, 레소토, 나이지리아, 적도기니 등 13개국 113명 청소년들을 2024 강원올림픽 개최장소 강원도 평창경기장으로 초청하여 훈련지원과 장비지원사업을 진행했다. ANOCA 회원국들은 이른 시간 안에 훈련지원사업을 추진한 2024 강원올림픽 지원위원회 추진력에 놀라면서 무한감사해 했다.

무스타파 ANOCA 회장은 김경성 위원장을 다시 케냐로 초청하였고, 무스타파 회장 명의로 북한올림픽위원장에게 협조문을 보내주기로 약속했다. 협조문의 골자는 ANOCA 회원국 청소년선수단이 남강원도 평창에서 훈련지원사업을 진행할 때 북강원도 마식령에서도 훈련을 받을 수 있도록 허용해달라는 내용이다. 현재 북한과 남한은 대화와 교류가 중단된 상황이다. 남북이 직접 2024 강원올림픽 협력사업 추진은 어렵지만,

북한과 친분이 오랜 기간 유지되어온 아프리카 협조문은 수락할 가능성이 매우 높다.

 2024 강원 동계 청소년올림픽 지원사업은 눈 없는 아프리카 선수단을 사상 최초로 동계올림픽에 참가시키는 계기를 마련했다. 아울러 그들이 훈련받기 위해 통로로 이용할 평창·마식령의 땅길, 하늘길, 바닷길은 남북공동개최를 현실화시킬 디딤돌이 될 예정이다. 이렇게 세심하게 계산된 프로그램으로 대한민국의 위상을 높이고 남북이 함께하는 평화올림픽이 구현될 수 있는 것이다.

 올림픽 개최는 스포츠 외교력 위상을 높이고 남북교류를 잇는 최고의 무기인 것이다. 북한의 핵실험이나 대륙 간 탄도미사일이 예고된 상황에서 남북은 초긴장 안보위기상황이 길어질 수 있다. 우크라이나 전쟁으로 전세계가 불안과 두려움에 쌓여있는 가운데 남북의 초긴장 상황이 길어지는 것은 안보 불안으로 이어질 수 있다. 이런시국에 2024 강원올림픽(YOG) 지원사업과 성공 개최는 신이 준 최고의 선물이며 우리에게 주어진 절호의 기회인 것이다.

03 / 스포츠외교, 민간단체(지자체) 역할이 왜 중요한가?

　북한은 올해(2022) 들어 신형 대륙간탄도미사일을 발사하는 등 지속적으로 무력도발을 감행한 가운데, ICBM 추가발사나 7차 핵실험을 감행할 것이란 전망이 나와 한반도를 둘러싼 안보 위기감이 고조되고 있다.

새 정부는 한·미 연합군사훈련 정상화 등 한·미 간 대북공조 기본 원칙에 입각한 단호한 대북정책을 강조하고 있다. 하지만 남북관계에 단호한 원칙을 유지한다 하더라도 강 대 강으로만 남북관계가 흐른다면 안보 분위기가 악화되고, 국정안정에도 차질을 줄 수밖에 없는 환경이 조성될 가능성이 짙다.

　따라서 단호한 대북정책의 원칙을 유지하는 한편, 비정치적인 분야에서 교류의 통로를 열어놓는 투 트랙 접근이 위기 고조 상황을 피하기 위해 필요하다. 대북 투 트랙 접근의 가장 유효한 교류방법의 하나가 스포츠 교류이다. 특히 2024 강원동계올림픽(YOG)은 이미 강원도가 2020년 1월 국제올림픽위원회(IOC)에서 유치해 놓은 행사로 남북관계의 경색 국면을 자연스럽게 완화할 수 있는 기회로 판단된다.

　남북체육교류협회(국제스포츠교류지원협회)가 추진하고 있는 '눈 없는 나라 동계스포츠, 청소년 지원 프로그램'은 아프리카를 비롯한 난민선수단 등 동계스포츠 약소국가 아이들을 남과 북으로 갈린 강원도의 평창(남)과 원산 및 마식령(북)을 오가면서 훈련할 수 있도록 지원하는 프로그램이다. 한반도를 둘러싼 국제 정치적 환경(비핵화, 대북제재)은 남북한이 한반도의 진정한 주인으로서 스스로 운명을 결정할 수 없는 구조적 어려움에 처해 있다. 그런 까닭에 남북 정부간 대화 추진은 쉽지 않을 것이고 정치적 갈등은 당분간 지속될 전망이다. 민간(지자체)이 추진하는 스포츠교류는 올림픽 정신에 가장 부합되는 사업이며, 유엔정신을 근간으로 남북 정부간 대화추진이 어려운 상황을 돌파하는 가장 효과적인 수단이 될 것이다. 국제스포츠대회를 활용한 남북스포츠 정기교류를 정착시킴으로써 남북관계 구심점을 마련할 수 있으며 대북제재를 극복할 수 있는 최상의 카드로 활용할 수 있다.

■ 정치적 갈등으로 중단된 남북교류, 민간(지자체)역할 스포츠 교류 최근사례

그동안 정치적 문제로 중단된 남북 교류를 민간(지자체)단체의 역할로 스포츠 교류 성공 개최로 이어졌던 최근 사례를 살펴보면

● 2008년 7월, 금강산에서 우리측 관광객 사망 사건이후 MB 정부는 금강산 관광을 중단 시켰고 남북정부간 갈등은 고조되었지만 2008년 10월, 남북체육교류협회(경기도)가 주최하는 남북유소년축구 정기

교류 10차전은 평양에서 정상개최 되었고 남북간 긴장을 완화시키는 역할을 했다.

● 2009년 5월, 북한의 미사일 발사와 2차 핵실험으로 MB정부는 대북 압박정책으로 남북지역에서 스포츠교류마저 불허하였지만, 남북체육교류협회(경기도)가 주최한 남북유소년축구 정기교류 12차전은 장소를 중국 쿤밍으로 돌려 정상개최 하였고 정기교류전을 이어나가면서 연속사업으로 정착시키는 계기를 만들었다.

● 2010년 3월, 천안함 사건 이후 MB정부는 5.24조치로 남북 교류를 전면 중단 시켰지만 남북체육교류협회는 인천광역시와 협력사업으로 2014 인천아시안게임 지원사업(비전 2014 지원프로그램/OCA)을 대행하였다. 이를 통해 아시아지역 스포츠약소국가 30개국을 선정하여 장비지원, 훈련지원사업을 진행하였고 스포츠외교를 활용하여 남북교류를 국제교류로 확대하여 추진했다.

남북유소년축구 정기교류 13~16차전은 국제대회로 매년 중국에서 성공적 개최 되었고, 대북 신뢰 구축과 함께 2014 인천 아시안게임에 북한선수단, 고위급대표단을 참가시키는 계기를 만들었다.

또한 평양 사동구역 스포츠패션 공장사업이 정부의 5.24조치로 중단되었지만 장소를 중국 단둥으로 이전하여 아리스포츠 축구화생산공장을 설립하였다. 중국이 경영하고 남한이 자본을 투자하고 북한근로자가 생산하는 새로운 패러다임으로 남북경협 사업을 이어나갔다. 이러한 노력이 한 단계 진보된 결실을 맺어 남북유소년축구 정기교류전의 명칭을 '아리스포츠컵 국제유소년축구대회'로 변경하여 북한과의 신뢰를 더욱 굳건하게 다져나갔다.

 당시 압도적인 지지율로 당선 되었던 이명박 대통령은 천안함 사건이후 5.24조치 등 강한 대북 압박정책을 시행하여 남북간 초긴장상황이 형성되었다. 2010년 6월 치러진 지방선거에서 집권여당의 패배로 귀결된 전례로 판단컨대, 국민은 남북간 대치국면으로 초긴장상황을 초래하는 정책을 지지하지 않는다.

- 2014년 10월, 경기도 연천에서 대북 전단지 살포 문제로 남북포격전이 있었다. 남북 군사적 긴장이 고조 되었지만 남북체육교류협회는 경기도와 협력하여 포격전이 있었던 연천에 북한 유소년축구팀을 방남 시켰고 아리스포츠컵 국제유소년축구대회를 성공적으로 개최하였다. 남북유소년축구 정기교류 17차전을 이어나가면서 군사적 갈등을 완화시키는 역할을 하였고 7년 만에 남한지역에서 남북축구를 성사시켰다.

- 2015년 8월, 경기도 접경지에서 목함지뢰폭발로 우리 부사관이 중상을 입었고, 우리 측 대북확성기 문제로 남북포격전으로 일촉즉발의 군사적 위기 상황 속에서도 평양에서 아리스포츠컵 국제유소년축구대회는 성공개최 되었다. 결국 이 행사는 남북 군사고위급 회담 타결과 이산가족 상봉행사를 연결하는 역할을 하였다. 남북유소년축구 정기

교류 18차전은 7년 만에 남한선수단(경기도/강원도)이 평양을 방문하는 대회였으며 남북 군사적 초긴장상황을 완화시키는 역할과 함께 남북을 오가는 정기교류전으로 정착시키는 계기가 마련되었다.

- 2016년 1월, 북한의 4차 핵실험으로 박근혜 정부는 개성공단 중단과 함께 중국지역에서 스포츠 교류마저 불허하였지만, 남북체육교류협회와 강원도는 포기하지 않고 공동으로 노력하여 2017년 12월 아리스포츠컵 국제유소년축구대회를 중국 쿤밍에서 성공적으로 개최하였다. 2018 평창 동계올림픽 개최 단체장인 최문순 강원도지사와 북한 고위급 대표단이 만나는 회의를 성사시키면서 2018 평창동계올림픽에 북한선수단, 응원단, 고위급 참가를 연결하는 역할을 하였다. 남북유소년축구 정기교류 20차전으로 치러진 아리스포츠컵 대회는 정권교체 마다 정권의 성격에 따라 들쭉날쭉한 대북정책으로 일회성 이벤트로 끝나는 정부행사의 남북교류의 문제점을 해결하는 대안이 되었다. 이것은 일관성있는 정책으로 대회를 정기교류전으로 정착시킨 남북체육교류협회의 오랜 노력의 결실이었다. 정부는 이러한 민간 차원의 교류를 장려하고 지원해야 한다.

■ 정부중심의 남북교류 실패사례, 민간(지자체) 역할 성공사례

2018 평창동계올림픽은 4.27 판문점선언과 함께 남북교류의 봄을 맞이했다. 그러나 문재인 정부는 정부중심의 남북교류를 추진하면서 민간

교류를 축소시키는 우를 범했다. 2018년 4월, 봄이 온다 남한예술단은 정부행사로 평양 공연을 성공적으로 마쳤고, 가을이 왔다 북한 예술단은 10월에 서울공연을 약속했다. 2018년 7월, 통일부 장관을 단장으로 구성된 통일농구단은 정부행사로 평양교류를 성사 시켰고 북한농구단은 10월에 서울방문교류를 약속했다. 그러나 2018년 9월 19일, '평양 공동선언' 이후 한미워킹그룹 싸인으로 남북의 정치적 갈등이 시작되었고 정부행사로 추진했던 북한예술단의 서울공연과 북한 농구단의 서울교류는 불발됐다. 정치적 목적으로 추진된 스포츠 문화교류는 결국 정치적 목적에 의해 중단될 수 밖에 없다.

● 민간단체(남북체육교류협회)가 중심이 되어 추진했던 아리스포츠컵 국제유소년축구대회는 2018년 8월, 사상처음으로 서해선 육로로 남한 선수단이 평양을 방북하여 남북유소년축구 정기교류 21차전을 성공적으로 개최했다. 그로부터 2개월 후 2018년 10월, 북한 선수단은 서해선 육로를 이용하여 강원도 춘천을 방문하여 남북유소년축구 정기교류 22차전 아리스포츠컵 국제유소년축구대회로 성대하게 치러졌다. 역사상 처음으로 '육로 상호방문교류'를 성공시킨 쾌거였다. 같은 시기 정부행사로 치러진 예술단 및 농구단 교류와 대조를 이뤘다.

● 2019년 1월, 중국 쿤밍에서 남북체육교류협회가 추진했던 남북 여자축구교류(서울시청여자축구단/북한 4.25여자축구단)와 남북 청소년 탁구교류(전북 익산시 탁구단/북한 4.25 청소년 탁구단)를 불허하면서 민간교류를 축소시키고, 정부위주의 남북교류를 재개하려 노력했다.

그러나 북한은 남북정부간 대화통로인 개성남북공동연락사무를 폭파시키면서 남북 갈등은 고조되었다.

04 / 스포츠 교류, 민간·지자체 협력 추진 계획

▷ 2024 강원 청소년 동계올림픽, 강원도 유치 확정
▷ 2027 하계유니버시아드대회, 충청권(대전, 세종, 충북, 충남) 유치 추진
▷ 2027 세계군인올림픽, 경기도 의정부시 유치 추진
▷ 2034 하계청소년올림픽, 경기북부권 유치 추진

■ 경기 북부권 올림픽 개최는 균형있는 지역발전, 남북통로를 잇는 최고의 무기

2024 강원올림픽(YOG) 유치가 확정되었고, 남북체육교류협회는 국제스포츠교류지원협회(남북체육교류협회)로 단체명을 변경하며 2024 강원올림픽(YOG) 지원사업을 추진하고 있다.

국제스포츠 종합대회는 올림픽, 군인올림픽대회, 유니버시아드대회가 주요대회이다. 2027 유니버시아드대회는 충청권(대전, 세종, 충남, 충북)

이 공동으로 유치를 추진하고 있다.

경기도는 인구가 가장 많은 광역자치단체이지만 수도권(서울, 88 하계 올림픽/인천, 2014 인천아시안게임/강원, 2018 평창 동계올림픽)에서 유일하게 국제스포츠 종합대회를 유치 하지 못했고 올림픽 개최에 의한 도시발전 경험을 하지 못했다.

■ '2027 세계군인올림픽 경기 북부권(의정부) 유치' 추진

- 현 안보 상황
  북한의 핵실험과 대륙간탄도미사일 발사 등 계속되는 도발로 남북 간 초긴장상태를 지속적으로 유지함으로 국민적 불안감 확대 및 경제적 상황 위축 문제 발생. 우크라이나 전쟁 공포 확산과 북한의 도발이 예측되는 현 상황은 경기 북부권에 긴장을 완화시키는 정책, 국제 스포츠 교류를 통한 위기상황 대책 마련 필요하다.

- 2027 세계군인올림픽 남북공동(의정부시·북 원산)개최 추진 효과
    - 스포츠를 통한 남북대화통로 확보 및 남북긴강완화
    - 북한의 도발에 대한 정부는 단호한 대북정책유지

- 경기도(지자체)는 민간단체와 협력하여 국제 스포츠 종합대회를 유치하고 활용하여 남북대화 통로를 마련하고 "스포츠 데탕트(긴장완화)

정책" 방안을 실천하는 투 트랙 정책은 현 안보상황을 해결하는 방안
- 새 정부 국정과제 이행계획서, '스포츠를 통한 지역균형 발전'을 실천하는 방안으로 경기 남부권 발전에 비해 경기 북부권은 경제적 인프라 구축 등 미흡
- 정부 추진 사업 "서울·경기북부권·금강산·원산" 교통인프라 구축 및 철도 경원선복원(서울, 의정부, 동두천, 연천, 금강산, 원산)
- 올림픽 유치를 통한 경제적 인프라 구축, 군부대 이전부지 적극활용, 민간택지개발 문제점 해소 및 전쟁의 상징인 군부대에서 평화의 상징인 군인올림픽 유치 추진으로 "올림픽 타운·선수촌" 건설로 최소 20조 이상의 경제적 파급효과 및 20만 명 일자리 창출 기대
- "올림픽 타운·선수촌" 활용, 경기도체육회 선수촌 유치 등으로 올림픽 타운은 지속적으로 지역경제발전 및 도시 이미지 제고에 중요 역할을 함.

■ 2034 청소년하계올림픽 유치 필요

● 청소년하계올림픽(국제올림픽위원회(IOC)가 주최, 14~18세 청소년 세계올림픽)
  - 1회 : 2010 싱가포르, 204개국 3,524명 참가, 셀라판 라마나산 싱가포르 대통령 개회선언
  - 2회 : 2014 중국 난징, 201개국 3,500명 참가, 시진핑 국가주석 개회선언

- 3회 : 2018 아르헨티나 부에노스아이레스, 206개국 3,997명 참가, 마우리시오 마크리 아르헨티나 대통령 개회선언
- 4회 : 2026 세네갈 다카르 예정
- 5회 : 2030 입후보 도시 (인도뭄바이, 태국 방콕, 러시아 카잔, 콜롬비아 메데인 등)

태국 방콕이 다른 국가들에 비해 적극적으로 나서고 있으며, 현재 고속도로, 고속철도 연장 등 교통부문에서 대대적으로 공사를 진행하고 있는 중

■ **2034 하계 청소년올림픽 남북공동(경기북부권 · 북 개성)개최로 개성공단을 국제산업단지로 확대 추진**

국제스포츠교류지원협회(남북체육교류협회)는 2014 인천아시안게임, 2018 평창동계올림픽, 2024 강원 동계 청소년올림픽 지원사업에 참여하였다. IOC, 군인올림픽조직위 등 국제스포츠기구와 적극협력 하고 있다. 국제스포츠교류지원협회는 지자체와 협력하여 국제스포츠종합대회를 유치하고, 성공개최 및 남북협력사업을 추진할 수 있는 많은 경험이 축적되어 있다.

강원도와 국제스포츠교류지원협회는 2024 강원동계올림픽 성공개최를 협력하는 지원사업을 추진하고 있다. 2027 하계유니버시아드 대회는 충청권에서 유치를 추진하고 있다. 2027 세계군인올림픽, 2034 하계

청소년올림픽은 지금부터 지자체와 국제스포츠교류지원협회가 함께 노력하면 2027 군인올림픽은 2023년 상반기, 2034 하계 청소년올림픽은 2024 상반기에 유치를 확정시킬 수 있다.

특히, 2034 하계 청소년올림픽은 경기도가 중심이 되어서 추진하는 것을 고려하고 있다. 이는 경기 북부권의 낙후된 도시(고양, 파주, 연천, 포천, 의정부 등)를 중심으로 교통 인프라 개선과 경제 발전을 통해 지역 균형 발전을 이룰 수 있는 호재가 될 수 있다.

특히 북한의 개성을 포함하여 옛 경기도의 한 울타리 안에서 올림픽을 치른다는 역사성과 함께 남북 관계 개선과 협력을 고려하여 진행한다면 더욱 의미는 클 것으로 생각한다. 서울은 2036 하계올림픽 유치를 목표로 하고 있다. 올림픽 유치는 지역의 낙후된 인프라를 새롭게 정비하여 도시 이미지를 제고하고 국가 발전에 크게 기여한다. 더구나 한반도의 불안한 안보상황을 해소하기 위한 방안으로 올림픽 유치는 최고의 묘수라고 할 수 있다. 스포츠외교를 통로로 북한의 참여를 유도하여 남북긴장을 완화하며 화해의 물길이 트는 것이다.

II. 남북축구교류 역사이야기

> **키 – 포인트** key point
>
> 민간스포츠는 나라가 없을때, 일제 강점기 시대에 경평전 축구를 통해 민족의 혼을 잇고 항일정신, 민족의 자긍심을 키웠다. 나라가 전쟁 (1950. 6. 25~53. 7. 27)으로 어려울 때도 자비로 팀을 만들고 최초의 한일전 도쿄대첩에서 일본을 5대1로 이기고 전쟁의 페허 속에서 희망을 쏘았다. 한반도의 국제정치환경으로 남북간 정부대화가 어려울 때도 민간스포츠는 최근 15년 동안 아리스포츠컵 국제유소년축구대회로 남북간 대화통로를 연결하며 평화를 이어나갔다.
>
> - 경평전, 축구만은 일본을 이기며 울분을 해소하고 민족의 자긍심을 높였다.
> - 최초의 한일전 1954 도쿄대첩, 전쟁의 페허 속에 희망을 쏘았다.
> - 1966 잉글랜드 월드컵 북한 8강진출, 남한 중앙정보부 소속 양지축구단 탄생으로 강력한 군정체제 대결
> - 2005 경평전 역사를 잇다, 김경성 이사장/남한 이회택/북한 리찬명 역사적 만남... 아리스포츠컵 탄생

01 / 민족의 혼을 잇다, 경평축구교류전

■ 민족의 혼을 잇다 경평축구교류전·위기마다 평화를 잇다 아리스포츠컵

● 축구로 일본을 이기며 항일정신을 키우다.

일제 감정기 시절 민족의 최대 축제로 자리 잡았던 '경평축구교류전'은 여운형 선생을 비롯한 조선의 지도자들이 '축구공을 왜놈이라 생각하고 차라'는 은밀한 유행어로 조선인들을 단합시키며 축구만은 일본을 이기고 울분을 해소하며 민족의 자긍심을 높였다. 조선인들은 축구로 일본을 이길 수 있다는 민족정신을 키웠다.

 1928년 연전연승을 하던 일본 국가대표팀이 경성을 방문했을 때 경성학생선발팀과 친선경기에서 우리 경성학생축구팀이 일본 국가대표 축구팀을 5대0으로 크게 이겼고 경기를 지켜본 조선인들은 밤새 축제와 함께 조선의 자긍심을 키웠다.

 같은 시기 평양에서는 일본 대학 챔피언 와세다 대학축구팀과 숭실학교 축구팀이 친선경기에서 평양 숭실학교가 7대 0으로 승리했고 평양 조선인들은 축구로 하나가 되었다. 경성과 평양 시민들은 축구로 똘똘 뭉치며 항일정신을 키우면서 경평축구 대항전이 탄생했다.

 일본은 경평축구 교류전이 조선인들을 단합시키며 항일정신을 키우자 1936년 이후 조선인들의 축구 교류전을 중단시켰다. 그러나 당시 경성축구단의 초대이사장이 여운형 선생이었고, 나라가 없을 때 조선인들은 민간단체가 중심이 되어 스포츠(경평축구 교류전)로 민족을 단합시키며 항일정신을 이어나갔다. 여운형 선생은 경성축구단 초대

이사장과 조선축구연맹 회장도 맡았다. 그리고 여운형은 KOC가 IOC 승인이 날 때까지 조선체육회장직을 맡아 주도적으로 성사시킨 인물 중 하나이다. 그가 조선체육회(현 대한체육회) 초대회장을 맡아서 KOC를 승인받았을 때(1947년 6월), KOC는 한반도를 대표하는 NOC로 승인받았다. 여기에는 북한 선수들도 함께 참가하라는 IOC의 권유가 있었으나, 이 소식을 전해 듣고 한 달 만에 그는 세상을 떠나게 되면서 북한의 선수들은 올림픽에 참여할 길이 막히게 되었다. 그리고 한참 후, 북한은 1963년에 처음으로 올림픽에 참가할 수 있는 자격을 얻어 1972년 뮌헨 하계올림픽에 처음으로 북한 국호를 달고 참가하게 되었다.

● 해방 이후 경평축구 교류전

1945년 해방 이후 중단 되었던 경평축구 교류전이 1946년 3월 서울에서 재개되었다. 당시 미.소 군정 통치로 남북 통행이 금지된 상황에서 평양 선수들은 경비망을 뚫고 어렵게 내려 왔으며, 돌아갈 때는 육로가 위험해 뱃길을 택해야만 했다. 평양 선수들은 돌아가면서 다음 해 서울 선수들을 평양으로 초청 약속을 하였지만 그 약속은 오랜 기간 지켜지지 못했고 먼 훗날 아리스포츠컵 대회로 약속이 완성 되었다.

02 / 최초의 한일전, 도쿄 대첩

▷ 역사상 최초로 도쿄 신궁경기장에서 대한민국 태극기가 공식 계양 되자 재일 동포들은 감격했다.
▷ 전쟁의 폐허 속에 희망을 쏘았다.

　1950년 6.25전쟁은 3년 동안 지속되었고 한반도를 초토화시켰다. 전쟁 기간 중 '1954 스위스 월드컵' 본선행 티켓 결정을 위한 한·일전 초청장이 접수되었다. 그러나 이승만 대통령은 일본인 입국은 국민 정서상 용납할 수 없고 패배 시 전쟁 후 실의에 빠진 국민들에게 상처를 줄 수 없다는 이유로 대회 참가를 불허했다. 경평축구 교류전으로 일본에게만은 자신감이 있는 축구 선수들은 패배 시 현해탄(대한해협)에 몸을 던지겠다는 선수 전원의 각서를 들고 이유형 감독과 장택상 대한축구협회 회장이 경무대를 찾아가 이승만 대통령에게 일본에서의 원정 경기를 제안했고 대통령은 선수들의 각서를 받고 승인했다.

● 1954년 3월 7일, 최초의 한일전 도쿄 대첩이 도쿄 신궁경기장에서 열렸다. 경기장에는 일제 강점기를 포함하여 역사상 최초로 대한민국 태극기가 공식 계양 되었다. 재일 동포들은 태극기가 공식 계양된

사실을 확인하면서 감격하며 집에 꼭꼭 숨겨 두었던 태극기를 들고 나와 마음껏 흔들며 목이 터져라 응원했다.

기나긴 전쟁으로 새로운 선수가 없었던 대한민국 축구대표팀은 경평축구 교류전 선수들을 찾아 다니며 선수단을 구성했는데 평균연령 36세의 노장들이었으나 일본에게만은 지지 않겠다는 경평축구 정신으로 5대 1로 대승을 거두며 지금까지 한·일전 국가대표 공식경기에서 70%가 넘는 높은 승률을 유지하며 일본에 공한증을 안겨줬다.

최초의 한·일전에서 일본에 대승을 거두자 대한민국 국민들은 거리로 뛰어나와 축제를 벌이며 전쟁의 폐허 속에 희망을 품고 국가 재건의 원동력이 되었다. 당시 대한민국 축구팀은 민간단체의 노력으로 구성 되었으며 모금으로 유니폼을 구입하고 외상으로 축구화를 구입하며 일본 원정 경기를 준비 하였다. 이렇게 민간 스포츠는 나라가 없을 때에도 나라가 전쟁으로 어려울 때도 국민들을 단합시키며 희망을 쏘았다.

● 아시아 최초 월드컵 진출 대한민국, 1954 스위스월드컵
  - 첫 경기 헝가리전 0대 9 패배, 월드컵 역사 최다 골 차이로 패배
  - FIFA는 아시아지역 본선 진출 티켓을 1장에서 0.25장으로 결정
  1954 스위스 월드컵 본선, 열악한 환경 속에서 '아시아 국가 최초로 월드컵 본선 진출'은 성공했으나 월드컵 첫 경기서 당시 세계 최강 헝가리전에서 0대 9로 월드컵 역사상 최다 골 차이로 패하는 등 두번 째 경

기도 터기에 0대7로 패하자 FIFA는 아시아 축구 수준에 실망하여 월드컵 아시아지역 본선 진출 티켓을 1장에서 0.25장으로 줄였다. 당시 헝가리 공격수 프스카스 선수의 이름을 딴 '더 베스트 풋볼 어워즈 프스카스' 상이 추진 되었으며 대한민국 2020년 손흥민 선수가 상을 받았다. 이후 아시아 지역 국가들은 1958 스웨덴 월드컵과 1962 칠레 월드컵 무대를 밟지 못했다. 경평축구 교류전의 경성축구단은 대한민국 국가대표 축구팀 성장의 원동력이 되었고, 평양축구단은 북한 대표팀인 천리마축구단이 되어 북한축구 발전을 이끌었다.

- 북한 천리마축구단, 1966 잉글랜드 월드컵 8강 진출

아시아 최초 월드컵 진출국가는 대한민국, 아시아 최초 월드컵 8강 진출 국가는 북한의 천리마축구단이다. 1966 잉글랜드 월드컵에서 북한의 천리마축구단은 월드컵 축구 예선에서 아시아 축구 인식을 바꾸며 단번에 월드컵 본선 무대에 진출하였고 우승 후보 이탈리아를 1대 0으로 꺾으며 아시아 최초로 월드컵 8강에 진출했다. 북한의 천리마축구단 리찬명 골키퍼(GK)는 월드컵 역사상 최연소 클린시트 기록을 세웠고 아직 깨지지 않았다. 북한의 월드컵 8강 진출의 활약으로 아시아 축구는 재평가를 받으며 FIFA는 아시아 지역 본선 진출 티켓을 1장으로 늘려주었다.

03 / 강력한 남북 군정체제 대결

▷ "북한 천리마축구단 – 남한 양지축구단" 축구 대결
▷ 축구 발전
▷ 북한의 천리마축구단 세기의 전설 리찬명 골키퍼
▷ 남한의 양지축구단 최고 공격수 아시아 황금의 다리 이회택
▷ 양지/천리마 축구단 감독은 경평전 선수출신

1966 잉글랜드 월드컵에서 북한의 8강 진출로 강력한 군정체제 대결 시기였던 박정희 대통령은 당시 김형욱 중앙정보부 부장에게 특별지시하여 북한의 천리마축구단을 이길 수 있는 축구단인 양지축구단을 창단하게 하였다. 양지축구단을 창단시킨 김형욱 중정부장은 사상 첫 유럽 전지훈련 105일 동안 최고 대우와 살인적인 훈련을 시키며 사생결단 정신으로 1969 AFC 챔피언스 리그 사상 첫 준우승, 멕시코 월드컵 예선 한일전 2대 0 승리 등 아시아 최고 성적을 거두며 북한의 천리마축구단과 대결을 준비했다.

양지축구단은 중앙정보부 본관 앞 잔디구장을 사용하며 특별대우를 받았고 '음지에서 일하고 양지를 지향한다' 는 중정 슬로건에서 양지를

따와 '양지축구단'이 되었다. 그러나 양지축구단과 천리마축구단은 각각 아시아지역 맹주로 활약했지만 두 팀의 대결은 성사되지 않았다. 남한 양지축구단 최정민 감독은 경평축구 교류전의 최고 스타로 양지축구단 선수들에게 경평축구 정신으로 축구단을 이끌며 아시아 최고 공격수 이회택 선수를 키웠고, 북한의 천리마축구단의 명장 명려현 감독도 경평전 출신으로 세계 최고 수문장 리찬명 골키퍼를 키웠다. 남한의 양지축구단은 김형욱 중정부장이 실각하고 해체 되어 두 팀의 대결은 성사되지 않았지만 강력한 군정체제에서 양지축구단과 천리마축구단은 남북한 축구발전에 크게 기여했다.

● 1978 방콕 아시안게임 결승에서 만난 남북축구

남측 박정희 유신체제와 북측 김일성의 유일 체제 축구대표팀이 1978 방콕 아시안게임에서 사상 첫 대결을 하였다. 적대적 경쟁과 긴장이 최고조에 달했으며 당시 남북축구 결승전은 그야말로 총성없는 전쟁이었다. 양 팀은 전후반과 연장전을 합쳐 120분의 사투 끝에 0대 0 무승부를 기록하며 공동우승으로 동반 금메달을 목에 걸었다.

04 / 새로운 경평축구 교류전 탄생

■ 2005년 김경성, 남한의 아시아 최고 공격수 이회택과 북한의 최고 수문장 리찬명을 만나면서 경평전의 역사를 잇다.

2005년 김 이사장은 중국 운남성 쿤밍에서 홍타스포츠센타를 운영하면서 남한의 최고 공격수 황금다리 이회택과 북한의 전설적인 수문장 리찬명을 만났다. 남북축구의 영웅 둘을 만나면서 경평축구 대항전을 포함하여 남북축구 역사를 알게 되었고 스포츠에서 민간단체 역할의 중요성을 이해하게 되었다.

우선 리찬명 북한 4.25 축구단(천리마축구단) 단장과 협력하여 북한 선수단을 쿤밍의 홍타스포츠센타에 초청하여 훈련·장비지원을 시작했고 북한 스포츠발전의 공로를 인정받아 2006년 5월 평양에서 일제 강점기 시절 경성축구단과 평양축구단이 체결했던 경평축구 교류전 계약서와 같은 내용의 '남북체육교류계약서'를 체결했다.

김 이사장은 남북체육교류계약서를 우리 정부(통일부) 승인을 받아 2006년 7월 25일 사단법인 남북체육교류협회 설립하였고 이사장으로 취임하여 지금까지 22번의 남북축구 정기교류전을 정착시켰다.

2007년 3월, 김 이사장은 제주도 롯데호텔에서 북한축구단 리찬명 단장과 대한축구협회 이회택 부회장을 초청해 밤새 술을 마시며 잊혔던 1946년 경평전의 마지막 약속을 남북유소년축구 정기교류전 추진으로 지켜내자며 '남북체육교류계약서', 경평전, 최초의 한일전, 양지축구단, 천리마축구단 이야기로 꽃을 피웠다.

김 이사장은 2019년 8월, 15년 동안 정리한 남북축구 역사이야기 '공은 둥글다 우리는 하나다' 라는 책을 출판했다.

■ **남북체육교류계약서, 아리스포츠컵 국제유소년 대회 주요 성과**

● 상호 방문 체육교류 원칙 수립, 스포츠 네탕트(신상완화) 정책 수립, 매년 남북 지역에서 2회씩(상·하반기) 상호 방문교류, 매년 동계 공동 훈련 및 친선 경기 추진, 국제 대회 단일팀 구성 출전 등
  - 2006~08년 : "남북 상호 방문 교류 정기전"으로 정착
  - 남한 유소년축구팀 매년 2회씩 3년간 6회 평양 방북 교류 및 북한 4.25 유소년팀 3년간 4회 방남 교류 등 총 10회 성사, 매년 중국 쿤밍에서 북한선수단 훈련지원
  - 2007년 3월, 한미연합 훈련기간 중 북한 청소년축구팀 1개월 전지훈련 목적으로 방남하여 전국 (제주, 광양, 수원, 서울, 일산 등) 투어 교류 추진
  - 2007년 5월 김경성 이사장 17세 월드컵 북한 대표로 참석하여 조 추첨

- 2007년 8월, 김경성 이사장 17세 월드컵 북한 공동단장으로 참가 북한 16강 진출
- 2009~14년 : 남북지역에서 스포츠 교류 불허로 중국에서 국제대회 추진
- 경기도 후원, 국제유소년축구대회 3회 추진
- 인천시 후원, 인천 평화컵 국제유소년축구대회 4회 추진
- 2014 인천아시안게임 북한팀 참여에 기여
- 2014년~현재 : 아리스포츠컵 국제유소년축구대회로 추진, "남북 상호 방문 교류 원칙" 수립
- 2014년 11월 : 제1회 경기도 연천 대회
  → 대회 개최지 연천에서 개최 3주 전 대북 전단지 살포에 의한 남북 포격전 발생
- 2015년 8월 : 제2회 평양 대회
  → 목함지뢰 사건 및 대북확성기 문제로 남북포격전 발생, 일촉즉발의 군사적 위기 상황에서 대회 진행 → 남북 고위급 회담 타결과 이산가족 상봉행사로 연결
- 2017년 12월 : 제3회 중국 쿤밍 대회
  → 남북직통선 차단, 북한의 핵실험, ICBM 발사 등 전쟁 위기 상황
  → 2018 평창올림픽에 북한선수단 등을 참여에 기여
  - 2018년 8~10월 : 제4회 평양, 제5회 춘천 대회 "상호 육로 방문 교류" 성사
  - 서해선 육로로 남한선수단이 평양방문, 북한선수단이 춘천을 오는 육로교류시대를 개척

→ 2022년 북 강원도 원산에서 개최하기로 합의(코로나 방역 해제 시 까지 연기)

- 아리스포츠컵 국제 평화에 기여 평가, 국제스포츠 평화상 수상

2019년 9월, 김 이사장은 한국인 최초로 우크라이나 오데사에서 골든 몽구스 최고어워즈 상을 수여 받았다. 순금에 다이아몬드 장식 훈장을 받은 김 이사장은 만찬장에서 1966 잉글랜드 월드컵에서 소련국가 대표 공격수로 활약한 우크라이나 축구영웅 발레리 포쿠잔을 만났다. 발레리 포쿠잔은 예선전에서 북한 천리마축구단과 경기를 했는데 '리찬명은 단신 골키퍼였음에도 불구하고 신과 같았다'라고 평가하면서 리찬명을 꼭 만나고 싶다면서 싸인 볼을 2개를 주며 1개는 나에게 1개는 리찬명에 전해주라고 했다.

김 이사장은 아리스포츠컵 국제유소년축구대회에 우크라이나 선수단을 초청할 테니 단장으로 발레리 포쿠잔이 참석하여 북한 리찬명 단장과 경기장에서 만나자는 제안을 했고 발레리 포쿠잔은 수락했다. 머지않아 1966 잉글랜드 월드컵 스타 둘은 아리스포츠컵에서 다시 만나게 될 것이다.

III. 왜 올림픽개최 인가?

> **키 – 포인트** key point
>
> 국제스포츠대회는 유엔 대북제재를 극복할 수 있는 최상의 카드로 활용 가능 하며, 남북의 길을 열고 국제관광통로 활용 방안을 마련할 수 있다.
>
> ✓ 골드만삭스 글로벌 경제보고서 제188호 통일한국... 북한의 성장 잠재력이 실현된다면 통일한국의 규모는 30~40년 후 프랑스, 독일을 추월하고 일본도 앞지를 수 있을 것으로 본다.

■ 남북 공동개최 추진 가능

→ 미래 도약의 필요조건(안보 위기상황 완화)

→ 통일한국의 GDP, G-7을 능가, G-2를 향해

→ 지자체·민간주도의 스포츠 외교 역량 강화

01 / 미래 도약의 필요조건 : 안보 위기상황 완화

▷ 2019년 2월, 하노이 북미정상회담 결렬 이후 북한은 수차례 미사일 발사와 금강산 독자 개발 선언 등 불만 표현

→ 남북대화 단절 상태, 남북 이념 갈등, 유엔제재, 남북 경색 국면,

북한의 수용 여부
▷ 역사적으로 남북 관계의 돌파구를 열었던 다양한 스포츠 행사를 통해 남북 대화 분위기 조성이 이루어짐. (1990년 남북통일축구, 1991년 세계탁구선수권대회, 2006~남북유소년 축구 교류, 2018 평창 동계 올림픽 등)
▷ 남북의 현상은 눈에 보이는 게 전부가 아니다. 보이는 그 너머를 바라볼 수 있어야 한다.

● 미래도약의 필요조건
현 안보상황을 해결하는 방안은 2024 강원 동계 청소년올림픽 지원사업 활용방안이 가장 효과적인 실천방안이다.

● 과거와 전례와 교훈(임시 평화체제 실현)
지난 15년간 군사 위기 상황 속에서 총 22회의 남북체육교류를 성사시킨 경험을 바탕으로 2024 강원올림픽 지원사업 프로그램을 활용하는 방안은 현 안보 불안을 해소하는 실천 가능한 방안이며 그 역할은 민간단체와 지자체가 추진할 때 효과적이라 판단된다.

또한, 우리는 2018 평창 동계올림픽을 통해서 올림픽 기간에 모든 군사적 행동과 적대 행위를 금지하는 임시 평화체제(올림픽 휴전)를 실현하여 남·북·미 간의 안보 위기 상황을 완화하고 3국의 관계개선 및 교류 협력을 이뤄냈던 경험이 있다.

02 / 통일한국의 GDP, G-7을 능가, G2를 향해

■ **골드만삭스 글로벌 경제보고서 제188호 통일한국**

● 통일한국의 잠재력을 높이 평가, GDP는 G-7을 능가
위 연구 결과 가장 주목할 만한 부분은 장기적인 관점에서 통일한국의 잠재력이다. 북한의 성장 잠재력이 실현된다면 통일한국의 GDP가 30~40년 후 프랑스, 독일을 추월하고 일본도 앞지를 수 있을 것으로 본다. 2050년 통일한국의 규모는 미국을 제외 대부분의 G-7 국가와 동등하거나 넘어설 것으로 예측된다.

● 북한의 강력한 잠재력
북한은 강력한 잠재력이 있다고 믿는다. 일단 경제 개혁이 단행되면 투자가 유입될 것으로 본다.
1) 풍부하고 경쟁력이 있는 노동력
2) 남한의 자본과 기술, 북한 천연자원과 노동력에 막대한 시너지 효과 기대
3) 생산성 향상과 통화 절상, 체제 전환국에서 전형적으로 나타나는 커다란 잠재적 이익

■ **올림픽 남북공동개최와 G-7을 향하여**

올림픽 남북공동개최는 물적 자원과 인적 자원의 교류를 활성화하고, 남북 화해와 관계 개선이 기여한 바가 있다. 정치적 환경에서 머무르지 않고 남북 체육교류와 남북 관계를 발전시키기 위해서는 국제사회(IOC, 각국의 NOC 등)의 도움을 받아 함께 나아갈 필요성이 제기된다.

- 원산 아리스포츠컵 국제유소년축구대회 개최, 남북유소년축구 정기교류 23차전
  1) 개최 장소 : 북 강원도 원산
  2) 개최 시기 : 2020년에 개최하기로 합의했으나 코로나 상황으로 잠정연기, 코로나 방역 해제 또는 완화 시 개최 합의
  3) 참가 대상 : 남북 각 3개 팀, 해외 4개 팀 등 총 10개 팀 (U15)
  4) 주   최 : 남북체육교류협회 / 북 4.25체육단 공동

- 2024 강원올림픽(YOG) 지원사업, 아프리카 선수단 남 강원도 평창과 북 강원도 마식령에서 훈련지원 프로그램 "남·북·아프리카" 협력사업으로 추진

- 2024 강원올림픽 지원사업 훈련지원 장소를 활용하여 남북공동개최 추진

- 2027 세계군인올림픽, 2034 하계 청소년올림픽 유치로 남북협력사업 추진

03 / 지자체·민간주도의 스포츠 외교 역량 강화

모든 스포츠 외교는 올림픽과 같은 메가 스포츠 대회로부터 시작된다. 그래서 올림픽 개최도시가 되는 것이 스포츠 외교에서 하나의 무기가 되는 것이다. 그것을 통해 낙후된 지역을 발전시키고 남북 관계 개선으로 연결할 수 있는 힘을 가질 수 있다.

■ 지자체 주도의 남북교류협력이 가능

- 2020년 12월 남북교류협력법이 개정되어 남북교류의 주체가 지자체가 될 수 있다.
  → 정부 주도에서 지자체와 민간 주도의 남북공동 체육행사를 추진할 수 있는 법적 보장이 마련되었다.

■ 지자체와 국제스포츠교류협회(남북체육교류협회)와 협업의 스포츠 외교 긍정적 효과

- 최초로 강원도와 남북체육교류협회가 추진하여 2024년 강원 청소년

동계올림픽을 유치함. 지자체와 민간단체의 협업에 의한 메가 스포츠 행사 유치와 아프리카 동계 올림픽 지원 사업과 관련한 IOC 활동 등 스포츠 외교의 역량이 강화됨

- 본 협회는 다양한 남북의 상황에서 남북체육교류의 독자적인 경험을 바탕으로 지자체와 협업에 대한 긍정적 효과 기대

■ 올림픽 이후, 후대에 물려줄 문화유산으로 지역 경제발전에 기여

- 올림픽을 치름으로써 얻게 되는 경제, 문화, 교육적 가치를 후대가 계승해 나갈 수 있도록 프로그램과 기반 환경 조성

- 올림픽 유치와 개최에 따른 환경 문제를 고려하여 선제적으로 대응하고, 후대에 아름다운 올림픽 문화유산을 전수할 수 있는 방안 마련

- 특히 올림픽 이후 관련 시설은 지역 주민 건강을 위한 체육시설로 활용되고, 선수촌 등의 시설은 경기도 내 전문선수들의 훈련 합숙소로 활용될 수 있으며, 관광 프로그램과 올림픽 레거시 포럼 등 국제적인 행사를 지속적으로 이어 나가, 결국은 지역 경제발전에 기여할 수 있다.

남북한 체제도 알기 「민주시민교육총서」

남북한 제대로 알기 민주시민교육총서
남 북 협 력 개 론

북한 독재체제의 구조적 특징

차성근 박사

03 북한 독재체제의 구조적 특징

1. 북한 정치체제의 특징

키 - 포인트 key point

북한은 김일성 가문의 사상과 지시가 곧 법이고 김일성 가문은 신격화 되어 있으며, 조선노동당에 의한 강력한 통제가 실행되고 있는 일당독재체제이다.

- ✅ 북한의 지도 사상은 주체사상과 선군사상, 인민대중 제일주의사상이며 지도 이념은 온사회의 김일성-김정일-(김정은)주의화이다.

- ✅ 한 헌법은 대내외 선전을 위한 장식품에 지나지 않으며, 실질적인 법전 역할은 김부자의 교시와 말씀, 10대 원칙, 조선노동당 규약, 3대혁명 사상이다.

- ✅ 조선노동당은 당·정·군 모든 분야 하부 말단에 까지 조직을 형성하고 모든 간부들과 주민들의 업무와 사생활까지 강력하게 통제하고 있다.

북한 독재체제의 구조적 특징

　무릇 정치조직이나 단체를 관통하는 사상이나 이념은 그 조직이나 단체의 성격과 활동 목표, 유지 방식 등을 규정 짓는 바로미터로 된다고 할 수 있다. 특히 현대 정치사회에서 집권당의 지도 사상과 이념은 국가의 발전 목표와 정체성을 대변함과 동시에 정치권과 사회 전반에 존재하는 각양각색의 정파와 세력의 이해성을 도모하고 지지세력 중심의 시민역량을 결집시켜 자족의 경제발전과 사회적 안정을 이루는데서 중요한 요소로 작용한다.

　특히 북한 사회에 대한 강력한 통제의 근본 단체인 조선노동당의 지도사상과 지도이념을 통찰하는 것은 현대 국제정치사에 유일무이한 3대 세습의 근원을 해석하여 3대 세습이 이루어질 수밖에 없는 공고한 정치환경의 실상과 주민의식영역의 무조건적인 복종성향에 대한 당위성을 이해할 수 있게 해주는 가장 중요하고도 기본적인 것이다.

조선노동당의 지도사상은 김일성의 주체사상, 김정일의 선군사상, 김정은의 인민대중제일주의 사상이라고 할 수 있다.

조선노동당은 1945년에 조선공산당 북조선분국으로 출발하여 1946년 북조선 신민당과 합당을 통해 북조선노동당으로 변신하였다가 남조선노동당과 통합하면서 조선노동당으로 명칭을 변경하였다. 초기 조선노동당은 당시 사회주의권 공산당들과 동일하게 지도사상을 마르크스-레닌주의로 하고 지도이념을 전사회의 공산주의화로 채택하였다.

조선노동당의 초기 지도사상과 지도이념은 1950년대부터 1960년대까지 진행된 당내 각종 파벌 청산작업 및 1970년대 후계자 김정일에 의한 주체사상 이론화 작업에 의해 1980년대부터 변화과정을 시현하게 된다.

김일성은 1950년대부터 1960년대까지 노동당내에 존재하던 5대 파벌인 남로당파, 소련파, 연안파(중국파), 국내파, 군벌주의(빨찌산파)에 대해 당내 종파주의 및 이색조류 형성으로 수령의 유일적 영도체계를 거세하려 하였다는 혐의를 씌워 단계적으로 청산하였다.

김일성은 1955년 12월 조선노동당 선전선동원대회에서 "당 사상 사업에서 주체를 철저하게 확립", 1956년 12월 조선노동당중앙위원회 전원회의에서 "경제 분야에서 자립 실현", 1957년 12월 조선노동당중앙위원회 전원회의에서 "정치에서 자주 확립", 1962년 12월 조선노동당중앙위원회 제4기 5차 전원회의에서 "국방에서 자위 실현", 1966년 10월 제2차 조선노동당대표자회의에서 "대외관계에서 자주" 노선을 주장하였다. 이는 북한체제 모든 분야에서 과거 소련과 중국에 의존해오던 정치, 경제, 군사, 외교 분야에서의 의존비율을 줄이고 북한 스스로 자립할 수 있는 정치적 환경을 조성하였다.

1973년 2월 조선노동당중앙위원회 전원회의에서 정치국 위원으로 선출된 김정일은 조선노동당중앙위원회(이하 중앙당) 조직지도부장 겸 비서, 선전선동부장 겸 비서직을 독점하면서 노동당내 김일성의 유일한 후계자로 부상하였다. 김정일은 1974년 논문형식의 정책서인 "주체사상에 대하여"와 "온 사회의 김일성주의화를 위한 당 사상사업 분야에서 나서는 몇 가지 과업에 대하여" 등을 발표하였다. 여기에서 김정일은 김일성이 1950년대부터 언급하여 온 각 분야에서의 주체 확립 정책을 집대성하여 "주체사상"이라고 명명하고 이를 이론적으로 확장하면서 혁명과 건설에서 주체사상을 실천하기 위한 방법적인 문제를 체계화하였다. 계속하여 주체사상과 이에 대한 이론적 체계화, 주체사상을 혁명과 건설에 적용하기 위한 방법론적인 문제를 제시하는 등 주체사상을 "김일성주의"로 선포하고 "온 사회의 김일성주의화"를 조선노동당의 이념으로 고착화하였다.

1994년 김일성 사망 이후 김정일은 김일성 사망 애도 3년 기간에 대내외에 조성된 체제 위협 상황 극복을 위해 선군사상을 주창하고 이를 중심으로 체제 안정화를 도모하였다.

당시 북한은 동구권의 붕괴와 중국의 개혁 개방정책으로 인한 무상지원과 구상무역(물물교환)의 중단, 사회주의 경제체제가 안고 있는 경제적 제약의 영향으로부터 1995년부터 1997년 간 사상 유례가 없는 이른바 고난의 행군에 잠식당하였다. 이 기간에 수십-수백만 명의 아사자가 발생되고 수천 명의 탈북자가 양산되는 등 북한 체제의 근간을 위협하는 결정적인 요소들이 확산되었다. 특히 아사자의 대부분이 지방 당 조직에 속해있던 당원들이었고 이는 곧 노동당 조직의 장악력과 추진력을 이완시키는 결과를 가져왔다.

이러한 상황 하에서 김정일은 1997년 조선노동당 총비서에 추대되고 이듬해 국방위원장 직함으로 공식 등장하면서 선군사상과 함께 선군정치를 주창하였다. 선군사상의 주요 내용은 "총대가 없으면 당도 조국도 혁명도 없으며, 총대가 강력하고 굳건할 때 당도 조국도 강건하고 제국주의자들과의 대결에서 승리하는 등 혁명의 최후승리를 달성할 수 있다"는 것이다. 선군정치의 본질과 관련하여 북한은 "조선노동당의 확고한 영도 하에 북한군을 전면에 내세워 혁명과 건설을 전진시켜나간다는 것이다. 다시 말하여 전당과 전 사회에 북한군과 같은 혁명적 규율체계를 확립하여 상하 간 무조건적인 명령복종체계를 확립하며, 전당과 전 사회에 수령의 명령과 지시에 대한 절대적인 복종과 이행질서를 세우는 것이다. 또한 북한군을 경제건설과 사회기강 강화의 전면에 내세워 경제발전에서 나서는 모든 어려운 문제를 혁명적 군인정신으로 해결해나가게 한다는 것이다. 특히 국방력 강화를 정치의 최우선 과제로 삼아 강력한 자위적 국방력을 건설함으로서 제국주의자들과 남조선 반동분자들의 사회주의제도 말살책동을 분쇄하고 조국통일 달성으로 혁명의 최후승리를 달성하는 것이다."라고 선전하였다.

2011년 김정일 사망 이후 27세의 김정은이 최고사령관에 추대되고, 2012년에는 조선노동당중앙위원회 제1비서 및 국방위원회 제1위원장에 공식 추대되면서 사상 유례가 없는 3대 세습이 이루어 졌다.

3대 세습자 김정은은 이듬해에 3대 승계 작업을 주도한 고모부 장성택이 20대 젊은 지도자의 절대적 권위에 도전하였다는 이유로 총살형에 처하는 등 권력층에 대한 강력한 정제작업을 실시하였다. 한편 망부 김정일이 유지시켜 온 선군정치인 당-군-정 체제를 점차적으로 감소시키고 조부 김일성시기와 같은 당-정-군 체제로 환원시켰다. 이 과정에 김정은은 조선노동당 총비서 및 조선민주주의인민공화국 국무위원장 직함을 독점함으로서 조부와 망부에 이어 1인 절대 권력체제를 완성하였다.

김정은은 집권 10년 간 수차례의 핵 실험과 수십 차례의 ICBM 포함 전략미사일 시험 발사 등을 통해 핵무기와 투발 수단 확보를 자인하는 등 군사 분야의 괄목할만한 성과를 내세워 2022년 선대들과 동일한 공화국 대원수 계급을 선보였다. 특히 김일성의 주체사상에 의한 김일성주의, 김정일의 선군사상에 의한 김정일주의와 유사하게 인민대중제일주의사상에 의한 김정은주의를 주창하고 있는 것으로 판단된다.

인민대중제일주의사상은 "인민대중을 하늘로 섬기고 인민대중의 이익을 정치의 근본으로 삼으며, 혁명과 건설에서 나서는 모든 문제를 인민대중의 창조적 지혜와 정열에 의거하여 해결해 나가는 것"이라고 정의하고 있다.

북한의 정치 이념은 "온 사회의 김일성-김정일-김정은주의화"이다. 온 사회의 김일성-김정일-김정은주의화의 주요 내용은 당과 국가, 사회 전체를 김일성-김정일-김정일주의의 요구에 맞게 개조한다는 것이다. 다시 말하여 당과 국가 사회 전체를 3대 수령들의 사상과 의도로 철저하게 무장시키고 3대 수령들의 명령과 지시를 무조건적으로 철저하게 집행하는 환경을 만든다는 것이다. 그리고 전당과 전체 인민을 사회주의 인간으로 개조하며 경제를 포함한 사회 전체를 사회주의적으로 개조하여 전쟁과 분쟁, 갈등과 반목이 없는 정치사회, 인간사회로 만든다는 것이다. 결론적으로 수령의 사상과 영도가 철저하게 보장되며 전 사회에 "하나는 전체를 위하여, 전체는 하나를 위하여" 라는 전체주의적 경향이 지배되도록 한다는 것이다. 이를 위해서 3대 개조 사업인 인간개조, 자연개조, 사회개조 사업을 적극적으로 추진하여야 한다는 것이다. 그리고 전 사회의 의미는 남한을 포함한 한반도 전체와 세계 전체가 포함된다고 교육하고 있다.

북한은 정치사상과 정치 이념 실현을 위해 김씨(김일성-김정일-김정은) 일가의 지침(교시, 말씀, 지적, 지시, 방침, 비준서 등), 당의 유일적 영도 체계 확립을 위한 10대 원칙(이하 10대 원칙), 조선노동당 규약, 3대혁명 사업, 조선민주주의인민공화국 사회주의 헌법(이하 공화국 헌법) 등을 수단으로 사용하고 있다.

김씨 일가의 지침은 북한 체제를 움직여 나가는 백과전서이다. 이 지침에는 혁명투쟁 각 단계별 투쟁 목표와 투쟁 방식은 물론 각 분야 및 각 계층이 수행하여야 할 방법론적 문제들이 구체적으로 수록되어 있다고 주장하고 있다.

10대 원칙은 1967년 당시 조선노동당중앙위원회(이하 중앙당) 조직비서였던 김영주(김일성의 동생)가 최초로 작성하고 1974년 김정일에 의해 수정보충 되고, 2013년 김정은에 의해 최종 수정되었다. 10대 원칙에는 김씨 일가를 신격화하고 노동당의 결정과 지시 사항을 무조건 집행하며 제국주의와 자본주의를 반대하고 이색적인 사상조류의 침습을 철저하게 차단하여야 한다는 등 북한 전체 주민의 업무와 사생활에서 반드시 지켜야 할 사항들을 포함하고 있다. 10대 원칙은 김씨 일가를 제외한 전체 북한 주민이 직위고하와 남녀노소에 관계없이 일상생활과 특히 주 단위로 진행되는 자아비판과 호상비판 과정에 절대적인 기준서로 인용되고 있는 가장 중요하고 살아 있는 법전 중의 법전으로 되고 있다.

조선노동당 규약은 북한 체제의 지도사상과 지도이념을 제시하면서 노동당 중심의 일당독재체제를 고수하고 강화하기 위해 각급 당 조직과 당원들의 역할 등을 세부적으로 규정하고 있는 노동당의 법전이다.

3대혁명(사상, 기술, 문화)사업은 1970년 김일성이 노동당 5차 대회에서 언급한 이후 김정일이 1973년에 3대혁명소조운동을 발기하고 1975년 3대혁명붉은기 쟁취운동을 확산시키면서 본격화 되었다. 3대혁명은 사상혁명을 통해 사회 구성원 전체를 사회주의-공산주의 인간으로 만들기 위한 인간개조운동을 펼치며, 기술혁명을 통해 중노동과 경노동의 차이, 농업노동과 공업노동의 차이를 없애며 여성들을 가정(가사)노동의 무거운 부담에서 해방하는 등 국가경제를 사회주의적으로 철저하게 개조하며, 문화혁명을 통해 모든 근로자들 속에서 사회주의적 생활양식과 생활문화를 확립하고 경제현장에서 사회주의적 생산 문화를 확립하는 등 사회개조를 추진한다는 것이다. 북한은 3대혁명사업의 성공을 위해 대학 졸업예정자들을 소조 단위(3-15명)로 3년 간 생산 현장과 농촌에 파견하여 인간개조, 경제개조, 사회개조 작업을 강력하게 추진하도록 하고 있다.

공화국 헌법은 북한 체제의 권력 변화를 담고 있다는 역사 사료적 가치는 있으나 북한 체제를 유지하고 운영해 나가는데서 역할은 거의 미미한 수준에 지나지 않는다. 북한내 학교 교육에서 헌법 관련 교육시간은 거의 제로 수준이며 일반 주민들과 군인들, 간부들 속에서 일상 업무와 생활에 대한 기준서는 김씨 일가 지침, 10대 원칙이 전부이며, 헌법은 상징적 의미로서의 지위만 차지할 뿐이다.

지도자에 대한 신격화는 북한 정치의 핵심이다. 북한은 ①권력기관 파벌 정리 ②당·정 활동에서 '주체' 확립 ③'주체사상'과 '선군사상', '인민대중제일주의 사상'을 지도사상화 ④ 노동당 중심의 강력한 일당독재체제 구축 ⑤'10대원칙'을 업무와 생활의 기준서화 ⑥보안사찰기관의 감시와 처벌 강화 ⑦유아기부터 김씨 일가에 대한 신격화 교육 등을 주요 정책으로 추진하고 있다. 이러한 조치는 북한주민 대부분이 김일성을 '민족적 영웅, 만민의 어버이, 국제공산주의 운동의 걸출한 지도자, 고매한 품위'를 지닌 신(神)적인 존재로 추앙되게 하였으며, 김일성 사후 이러한 패턴은 김정일에게 고스란히 승계되어 김정일 역시 김일성과 같은 신적인 존재로 부각되었다. 2012년 이후 20대의 김정은이 김일성과 김정일의 천재적 지도자 품격을 고스란히 물려받은 위대한 지도자로 추앙되고 있는 것이 북한의 실상이다. 국제적 영웅호걸은 고사하고 한반도 위인들에 대해서도 상식이나 지식이 전무한 상태인 북한 주민에게 있어서 태어나면서부터 받게 되는 김씨 일가에 대한 신격화 교육은 오로지 김씨 일가를 '유일한 신'으로 간주하도록 만들도록 강요되고 있다.

노동당에 의한 일당 독재는 김씨 일가에 대한 신격화에 의해 수반되는 정치적 귀결이다. 노동당은 당대회, 당중앙위원회, 당중앙검열위원회, 정치국(상무위원회), 비서국(비서 9명, 전문부서 20개), 당중앙군사위원회로 구성되어 있다. 노동당은 권력기관은 물론 사회단체, 사회 저변까지 당 세포 → 부문당위원회 → 분초급당위원회 → 초급당위원회 → 당위원회로 조직되어 있으며, 모든 기관과 단체, 주민은 해당 당 조직에 소속되어 정치생활에 참여하도록 하고 있다. 특히 북한군에는 총정치국을 위시하여 연대~군단에 당위원회, 중대(전방부대는 소대)~대대 단위에 당 정치부가 설치되어 군정과 군령 등 모든 군사 활동에 대한 결정권을 행사한다. 총정치국은 중앙당 조직지도부 군사과의 통제를 받으며 총참모부와 인민무력부는 중앙당 군정지도부의 통제를 받는다. 보안 기관(국가안전보위성, 사회안전성)은 중앙당 법무부의 통제를 받는다.

공안기관에 의한 정부와 주민에 대한 2중 3중의 감시 체계는 북한 독재체제의 안정성을 강화해주는 요소로 작용하고 있다. 북한은 해방 후부터 장기간에 걸쳐 북한주민의 성분을 '3계층 51개 부류'로 분리하고 공안기관을 동원하여 계층 분류에 해당한 감시 체계를 주입하는 등 반체제 생성 자체를 차단하기 위해 모든 노력을 기울이고 있다. 북한주민에 대한 감시 기재를 보면 ①당 조직에 의한 주민 사상과 생활 통제 ②국가안전보위성에 의한 반체제 요소 및 제3국과 연계활동 통제 ③사회안전성에 의한 법 생활 및 이동 소요 통제 ④사회단체에 의한 업무 및 생활 통제 ⑤준군사 부대 동원에 의한 군사 활동 통제 ⑥인민반에 의해 여가 생활 통제 등이 있다. 북한주민에 대한 공안기관의 주요 감시 및 통제 대상은 ①주요 관료(당·군·정 차관급 이상) ②해외로 드나드는 인물 ③적대계층 ④과거 전과자 順이다. 감시 및 통제 목적은 ①反체제 조직 결성 또는 징후 ②해외로 드나드는 과정에 적대국 정보기관과 연계 가능성 ③북한 내로 침입한 적대국 협조자와 접촉 여부 ④사회 법 질서를 위반하며 혼란 조성 여부 등을 사전 확인하여 대책을 세우기 위함이다. 감시 방법은 ①감시 대상자 주변 인물 가운데 공안기관 협조자 설정 ②전화, 우편, 소포 등 외부와의 거래선 감시 ③미행 ④함정 수사 ⑤가택이나 직장 등에 대한 은밀 수색 ⑥대상자와 면담 혹은 심문이 주류를 이룬다. 이러한 2중 3중의 감시로 얻어지는 긍정적인 효과는 ①주민의 反체제 의식이나 행위 사전 차단 ②주민들 간 불화 조장으로 혹여 反체제 성향을 가진 자라도 주변사람들을 규합하기에 어려움 ③계층별 동향 파악 활성화로 국가정책 수립 시 정확하고 안전한 방법 채택 가능 ④주민 동원 시 위해 요소 사전 차단 가능 ⑤주민 이견 발생 시 원인 파악 시간 단축 및 정확한 대책 시행 가능 ⑥주민의 국가에 대한 무조건적인 '헌신' 유도 등으로 체제 안정화에 기여하고 있는 것으로 평가된다.

북한 독재체제의 주민에 대한 기본권 말살 장기화 정책은 주민의 자유에 대한 근본 의식을 결여시키고 김씨 일가에 대한 신격화와 왜곡된 애국심과 도덕관 등으로 일관된 우민화 결과를 양산시켰다. 북한에서 주민의 기본권이란 '10대원칙'과 김씨 가문의 교시와 말씀, 당정책, 사상교양 자료 등에 언급되어 있는 ①지도자의 사상과 교시와 말씀에 대한 무조건적인 충성과 관철 기풍 ②당과 조국에 대한 충성과 당과 조국의 이익을 개인의 생명보다 우선 시하는 자세 ③집단을 소중히 여기며 '혁명적 동지애'의 인격 수양 ④계급적 원수들에 대한 끝없는 증오심과 비타협적인 투쟁 정신이며, 이외 개인의 자유로운 여행, 이주, 집회 등은 썩어 빠진 사본주의에서나 가능한 수령숭심의 사회에서는 있을 수도 없고 있어서도 안 되는 비인간적이고 비도덕적인 관념으로 치부된다. 북한주민은 ①민주주의 경험 전무(全無) ②시장경제나 민주주의 체제에 대한 교육은 고사하고 접근조차 안 되는 폐쇄적인 환경 ③북한당국의 체제유지를 위한 각종 선전선동 ④자유세계에 동조하는 주민에 대한 무자비한 숙청 ⑤원초적인 양심이나 순결함 자체를 김씨 가문에 어릴 때부터 빼앗겨 버리는 환경 ⑥북한을 제외한 한국, 중국을 포함한 국제사회는 적(敵)이라는 태생적인 거부감 체질화 등으로 점철되어 있다.

또한 주민들로 하여금 지도자에 충성과 조국에 대한 사랑을 의리화 하고 양심화 하도록 하는 등 왜곡된 인생관과 도덕관으로 함몰되게 하고 있다. 김씨 일가는 주민들이 자유의지를 접할 수 있는 환경과 통로를 원천적으로 봉쇄하고 자유사상을 접할 경우 강력한 연좌제적 처벌 조치를 가하는 등 자유사상을 이단化 하였다. 반면 김씨 일가는 북한의 자유와 독립, 부흥을 위해 헌신한 애국자, 절세의 위인으로 호도 포장하여 선전하고 김씨 일가에 대한 충성이 곧 애국이고 인간으로서의 의리라는 개념을 유아기부터 강제주입 시켜오고 있다.

외세 배격을 통한 주체적 정통성 확립은 북한 체제의 정당성과 지배력을 확보하기 위한 중요한 선전선동방식 가운데 하나이다. 식민지 제도 경험 밖에 없는 북한주민에게 '일방적으로 호도된' 역사의식을 강요하는 북한당국의 행태로 인해 북한주민의 우민화는 장기간 지속 되어 왔으며, 결과적으로 외세는 북한주민을 '노예화하고, 민족성을 말살하기 위한 침략자'일 뿐이라는 부정적 인식이 팽배하며 김일성가문의 모범을 본받아 '외세는 배격하고 타도해야 할' 대상으로 점철되어 있다. 결과적으로 북한주민이 살아갈 방향은 '내나라 내 강토에서 스스로 만든 경제적 수단으로 행복을 가꾸는' 한편, 한국과 미국을 포함한 외세가 북한을 침략하여 든다면 '자체의 힘과 기술로 개발한 핵과 미사일'로 한국과 미국을 초토화 시켜 버리는 것도 불사하겠다는 강력한 증오심과 항쟁의 입장뿐이다.

북한 독재체제는 철저한 인사관리체제로 지배층 대열을 공고화하고 있다. 북한은 폐쇄적인 독재체제만큼이나 폐쇄적인 인사체계를 가지고 있다. 북한의 인사 체계는 중앙으로부터 지방 말단까지 철저하게 시스템화 되어 있다. 중앙당 조직지도부 간부1과~10과까지는 중앙당 소속

간부 및 군, 내각 차관급 이상 간부인사를, 중앙당 간부부는 중앙 행정기관 국장급 이하 간부 및 도급 간부들에 인사 업무를 관장한다. 당 조직지도부와 간부부의 인사 관장 범위는 도당 조직부 간부과와 간부부에도 동일하게 적용되며 군(郡)은 조직부 간부과에서 간부 인사를 전담하는 체계이다. 당내 간부 인사담당 요원들은 평생 동안 타 분야로 이동됨이 없이 인사 분야에서만 종사하는 관계로 인사 업무의 전문가들이며, 인사 업무는 I급 비밀로 간주되고 있다. 간부 인사 대상은 ①지도자와 당에 대한 충성도 ②가족관계(6촌 이내 反체제 인물 또는 탈북자가 없어야 함) ③업무에 대한 전문성(출신 학교, 업무 실적 등) ④개인적 자질(인간성 동료 관계, 리더십 등) ⑤건강 상태 등을 대상자의 모든 인사 기록과 함께 근무 경력자들을 개별 면담을 통해 철저하게 조사한다. 대상자로 선발되면 6개월~1년간 해당 직위에서 생활 상태를 관찰 확인 이후 당내 교육기관(김일성고급당학교 등)으로 이전 시켜 1~2년간 당 사업 실무에 대한 교육을 시킨다. 교육 과정의 성적과 생활 결과에 따라 중요 부서(조직지도부, 선전선동부 등) 혹은 여타 부서에로 발령시키며, 한번 발령 받은 부서에서 통상 평생을 마감하는 인사체계이다. 또한 주 단위 생활총화, 수시로 진행되는 위대성 학습, 6개월~1년 단위 15일 이상 당 학교 보수 교육 등을 통해 정기적인 사상검증 및 사상무장을 실시하며, 과오를 범할 경우 反당적인 요소가 아닐 경우 3개월 간 비판 또는 혁명화(강제노동) 등을 통해 반성하게 하는 동시에 '지도자의 믿음을 져버리면 죽은 목숨'이라는 교훈을 얻도록 하고 있다. 결론적으로 가족 환경도 좋고 인품도 훌륭한 뛰어난 인재가 주민 속에 묻혀 反체제 세력으로 확장되는 것을 용납하지 않는 한편, 反체제 가담자는 아무리 뛰어난 능력을 인정받았다 해도 가차 없이 정치적으로 매장시켜 버리는 공포 정치를 통해 능력 있는 모든 지배 계층의 절대적인 충성을 유도하고 있다.

　강력한 선전선동체제는 주민들에게 독재체제의 당위성을 주입시키는 한편, 주민의 사상의식 이완을 절대적으로 차단하는 역할을 한다. 북한은 세습체제 정당화를 위해 얼마간의 진실과 많은 허구를 뒤섞어 역사를 조작하고 주민을 호도하고 있다. 북한체제에서 당 선전선동 사업은 조직지도부의 업무와 거의 쌍벽을 이룰 정도로 중요하게 간주된다. 김정일은 '당 조직지도부가 의사이라면 선전선동부는 의사의 처방을 받아 환자에게 약을 공급하는 약사와 같다' 조직지도부가 생활총화제도와 간부인사제도를 통하여 어떤 인물의 사상정신 상태를 진단하면 선전선동부는 그 대상에 맞는 선전 자료들을 준비하였다가 그 대상에게 맞는 정확한 선전방법을 강구하여 잘 이해 가도록 선전사업을 벌여야 한다는 지침을 주었다. 중앙당 선전선동부는 북한내 모든 선전선종 활동을 주관하며, 각종 선전 매체와 선전 수단들을 장악하고 철저하게 검증된 보도와 기사 자료들을 통해 세습체제의 정당성을 대중에게 주입시키고 있다. 선전선동부는 영화, 출판보도, 정치사상학습, 문화예술, 축전 행사, 노작 편찬 분야를 담당하며, 산하에는 영화촬영소, TV방송국, 출판 및 인쇄소, 강연 제강 등 사상교양자료 제작, 각 지역 사적관, 예술단, 경제선동대 등이 소속되어 있다. 선전선동부의 주요 임무는 김일성가문의 혁명전통 자료를 지속 발굴(또는 조작)하여 혁명전통의 역사적 재보를 풍부히 하며, 매주, 매월 전국적으로 정기적으로 진행되는 사상교양자료를 제작 배포, 소학교부터 대학교까지 교과서 집필과 인쇄 및 보급, 영화 산업과 뮤지컬, 각종 공연 사업 주관, TV방송국 채널 및 프로그램 편성의 혁명성 견지, 사적관을 잘 꾸려 대중교양장소로 활용 등이다. 특히 해외나 한국과 교류하는 인원들의 사상정신 상태에 대한 검증과 자유사상에 물젖지 않도록 사전 사후 예방 및 치료를 위한 선전선동 사업을 주관한다. 사상교양의 내용은 실상과 결부하여 자연스럽고 평범하게 진행하여 대중이 거부감을 갖지 않도록 하며, 일정기간 사상교양의 결과가 미흡한 인원에 대해서는 변화가 보일 때까지 반복교양을 원칙으로 한다. 결과적으로 소학교 1년 전 유치원 교육부터 대학교는 물론, 직장에 배치된 이후 정기적인 보수교육체계 과정에 철저한 김일성가문 신봉자로 육성되며 이러한 과정이 장기간 반복되다 보면 우민화의 결과로 나타난다.

북한 독재체제는 연좌제가 적용되는 무자비한 형벌제도 등 공포 정치를 통해 수민늘의 일탈 행동을 원천적으로 차단하고 있다. 북한은 형법이나 민사소송법에 범죄자에 대한 형 집행 관련 법 집행 구조는 구비하고 있으나, 실질적으로는 형법이나 민사소송법보다 헌법이 우선하며, 이보다 우선 시 되는 것이 '10대 원칙'과 김씨 일가의 교시 말씀 및 당정책이다. 북한 헌법 제8절 검찰소와 재판소 제159조에는 '판결은 조선민주주의인민공화국의 이름으로 한다'라고 명문화하여 사법적용의 이념배제 적 기능을 철저하게 차단하고 있다. 북한의 범법자에 대한 선고 및 형량 집행 질서를 보면 민주주의 국가에서는 피해자가 범죄 용의자에 대해 신고할 경우 용의자의 신분에 관계없이 해당 국가의 법질서에 의해 조사, 구속, 재판(1심~3심)과 형 집행 절차로 이루어지지만, 북한의 경우에는 당 조직이 먼저 범법자에 대해 당 회의에서 비판 및 당위원회의 최종 결정에 따라 구속 여부(용서 또는 법 기관으로 이송)가 결정된다. 또한 고위 간부 또는 정치적인 중대 사범일 경우에는 국가안전보위부에서 최고재판소를 경우하지 않고 자체 재판 또는 재판 없이 처형이나 정치범수용소로 감금시키는 경우가 다반사다. 더욱이 엄중 시 되는 것은 형법에 죄를 지은 본인에 대한 형량 만 기재되어 있음에도 실제 처벌 시에는 범죄사실의 중요도에 따라 직계가족은 물론 4촌이나 6촌 이내 친척들까지 정치범수용소로 동반 이주시키는 연좌제를 공공연하게 자행하고 있다. 이렇듯 북한의 형법은 일반 주민들을 구속하기 위한 '민수용'이고, 권력층에 대한 처벌은 김정은 지시와 '10대원칙' 및 당정책이 우선 시 되는 등 법질서의 2중적 행태로 인한 북한주민의 인권 침해 정도는 역사가 분노할 정도이다.

 북한 독재체제는 전 주민을 상대로 자유로운 이동과 집회, 결사의 자유를 깡그리 말살함으로서 反체제 세력의 존립 가능성을 원천적으로 차단하고 있다. 북한의 '사회주의 헌법'은 제5장 '공민의 기본 권리와 의무' 제67조에서 '공민은 언론, 출판, 집회, 시위와 결사의 자유를 가진다.' 제75조 '공민은 거주, 려행의 자유를 가진다.'고 명확하게 명시해 놓았으나 권리와 의무 서두에 제63조 '공민의 권리와 의무는 하나는 전체를 위하여, 전체는 하나를 위하여 라는 집단주의 원칙에 기초한다.' 후반부에 제81조 '공민은 인민의 정치사상적통일과 단결을 견결히 수호하여야 한다. 조직과 집단을 귀중히 여기며 사회와 인민을 위하여 몸바쳐 일하는 기풍을 높이 발휘하여야 한다.'고 독소 조항을 삽입함으로써 조직과 집단의 허락 없이는 아무 것도 할 수 없다는 것을 강조하였다. 실제로 북한에서의 거주,

이전, 여행의 자유는 법적으로나 사회질서 관장 측면에서나 절대로 허용되지 않는 국가나 단체의 고유한 결정사안이다. 북한에서 거주·이전 여부는 북한주민이 소속되어 있는 해당 당 조직에서 ①해당주민을 타 지역에 위치한 기관으로 전출을 보내야 상황 ②해당주민이 직장이나 인민반 생활에서 엄중한 과오를 범하여 더 이상 해당 직장이나 지역에서 거주할 수 없게 된 경우 추방 형식 ③결혼식에 의해 타 지역에서 생활하여야 할 경우 ④중앙당의 평양시 인원 축소를 위한 강제 이주 지시가 있을 경우(평양시민만 해당) ⑤국가안전보위부에 정치범으로 체포될 경우를 제외하고는 개인의 의사에 따라 거주, 이전을 할 수 없다. 당이나 조직의 지시를 거부하고 무단으로 타 지역에 이전하였을 경우에는 정치범으로 처벌 될 소지가 다분하다. 북한에서 일반주민은 원칙적으로 마음대로 여행할 수 없다. 일반주민이 여행 할 수 있는 경우는 ①모범적인 근로자로 추천되어 평양이나 타 지역에서 진행되는 대회나 행사에 초청되는 경우 ②가족사(결혼 혹은 장례) 발생 경우 ③단체나 조직에서 필요한 물자(원자재, 설비 이전 등) ④식량난 이후 식량을 해결해 온다고 할 겨우 뿐이다. 이를 위한 사전 절차는 ①소속 단체에 여행 신청 ②단체가 타당성 여부 판단 후 인민위원회 2부(행정부)에 이첩 ③인민위원회 2부에서 보위부·보안부와 협의 후 '여행증명서' 발행 ④여행 신청자가 '여행증명서' 수령 후 여행하는 順이다. 그러나 평양 및 남북한 또는 중국 접경지역에 대한 여행은 '여행증명서' 이외 보위부에서 발행하는 '승인번호'를 따로 받아야만 출입할 수 있다. 북한은 일반주민의 거주, 이전, 여행의 자유를 집회, 시위, 결사, 종교의 자유와 마찬가지로 체제의 근간을 허물 수 있는 反체제 세력화의 대표적인 결집 공간으로 간주하고 있어 이에 대한 자유를 원천적으로 차단하고 있다. 또한 일반주민의 위와 같은 기본권을 인정할 경우 대규모 정치 집회나 노력동원 등이 불가하여 국책사업의 많은 분야를 차지하고 있는 대규모 건설이나 경축 행사들이 파탄 될 가능성이 있는 등 북한체제가 타 체제와 대비하여 우월적으로 과시하는 '일심단결'력, '100만 군중시위'는 한갓 옛 추억으로 사라져 버릴 것이다. 향후 북한당국이 일반주민에 대해 거주, 이전, 여행, 집회, 시위, 결사, 종교의 자유를 허용하느냐 마느냐가 체제 변화 의지를 가늠해 볼 수 있는 척도 가운데 하나이다.

2. 북한 경제체제의 특징

> **키 – 포인트** key point
>
> 북한 경제는 전체주의적인 국가계획경제체계 하에 일반 주민의 의식주 해결을 위한 소규모 인민시장 체계가 혼합된 구조이다.
>
> ✓ 북한 경제는 노동당(군수공업부) 주관의 군수경제와 내각 주관의 민수경제로 이루어진 양대 구조이다.
>
> ✓ 군수경제는 전체 국가 경제의 80% 이상을 차지하며 민수경제 산하 모든 일반 공장 내에 일용품직장은 군수품만을 전문적으로 생산하고 있다.
>
> ✓ 북한은 체제발전을 위해 개혁개방을 추구하고 있으나, 이색조류 침습에 의한 내부이완 가능성으로부터 실질적인 개혁개방정책을 추진하지 못하고 있다.

　북한 경제는 국가주도의 계획경제체제로 노동당 군수공업부 중심의 군수경제와 내각 주도의 민수경제 양대 체제로 구성되어 있다. 그러나 군수경제가 전체 국가 경제의 80% 이상을 차지하는 등 실제에 있어 군수산업 위주의 구조라고 할 수 있다.

　국가 경제의 기본 산업으로 군수경제는 노동당 군수공업부가 주도하며 대외적으로 "제2경제위원회"로 불리 우고 있다. 군수공업부(제2경제

위원회) 산하에는 연구 및 교육 분야와 생산 및 판매 분야로 나뉘어 진다. 연구 및 교육 분야에는 국방과학원(일명 제2자연과학원)과 "김정은국방종합대학"(자강도 강계시 소재)이 있다. 국방과학원(평양시 용성구역 소재)은 핵 개발과 미사일을 포함한 재래식 전투 장비 등에 대한 연구개발을 담당하고 있다. "김정은국방종합대학"에서는 국방과학원에 필요한 연구 인력을 교육 육성하고 있다.

생산 및 판매 분야 관련 군수공업부에 총 18개 국과 9개 총국이 있으며 산하에 자강도와 평안북도를 중심으로 수천-수만 개의 군수공장이 소속되어 있다. 해당 기관 및 군수공장에서는 국방과학원에서 연구된 핵과 미사일을 포함한 군사 장비 일체를 생산하여 북한군에 공급 배치하는 역할을 수행하며, 특히 친북/반미 성향의 국가들과 국제 테로 단체들을 대상으로 불법무기 수출 업무를 전담하고 있다. 또한 내각 민수경제 산하 전국 각지에 소재한 일반 공장들에 "일용품 생산직장"이 1개씩 있는데 여기에서는 해당 민수공장의 민수용 생산제품이 아닌 군수공업부의 지시를 받아 군수용 생산품을 전담 양산하는 등 실질적으로 군수품 생산은 군수경제와 민수경제 전반에서 이루어지고 있다.

내각은 민수경제를 전담한다. 내각은 국가의 경제 노선과 정책을 제시하고 경제 목표 달성을 위해 군수경제 분야를 제외한 사회 전체와 주민의 공적 및 사적 경제 활동 전부에 대한 장악과 통제 업무를 담당하고 있다. 내각은 총 44개 부서로 구성(8위원회, 31성, 3국, 1원, 1은행)로 구성되어 있다. 내각은 우선 노동당의 정책적 지도 下 인민경제 각 분야에 대한 생산 계획을 수립하고 시행하는 바 그 과정을 보면 중앙당 경제부서(계획재정부, 경공업부)에서 정책을 결정하여 시달하면 내각이 이를 반영하여 국가 경제 계획 목표 및 대책 안을 수립한다. 이를 최고인민회의에서 형식적인 승인 절차를 거치고 나면 내각이 이에 대한 시행을 총괄하는 방식이다. 다음으로 내각은 道·市·郡·里 단위 경제 조직 및 단체들을 통해 지방 행정 경제 기관에 대한 지도와 예산 편성 및 관리 역할을 한다. 이와 함께 전국 각지 郡 단위에 형성되어 있는 320여 개의 인민시장에 대한 행정적 통제 역할을 담당하고 있다. 물론 인민시장에서 인원 이동 및 불법 활동에 대한 통제는 공안기관(국가안전보위성, 사회안전성)이 전담하는 체계이다.

북한의 경제정책은 김일성(1945-1994) "경제건설과 국방건설 병진 노선", 김정일(1995-2011) "선군경제노선", 김정은(2012-현재) "경제건설과 핵 건설 병진 노선" 등 다소 용어의 차이는 있으나 군수경제 위주의 국가계획경제 체계를 고수하고 유지하는 데에서는 한치의 오차 범위도 없이 동일하다고 할 수 있다.

국제사회의 장기간 계속되는 경제제재와 군수경제 위주의 왜곡된 북한 경제의 취약성 등으로 자체 식량조달조차 불가한 상황 하에서도 김씨일가는 주민의 생존을 위한 개혁 개방보다는 자신들의 신격화된 지위를 유지하기 위해 북한 주민들에게 미국을 포함한 주위세계에 대한 적개심을 증폭시키고 소위 민족통일 목표 달성이라는 허울 하에 핵 개발 등 군사력 증강정책에 대한 당위성을 주입하고 있다.

북한의 개혁 개방 가능성에 대한 평가이다.

북한은 1980년대부터 대외경제개방 정책을 시행하였다. 1984년 9월 '합영법'을 시작으로 '외국인 투자법', '합작 기업법', '외국인 기업법' 등 30여개의 관련 법령들을 공표하였으나 북한 당국이 합영/합작 기업소들을 독자적인 사업단위로 간주하지 않고 국가계획달성을 위한 생산 활동을 우선적으로 시행하도록 요구함에 따라 합영.합작 기업들은 도산하게 되고 외국기업들이 북한을 이탈하는 결과를 초래하였다.

1991년 12월 함경북도 나진과 선봉을 '경제무역지대'(이하 나선특구)로 지정하고 1993년 1월 '나진-선봉경제무역지대법'을 제정하였으나 미국의 대북제재 수위가 강화되는 환경에서 중국과 러시아의 자국우선 발전입장에 따른 자금유입 부진, 북한 중앙정부의 나선특구에 대한 실질적인 통제 지속과 특구 내 기업과 주민에 대한 자유로운 활동 및 거주, 이전 권한을 부여하지 않고 있기 때문에 성공은 불투명한 상황이다.

1998년 11월 한국의 '금강호' 출항으로 시작된 남북한 간 금강산관광 사업은 2001년 6월 현대-아태위 간 금강산관광 합의에 따라 북한이 '금강산관광지구'를 지정하면서 본격화되었다. 그러나 2008년 7월 한국 관광객(박왕자) 피살사건이 발생하고 북한정부가 2010년 3월 관광 합의서를 파기하고 한국 자산을 몰수하면서 금강산관광사업은 사실상 중단되었다. 한편 북한은 남북한 간 대화와 경협 및 교류 전반을 노동당 통일 전선부가 주관하는 중앙집권적인 체제로, 관광 사업으로 벌어들이는 외화 전부를 통일전선부가 노동당 39호실(김정일 비자금 전담기구)을 통해 김정일에게 직접 상납하였다. 또한 금강산관광의 여파가 여타 지역으로 확산되는 것을 철저하게 차단하고 있어 관광으로 인한 남북한 소통 및 차이 극복 가능성은 거의 희박하다고 말할 수 있다.

2000년 6월 남북정상간 합의에 의한 개성공단은 북한이 '개성공업지구'로 지정, 2003년 3월 착공, 2004년 6월 준공 이후 2008년 총생산액 5억불 달성 등 소기의 성과를 도출하였다. 그러나 2009년 5월 북한이 개성공단 계약 무효를 발표하고 2010년 3월 '천안함'을 피격하면서 사실상 중단되었다. 2013년 4월 북한이 공단 중단을 공식 발표하고 2020년 6월 공단 내 '남북경협사무소'를 폭파하면서 공단사업은 완전 중단되었다. 개성공단은 북한이 부지와 인원을 제공하고 한국의 자금·기술·설비를 투자하고 판로까지 전담하는 체계로 운영되었다. 그러나 공단 운영과정에서 북한이 근로자들에 대한 운영 및 관리권을 독점하고 공단사업에 대해 노동당 통일전선부가 주관하여 김정일의 통치자금 확보 수단으로 활용하였으며, 공단 여파가 타 지역에로 확산되는 것을 철저하게 차단하는 등 많은 문제점을 안고 있어 향후 개성공단 재개는 어려울 것으로 평가된다.

2002년 7월 북한은 김정일의 경제관리 개선지침(2001년 10월)에 따라 '7.1 경제개선관리 조치'를 발표하였다. 목표는 ①가격(임금·물가) 현실화, ②기업 자율권 확대, ③개인 경작지 확대, ④환율 현실화를 통해 경제 상황 개선이었다. 그러나 이 조치는 생산 확대를 위한 기술·원료·설비의 절대적 부족 및 노후화, 자금 확보를 위한 대체 수단 결여, 국제사회와 자유로운 교류 불가, 주민의 자유로운 경제활동 여건 제약 등으로 실효를 거두지 못했다.

　2002년 9월 북한은 '신의주행정특별구'(이하 신의주특구) 법안을 공표하고 CNN과 BBC 등 국제 언론사를 초청, 투자설명회를 개최하고 중국인 '양빈'을 특구 초대 장관에 임명하였다. 북한은 신의주특구에서 외국자본에게 50년간 토지를 임대하고 특구의 입법·사법·행정 독립성을 보장하는 등 파격적 조치를 취하였다. 그러나 중국정부가 '양빈'을 사기혐의로 구속하면서 초기 확장 동력을 잃어버렸고, 2차 북핵 위기(2002년 미 국무부 차관보 제임스 켈리 방북 시 북한이 핵 프로그램 인정) 관련 미국의 대북제재 수위가 증가하였으며 북한 중앙정부의 신의주특구에 대한 실질적인 통제 지속 등으로 특구 개발은 진척되지 못하고 있는 상황이다.

　2012년 김정은 집권 이후 일련의 전방위적인 개방 조치들을 단행하였다. 2012년 '4. 6 담화'를 통해 내각을 '경제사령부'로 규정하고 국가의 모든 문제를 내각 중심으로 해결할 것을 규정하였다.

2012년 '6. 23 방침'에서 협동농장에 분조관리제와 포전담당제를 도입하여 개인분배 몫을 향상시키며, 공장·기업소들에서 계획과 생산, 판매와 수익에 대한 처분 권한을 강화하는 등 자율권을 확대하였다.

2013년 11월 신의주특구를 신의주특수경제지대로 상향하고 전국 주요 공업 및 농업 지역 13곳을 경제개발구로 지정하였다.

북한 독재체제의 구조적 특징

2014년 5월 '5. 30 담화'에서 '사회주의기업 책임 관리제'[01]를 통해 실질적인 경영권을 부여하도록 하였다.

2016년 5월 노동당 제 7차대회에서 '국가경제발전 5개년 전략'[02]을 채택하였다. 김정은의 공장·기업소·협동농장의 자율권 확대를 위한 전방위적인 조치는 북한이 안고 있는 구조적이고 체계적인 문제, 즉 경제 분야에 대한 노동당의 절대적인 통제권 유지, 사회주의적 소유에 기초한 집단주의 원칙 우선 준수, 군수산업 위주의 국가계획경제체계 불변, 기업과 농업 생산량 목표 설정 시 가능치 보다는 최대치 선정으로 주민 개인 몫이 남겨지지 않도록 만든 실상, 기업과 주민의 거주·이전의 자유 불가 환경, 사기업 및 사유재산 불인정, 국제경제 질서 인정 및 편입노력 전무(全無), 국제경제사회와 자유소통 차단, 핵·미사일 등으로 국제사회 위협 행위 지속 등으로 인하여 시행 초기부터 한계에 부딪쳐 진전을 못하고 있는 실정이다.

과거 전체주의적 사회주의 경제체계였던 중국과 베트남이 공산당의 일당독재에 의한 정치체제는 그대로 유지한 채 시장경제체제를 수용함

---

01 사회주의기업 책임 관리제는 기업체들이 집단주의 원칙하에 계획권, 생산조직권, 관리기구 및 노력조절권, 새제품 개발 및 품질관리권, 판매권, 무역 및 합영합작권 등을 행사하여 기업 활동을 독자적으로 창발적으로 하도록 하는 체계이며, 국가는 기업체들이 경영권을 행사하도록 환경과 조건을 마련해주는 전략적 관리를 실현하게 된다. 송정남, 「전략적 경제관리 방법의 본질적 특징」 『경제연구』 2015년 4호, 사회백과사전출판사, 2015년.

02 국가경제발전 5개년 전략 기간에 ①당의 병진노선(경제-핵)을 틀어쥐고 ②에너지 문제(전력)를 해결하면서 ③인민경제의 선행부문과 기초공업부문을 정상궤도에 올려놓으며 ④농업과 경공업 생산을 늘려 인민생활을 향상 시켜야 한다고 언동하였다. 김정은, 「조선노동당중앙위원회 사업총화보고, 2016.5.6.-7.」 『조선중앙통신』, 2016년 5월 8일.

으로서 경제 분야에서 놀라운 발전을 달성하고 있는 상황은 북한 경제의 개혁 개방 가능성에 많은 시사점을 준다고 할 수 있다.

중국과 베트남의 경제 개혁 개방 정책과 함의를 종합적으로 평가한 결과 사회주의 경제체제를 시장경제체제로 전환과정과 결과를 평가할 수 있는 확인목록(이하 체크 리스트) 도출이 가능하다. 체크 리스트는 대략 6개 정도로 ① 최고지도자(또는 독재자)의 개혁 개방에 대한 강력한 의지, ② 집권당(공산당, 노동당)의 실질적인 정책 변화(당 강령·사상·규약 등에서 독소 조항 삭제 또는 수정, 개혁 개방을 주요 정책화), ③ 국가 산업체계 구조 전면적 재개편(기존 경제노선 변경, 국영기업 민영화, 사기업 창설 허용, 자유로운 합영·합작 권한 부여 등), ④ 기업과 주민에 자유로운 경제활동 여건 보장(기업 위주 경영활동 보장, 주민에 대한 거주·이전·결사의 자유 보장, 사유재산 인정), ⑤ 문호 개방(여타 사상과 이념의 수용 허용, 교육·문화 분야 자유로운 교류 보장), ⑥ 대미관계 개선과 국제사회 편입 및 협력(미국과 국교 정상화, 국제사회 대상 불법 행위 중단, 국제법 준수, 국제사회와 교류 협력)이다.

이에 준하여 북한 독재체제의 경제 개혁 개방 가능성에 대해 평가해 보도록 한다.

① 최고지도자(또는 독재자)의 개혁 개방에 대한 강력한 의지 : 북한 최고 지도자의 경제 개혁 개방에 대한 필요성은 인식하고 있는 것으로 평가 된다. 김정일 시기 나선특구를 시작으로 신의주특구 및 개성공단과

금강산관광지구 등을 추진하였다. 김정은 시기에는 기업과 농장의 자율성 제고 및 전국 13개 지역을 경제개발구로 지정하는 등 전방위적인 조치들을 시행하였다. 그러나 위 경제 개혁 개방 조치들이 잘 진행될 수 있도록 최고 지도자의 직권으로 시행 가능한 조치, 즉 경제 분야에 대한 노동당의 간섭 축소, 경제 간부들의 권한 강화, 국가조직을 경제발전 위주로 쇄신, 주민들의 자유 경제활동 허용, 군사력 감축, 대남 협력 정책 시행, 국제사회와 소통하는 외교정책 실시 등을 시행하지 않고 있는 점을 감안 시 적극적인 개혁 개방 의지 보다는 현 체제를 유지하면서 내부 유휴 인력·설비·기술 등을 남김없이 동원하기 위한 땜 방식 입장이라고 평가된다. 김일성 가문에 의한 권력 세습이 지속되는 한 북한 독재체제의 개혁 개방은 어려울 것으로 전망된다.

② 집권낭(공산낭, 노동당)의 실질적인 정책 변화(당 강령·사상·규약 등에서 독소 조항 삭제 또는 수정, 개혁 개방을 주요 정책화) : 노동당은 1945년 창당 이래 총 9회 당 규약을 개정 또는 수정하였다. 그러나 규약 제정 초기에 정해진 한반도 적화통일전략(남한에서 미군을 철거시키고 인민 주권 수립) 목표는 그대로 유지하고 있으며, 김일성의 '주체사상'과 김정일의 '선군사상'에 기초한 '온 사회의 김일성-김정일주의화'(남한을 포함한 전 세계를 주체사상과 선군사상으로 일색화)를 노동당의 최고 이념으로 유지하고 있다. 또한 정치 분야 최고 상위조직인 노동당 내에 개혁 개방을 전담하는 부서가 없는 것은 물론이고 오히려 노동당이 군수산업을 주도하면서 국가계획경제체제를 더욱 공고화하기 위한 정책을 실시하고 있다. 노동당의 사상과

이념이 수정되거나 조직 체계와 정책의 변화가 없는 북한에서 개혁 개방 정책이 가까운 미래에 실시되기는 어려울 것으로 전망된다.

③ 국가산업체계 구조 전면적 재개편(사회주의 경제노선 수정, 국영기업 민영화, 사기업 창설 허용, 자유로운 합영·합작 허용 등) : 북한은 김일성 시기 '중공업 우선 경공업과 농업 동시 발전 전략'(1953년)과 '경제-국방 병진노선'(1962년), 김정일 시기 '선군경제노선'(1998년), 김정은 시기 '경제-핵 병진노선'(2016년)을 채택하였다. 그러나 위 경제노선들은 중공업을 우선으로 군수산업을 중점적으로 발전시켜 국방력을 강화시키기 위한 동일한 경제 전략이다. 군수산업이 국가경제의 80% 이상을 차지하는 북한에서 군수산업을 대폭 축소하고 국영 기업의 과감한 민영화를 위한 조치가 시행되고 있다는 징후는 전혀 감지되고 있지 않다. 또한 일련의 경제 개방 정책 시행과정에서도 사회주의적 소유제도와 집단주의적 원칙을 우선시하면서 사기업의 출현과 사유재산 확장을 강력하게 차단하고 있으며, 외국기업과의 합영·합작 시에도 기업 자체의 경제적 목표나 이익보다 국가 안보와 주민의식에 미칠 영향을 최우선 고려하면서 국가기관이 직접 주도하는 등 국가의 중앙집권적 통제력을 지속 유지하고 있다. 집단주의보다 기업 이익을 우선시하면서 사기업과 사유재산에 대한 권리를 보장해주지 않는 한 북한의 개혁 개방 정책은 성과를 거두기 어려울 것으로 전망된다.

④ 기업과 주민에 자유로운 경제활동 여건 보장(기업 위주 경영활동 보장, 주민에 대한 거주·이전·결사의 자유 보장) : 기업 경영의 성패

는 경영권 행사의 자유와 충분한 자금력, 양질의 노동력과 폭넓은 시장 확보에 달려 있다. 북한은 해외자본 유치 시에 반(反)공화국·반(反)사회주의 성향의 기업은 철저하게 배제하고 있으며, 유치한 외국기업의 특구 내 활동 시에도 정치·보안·대외 활동에 대한 철저한 감시·통제하고 있다. 특히 특구 내 '문제 있는' 주민들은 타 지역으로 이전시키고 특구 내 주민들의 경우에도 해당지역 당 조직과 보안 기관의 승인 없이 자유로운 이동이나 거주, 결사 등의 행위를 하지 못하도록 원천 봉쇄하고 있다. 기업이나 주민에 대해 정치적·경제적·사회적·대외적 통제가 지속되는 한 개혁 개방의 실질적이고 효과적인 결과는 기대하기 어려울 것으로 전망된다.

⑤ 문호 개방(여타 사상과 이념의 수용 허용, 교육·문화 분야 자유로운 교류 보장) : 해외 기업의 유치는 경영 메커니즘·생산 방식과 함께 생활 문화의 자연스런 유입을 동반한다. 북한은 과거 남북한 간 개성공단과 금강산관광사업 시 남한의 문화가 북한으로 유입되는 것을 차단하기 위해 지역 봉쇄는 물론 북측 인원들과 남측 관계자 간 개별 접촉을 철저하게 통제하였다. 경제특구 내에서 북한은 동일한 조치를 지속하고 있는바 향후 적극적인 문호 개방의 여부가 북한의 개혁 개방 정책의 성패 요인으로 될 것이다.

⑥ 대미관계 개선과 국제사회 편입 및 협력(미국과 국교 정상화, 국제사회 대상 불법 행위 중단, 국제법 준수, 국제사회와 상생 등) : 중국과 베트남의 사례가 보여주는 바와 같이 개발도상국들에 대한 미국의

경제·사회·대외적 영향력은 지대하다고 볼 수 있다. 북한은 김정은 집권 이후 사상최초로 2차례 미-북 정상회담(2018년 6월, 2019년 2월)을 가졌으나, 미국이 요구하는 관계개선 조건(완전한 비핵화 & 국교 정상화와 대규모 경제지원)을 거부한 채 핵 공격능력 확충에 주력하고 있다. 또한 인권상황 개선에 대한 국제사회의 지속적인 요구는 무시한 채 독재체제를 더욱 강화하고 있으며, 국제사회를 대상으로 확장된 사이버 테러와 불법무기 수출 등 국제질서를 지속적으로 위협하고 있다. 북한이 진정으로 경제발전을 국가존립의 중요조건으로 간주한다면 대미관계 개선과 국제사회의 질서 준수 및 편입에 진정성 있는 노력을 경주하여야 할 것이다.

이상 6개 체크 리스트에 기반 하여 북한 독재체제의 경제 개혁 개방 정책 현황을 점검한 결과 북한은 ①최고 지도자의 의지는 존재하나 필요한 실질적인 조치는 취하지 않고 있다는 점, ②개혁 개방을 위한 노동당의 정책 변화는 전혀 이루어지지 않는다는 점, ③국가계획경제체계 및 국가산업체계의 구조적 조정과 민영화 역시 전혀 시행되지 않는다는 점, ④기업과 주민에 대한 경제활동의 자유가 보장되지 않는다는 점, ⑤문호 개방은 철저하게 차단.통제되고 있다는 점, ⑥대미관계 개선과 국제사회 편입을 위한 노력보다는 위협행위를 지속한다는 결과를 도출할 수 있었다. 결론적으로 현재까지 북한의 경제 개혁 개방 정책은 시장경제의 수용을 통한 실질적인 경제발전 보다는 독재체제를 유지한 채 체제생존성 제고를 위한 내부 유휴 노력과 자재, 기술 등을 동원하기 위한 땜 방식 처분에 지나지 않는다고 평가할 수 있다.

3. 북한 대남정책의 특징

> **키 – 포인트** key point
>
> 북한의 대남정책은 김일성 시기에 선택한 한반도 적화전략 노선을 김정일에 이어 현재 김정은 시기에도 그대로 유지하고 있다.
>
> ✓ 북한의 대남전략 기본목표는 온사회의 김일성-김정일-(김정은)주의화이다.
>
> ✓ 북한은 평화적 방법에 의한 한반도 통일방식보다는 주한미군 철수 이후 무력에 의한 적화통일 방식을 주요 통일방식으로 간주하고 있다.
>
> ✓ 북한은 노동당(통일전선부), 북한군 총참모부(정찰총국), 국가안전보위성 (남북회담국)을 통해 남한 내부 분열, 친북동조세력 확대, 대북경각심 이완, 주한미군 철수환경 조성, 대북 지원 분위기 조장 등을 획책하고 있다.

　북한의 대남 전략의 기본목표는 온 사회의 김일성-김정일-(김정은)주의화이다. 이는 전 한반도에 김씨 가문의 독재체제에 의한 전체주의화를 달성한다는 의미이다.

북한은 노동당 강령에 "인민공화국 건설을 위해 주권을 인민위원회에 넘길 것", 노동당 규약에 "미제침략군을 몰아내고 지배와 간섭을 끝장내며… 강력한 국방력으로 군사적 위협을 제압하며… 민족 자주, 민족 대단결 원칙에서 평화통일을 달성"하여야 한다고 규정하는 등 전 한반도

적화통일 야욕을 공공연하게 드러내고 있다. 기본 목표 달성을 위해 남한에서 민족해방과 민주주의혁명과업을 수행하며 미제의 식민지정책을 청산하고 인민이 주인이 되는 정부 수립을 추구하고 있다.

북한은 한반도 적화통일 방식을 2가지로 상정하고 있다.

첫째 방도는 비평화적 방법으로 무력에 의한 적화통일을 실현하는 방식이다. 이는 북한에 의한 주도적인 통일 방식으로 북한은 가장 가능한 방식으로 간주하고 있다. 무력에 의한 적화통일 방식은 ①남한에서 주한미군 철수가 완료되어 한미관계가 약화되고 한반도 분쟁 시 미군의 군사적 개입 불가한 상황 조성을 전제로 하며 ②남한 내 폭동 발생 등 극도의 혼란이 조성되어 ③남한 내 혁명 세력(친북세력)이 북한의 군사적 지원을 요청 시 단행한다는 전략이다.

둘째 방도는 평화적 방도로 비폭력적 방법에 의한 적화통일을 실현하는 방식이다. 이는 남한의 변화를 전제로 한 통일 방식으로 ①남한에 친북 또는 공산주의 지향 정부가 수립되고 ②주한 미군을 철수 시키며 ③남한의 정부가 북한의 통일 방안인 고려연방제를 수용하고 북한과 합작 통일 요구할 시에 실현한다는 전략이다.

대남적화통일을 위한 기본 전술은 ①미국의 한반도 문제 개입을 원천 차단하기 위해 미국과 관계 개선 및 미군철수를 추진하며 미국의 대남 영향력을 "내정간섭"으로 호도하고 남한정부에 "민족자존", "우리민족끼리", "평화적 민족화합" 실현을 압박하면서 남한 정부의 탈미 정책 유도로 한미관계를 약화시키고 차단하는 것이다. ②남한내 친북(종북) 세력을 확대하고 강화시키기 위해 전쟁에 대한 한국정부의 공포증을 역용하여 남북간 평화조건으로 보안법 철폐와 안보기관의 대공수사기능의 무력화를 압박하여 친북세력의 활동 여건을 보장하며, 남한정부가 정권 재창출을 이유로 대북정책 관련 과단성 부족을 약점으로 활용하여 남한정부의 '정치적 성과'를 제공하는 대가로 북한의 요구 수용을 압박하는 것이다. ③남한 내 대북 경각심을 이완시키기 위해 평화공세의 일환으로 예술, 스포츠, 종교 교류 등 민간급 접촉 창구를 적극 활용하며 SNS 등 사이버 환경을 통해 북한 체제와 제도, 대남 입장 등을 적극 선전하는 것이다.

북한은 내남석화통일 실현을 위해 3대혁명역량 강화 전략을 추구하고 있다.

첫째는 북한 사회주의 자체 혁명역량을 강화하는 것이다. 이를 위해 정치적 역량(주체사상과 선군사상)과 경제적 역량(자립경제노선), 군사적 역량(4대군사노선, 핵·WMD 주축 비대칭 우세)을 강화하는 것이다.

둘째 남한 내 혁명역량을 조성하여 강화하는 것이다. 이를 위해 남한 내 진보세력의 활동을 적극 지원하고 남한 주민의 반미·반일감정을 확산시키며 남한 내 지하당을 구축하고 친북단체를 확산시켜 통일전선을 형성하는 것이다.

셋째 국제 혁명역량을 강화하는 것이다. 이를 위해 중국과 러시아를 경제 군사적으로 후원세력화하며 반미·반제 성향의 국가들과 이념적·군사적 유대를 강화하며 국제사회 노동운동 세력과 단결을 확대하는 것이다.

북한은 3개의 대남공작 기구를 운영하고 있다. 노동당 통일전선부는 대남 정책 방향에 대한 기획과 함께 남한과 해외에서 친북세력을 양산하는 역할을 담당하고 있다.

그리고 남한 내 지하당 구축 업무를 전담한다. 이외 남북한 간 정부 및 민간 교류를 전담하며 이 과정에 얻게 되는 경제적 수익을 노동당 39호실을 통해 김정은에게 상납하는 역할을 수행하고 있다.

또한 조국평화통일위원회, 조국통일민주주의전선, 반제민족민주전선, 민족화해협의회 등 위장단체들을 관리하며 이 단체들을 통해 남한 내 친북인사 양산역할을 수행하고 있다. 북한군 총참모부 산하 정찰총국은 남한과 해외 간첩 침투를 통해 정보자료를 수집하고 요인 암살 및 대상물 폭파 등의 임무를 수행한다.

또한 남한과 해외 간첩통신을 포함한 연계연락 업무를 전담하며 잠수정과 총기류, 독침 등 간첩활동에 필요한 장비를 개발하고 관리하는 역할을 전담한다.

그리고 김정일정치군사대학을 통해 매년 대남공작에 소요되는 간첩들을 양산하고 있다. 국가안전보위성은 남북회담 및 교류 과정에 보안요원을 침투시켜 북측 인원에 대한 감시 업무를 수행하며 탈북자들을 입북시키거나 탈북자 가운데 협조자를 포섭하여 남한 내 탈북단체들의 동향 감시 및 탈북단체 와해업무를 수행하고 있다.

04

남북한 제대로 알기 민주시민교육총서
남 북 협 력 개 론

북한의 사법, 검찰, 안전, 보위사업 들여다보기

이정호 박사

북한의 사법, 검찰, 안전, 보위사업 들여다보기

1. 북한의 사법제도 들여다보기

> **키 – 포인트** key point
>
> 노동당 제일주의 원칙을 고수하고 있는 북한에서의 사법제도를 관찰하며 비공개재판과 공개재판 진행 정형, 공개 사형 현장을 고찰해 본다.
>
> ✓ 범죄자의 체포를 승인하는 당 안전위원회
> ✓ 북한에서 진행되는 재판과정 관찰
> ✓ 공개재판과 사형 진행 과정 관찰

    북한은 노동당 제1주의 원칙을 고수하고 있는 사회주의 지향의 일국일당제로 되어있는 체제이다. 야당으로 사회민주당과 천도교 청우당이 있다고 하지만 중앙당에 몇 명만 있고 노동당 통일전선부에서 관장하고 있다. 때문에 북한에서 사법, 검찰, 안전, 보위 사업에 대한 총체적지도는 중앙당 법무부에서 진행한다.

북한의 사법, 검찰, 안전, 보위사업 들여다보기

 법무부는 전신이 2013년에 북한에서 반당반혁명분자로 처형된 김정은의 고모부 장성택이 부장으로 있던 중앙당 조직행정부인데 2021년 1월 노동당 제8차 대회에서 법무부로 갱신되었다.

 북한에서 사법, 검찰, 보위, 안전사업을 당이 지도하기에 범죄자에 대한 체포승인을 각 도, 시, 군을 비롯한 중앙기관들과 특수기관 당 안전위원회에서 결정한다. 당 안전위원회 위원장은 당 책임비서가, 부위원장은 조직비서가 맡고 있으며 위원들은 안전부장, 보위부장, 법무부장, 재판소장, 검찰소장들로 구성되어 있다.

 북한에서 함부로 체포할 수 없는 대상들은 살인죄를 범하였어도 중앙당 법무부 합의를 보고 지시 하에서만 체포할 수 있으며 교양 처리하라는 지시가 내려오면 체포할 수 없다.

특종대상 : 로동당 중앙위원회 후보위원들까지 위원들과 중앙당 지도원 이상 근무성원들과 비서국 대상 간부들, 최고인민회의 대의원들, 군, 보위부, 안전부 대좌이상 계급들과 직계가족들 중 미그-21이상 비행사, 잠수함 갑판장이상 군관들, 친위대 974부대, 직계형제 7명이상이 군복무 중, 조총련과 해외교포조직 간부 직계가족 등

북한에서 재판과정은 최고재판소를 최종단계로, 평양시와 각 도 재판소를 2차단계로 각 구역, 군 재판소를 1차단계로 구분하여 판결된 재판에 대하여 두 번의 상소를 할 수 있다. 원래는 매 구역, 군에 재판소가 있지 않고 3~5개 구역, 군에 지구재판소가 있었었는데 일명 '고난의 행군'이 시작되면서 각이한 형태의 범죄 사건들과 개인사기와 이혼을 비롯한 형사·민사재판사건이 늘면서 매 구역, 군에 2000년도부터 재판소를 내왔다. 그때부터 구역, 군안전부의 예심과와 검찰소에서 취급한 사건들의 재판을 구역, 군 재판소에서 진행하고 있다.

형사재판은 각이한 범죄를 감행하고 당 안전위원회에서 체포승인이 내려와 정식 구류되어 안전부나 검찰의 예심을 받은 사람들을 재판하는 것이고, 민사재판은 이혼이나 다른 사람의 돈을 대부하고 돌려주지 않는 등 민사사건을 재판소나 변호사에게 직접 고소하여 진행하는 형식이다.

재판에서 자기가 구형받은 형기가 억울하다고 상소를 하면 도 재판소로 이송되어 도 안전국이나 도 검찰소에서 재 예심을 하고 2차 재판을 진행한다.

도 재판에서 받은 구형에 다시 상소하면 최고재판소로 이송되어 사회안전성 예심국이나 중앙검찰소에서 다시 재 예심을 하고 재판을 하는데 최고재판소에서는 판결을 할 때 본 재판결과에 대해 상소할 수 없다는 것을 선언한다.

구역, 군 재판소에는 판사 겸 소장 한명과 전문판사 1명, 서기 2명 외에 직원들이 몇 명 있고 변호사가 1명이 있다. 대체로 전문판사가 재판을 진행하고 소장이 특별히 부탁받은 것은 직접 한다.

형사재판이나 민사재판을 진행할 때에는 판사와 인민참심원 두 명이 기본 앞 석에 앉는다. 인민참심원은 구역, 군 당위원회에서 공장, 기업소들에서 성실하다고 평가되는 노동자, 농민, 일반사무원들이나 인민반장들 속에서 선출하여 구역 혹은 군 당위원회에서 임명한다.

아래 석에 서기가 앉아 재판과정을 기록하고 기소검사가 좌측에 앉고 우측에 변호사가 앉고 판사 앞에 죄인이 재판 전 과정 서있으며 양옆에 두 명의 계호안전원들이 앉아보다가 있을 수 있는 피고의 반항을 제지시킨다.

대체로 먼저 판사가 지금부터 피고 ○○○모의 범죄사건에 대한 재판을 시작한다고 선포하고 기소검사가 피고의 범죄사실을 읽는다. 그리고 피고의 범죄가 적용되는 조선민주주의인민공화국 형법 몇 항, 몇 조, 전단 혹은 후단에 의하여 몇 년의 교화형에 처할 것을 제기한다고 발언한다.

그 다음 변호사가 발언하는데 변호사는 피고에게 검사가 말한 모든 범죄사실을 인정 하는가 질문하고 인정한다고 하면 본인이 범죄사실을 인정하기 때문에 범죄에 해당하는 최소의 형량을 판결해달라고 말하는 것으로 끝낸다.

북한의 각 도, 시, 군들에는 변호사협회가 존재는 하지만 기능을 제대로 못한다.

기소와 범죄 질의가 끝나면 판사가 잠시 휴회를 선포하고 나가서 인민참심원들과 검사와 같이 약 5분 동안 토론을 하고 들어와 거의 대체로 검사가 제기한대로 형벌을 적용하는 것으로 재판을 결속한다.

공개재판이 아니고는 재판장에 다른 사람이 들어갈 수 없으며 판사는 판결을 하고 본 재판에 대하여 상소할 수 있다고 말하며 상소기일은 15일을 준다.

15일이 지나면 구류되어 있던 구류장에서 지정된 교화소로 이관시킨다. 2010년 김정일의 지시에 의하여 형사소송법을 검토하고 형량을 2배정도 감소하도록 개정하여 2011년부터는 새로운 형법을 적용하고 있다.

북한에서는 간부들과 주민들 속에서 반 당, 반 국가범죄를 감행하지 못하도록 하기 위하여 공포를 주는 공개재판과 공개처형을 자주 진행한다.

공개재판을 하는 경우에는 재판소와 검찰소, 안전부에서 사전에 미리 공모를 하여 가지고 피고인에게는 주민들이 많이 모인데서 자기 범죄를 인정하고 반성을 잘하면 용서를 해주거나 형량을 감소시켜준다고 하면서 준비를 철저히 시켜가지고 나온다.

총살이나 교수형을 진행하려면 최고재판소의 승인이 되어야 하는데 일단 당 안전위원회에서 결정을 하고 중앙당에 문건을 올려 보내면 비준되도록 되어있다.

2011년부터 교화형은 없고 총살형만 있다.
공개재판을 하기 10여일 전부터 기관, 기업소와 인민반들에 포치하여 공개재판에 참가하라고 공지하는데 많은 사람들이 참석하도록 하기 위하여 공개재판은 주로 일요일에 시장부근에서 진행한다.

재판을 시작한다는 판사의 개회사가 있고 기소검사가 피고인의 죄행을 구체적으로 발언하는 것으로 시작한다. 기소검사의 기소발언이 끝나고 변호인의 발언이 끝나면 판사가 피고인에게 모인 군중들을 향하여 왜 이런 범죄를 감행하게 되었는지 다른 사람들에게 교훈이 되도록 발언하라고 한다.

피고인은 반성을 잘 하면 용서를 해줄 것이라는 기대를 가지고 자기가 김일성, 김정일의 교시, 말씀과 당정책 학습을 잘하지 않고 조직생활에도 성실히 참가하지 않았으므로 극단한 개인이기주의에 물들어가지고 오직 돈 밖에 모르다가 해당 범죄를 저지르게 되었다고 비판하면서 엄중한 범죄를 범하였기 때문에 그 어떠한 형벌도 달게 받겠다는 내용으로 발언한다.

　발언을 끝내면 피고인의 마이크를 회수하고 양옆에 두 명의 특별계호안전원이 서고 검사가 먼저 피고인이 자기의 범죄를 다 시인하였고 용서 못할 범죄이므로 조선민주주의인민공화국 형법 몇 항, 몇 조와 사회안전성 포고 몇 000호에 의하여 사형에 처할 것을 구형한다. 북한에서는 시기마다 사회안전성에서 나오는 포고를 범죄해당에 형사소송법처럼 적응한다.

　검사의 기소와 함께 안전원들이 피고를 데리고 들어간 사이에 휴회를 선포하였던 재판관이 다시 나와 검사의 기소가 정확하고 피고인이 범죄를 인정하고 그 어떤 형벌도 달게 받겠다 하였고 앞으로도 이런 범죄가 나타나면 엄벌에 처한다고 군중들에게 공포하고 사형에 처한다고 판결한다.

　그리고 본 재판에 대하여서는 상소를 할 수 없고 판결을 사회안전기관에서 즉시로 집행할 것을 위임한다. 그러면 주로 총알이 다른 곳으로 날아갈 수 없게 개울방향이나 뚝 방향으로 말뚝을 박고 거기에 피고를 가슴과, 배, 다리를 묶는다.

　사형지휘관의 구령에 따라 3명의 특별계호안전원들이 AK자동소총을

메고 피고인의 5m정도 앞에 선다. 다음 사형지휘관이 '사격준비' 하고 구령을 친 다음 '범죄자 ○○○를 향하여 조선민주주의인민공화국의 이름으로 단발로 쏴'하고 구령을 하면 가슴팍을 먼저 쏘고 배, 다리 순서로 각각 3발씩 쏘면 묶이었던 끈이 끊어지면서 9발의 총알을 맞은 피고인이 쓰러진다.

 사격이 끝나면 사형지휘관이 권총을 뽑아가지고 범인에게 다가가 발로 차서 죽었는지를 확인하고 조금이라도 살았다고 생각되면 그 자리에서 머리에 7발을 쏘며 죽었으면 권총을 넣고 사형수들을 철수시킨다. 그러면 다른 계호안전원들이 와서 천으로 시체를 말아서 차에 싣고 지정된 장소에 가서 묻어버리며 친척들에게 위치를 알려주지 않게 되어있다. 국가반역자로 처단되었기 때문에 추석 때에도 친척들이 제를 지내지 못하게 하기 때문에 그냥 매몰해버린다.

 당, 정부, 국방성, 보위성, 안전성 등 주요기관들에서 간부로 근무하던 사람들에 한하여서는 공개총살을 하면 오히려 주민들에게 주는 영향이 나쁘다고 보고 대체로 평양시 순안구역 석박동에 있는 강건군관학교 종합훈련장 사격장에서 해당 간부들의 참석 하에 사형을 진행하던가 아니면 비공개로 하는데 이때는 특별재판소에서 나와 김정일이나 김정은의 크나큰 정치적신임으로 간부로 임명되었으나 그 신임을 배반하였기 때문에 반당반혁명분자로 사형에 처한다고 공포를 하고 보위성에서 집행한다.

사형지휘관의 구령에 보위원들이 군복을 입고 6명이 자동보총에 15발을 장약하고 나와서 사형지휘관이 '반 당, 반 혁명분자 누구를 향하여 조선민주주의인민공화국의 이름으로 점발로 쏴' 하면 1인당 15발씩 3번에 걸쳐 점발로 6명이 총 90발을 쏜다.

이처럼 북한의 사법제도는 당의 지도하에서만 집행되며 당의 지시를 어길 때에는 그가 재판소 소장이나 판사일지라도 누구든 처벌을 받을 수 있다.

2. 북한의 검찰사업 들여다보기

키 - 포인트 key point

북한의 최고 검찰소와 각 도, 시, 군에 존재하는 검찰소들의 기관, 기업소 검열과 재판에서 기소 검사들의 역할, 검사들의 양성과정을 들여다본다.

- ✓ 재판에서 기소 검사들의 역할
- ✓ 북한에서 검사의 양성과정

북한에는 최고검찰소가 있다. 일명 중앙검찰소라고 하기도 한다.
최고검찰소 소장은 최고인민회의 상임위원회에서 임명하며 각 도, 시, 군에는 검찰소들이 있다.

북한 검찰소들의 기본사명은 기관, 기업소들의 부정, 비리행위와 국가계획 과제를 수행하지 못하였을 때 검열수사를 진행하고 법적제재를 가하며 사회안전기관이나 보위기관에서 체포하여 예심을 진행하고 재판에 넘기었을 때 기소검사를 파견하여 예심과정에서 강압이나 인권행위가 있었는가를 확인하고 재판에 직접 참가하여 범죄자를 기소하고 형벌을 구형하는 사명을 수행한다.

이전에는 최고검찰소 3국을 비롯한 모든 검찰소들이 3처나 3과가 사회안전기관들의 범죄자들에 대한 체포와 예심과정을 직접적으로 감독,

통제하였으나 사회안전기관들과 마찰이 심하여 2008년경부터 직접적인 감독, 통제를 하지 못하고 사건기록을 검토 하는 단계만 수행한다.

　북한의 최고지도자에게 신소된 문제와 다른 나라들과의 무역과정에서 일어나는 마찰 행위에 대해 직접적으로 감찰하는 사명을 수행하기도 한다.

　검사들은 김일성종합대학 법학부를 졸업하고 배치되는 사람들이 대부분이고 지방 검사들인 경우 인민군복무를 마치고 김형직사범대학을 비롯한 각 도에 있는 사범대학들과 일반대학들을 졸업한 후 인민경제대학 법학부에서 전문 검찰지식에 대한 재 강습을 마치고 배치되기도 한다.

　검찰기관은 사건을 직접적으로 시작하기보다는 기관들에 대한 감찰을 진행하는 과정 에서 나타나는 개인적 범죄 행위에 대한 사건을 진행하는 경우가 많다.

　북한에서 개인들에 대한 범죄사건은 대체로 안전부 감찰기관에서 진행하며 검찰은 예심기록을 확인하고 재판에서 기소하는 역할을 수행하고 있다고 보면 된다.

3. 북한의 안전사업 들여다보기

키 - 포인트

한국의 경찰과 같은 사명을 가지고 있는 북한의 사회안전성이 치안을 담당하고 있는 각 국들의 역할과 사명, 조직도를 관찰해본다.

- ✓ 사회안전성 본부 국들의 사명과 배치도
- ✓ 사회안전성 정치국의 사명과 조직도
- ✓ 각 도, 시, 군 안전원들의 사명과 군사칭호

사회안전성은 평양시 서성구역 연못동과 와산동 사이의 중간지점에 위치하고 있다. 일제식민지통치에서 해방된 후 처음 1945년 11월 19일 북조선인민위원회 내무국으로 조직되어 내무성으로 발족하였다가 1973년에 김일성의 지시로 정치보위국이 국가정치보위부로 분리되었다. 그 후 사회안전부, 사회안전성으로 부르다가 1995년부터 정치국장이었던 채문덕에 의하여 시작된 일명 '심화조' 사건 이후 2000년 김정일이 인민을 잡으라는 것이 아니고 인민을 보위하라고 하면서 인민보안성으로 부르도록 하다가 2010년 10월경에 국방위원회 인민보안부로 개칭되고 보안원들의 신분증도 조선민주주의인민공화국 국방위원회 인민보안부로 명칭을 교부해주 었다. 2020년부터 김정은에 의하여 다시 사회안전성으로 개편되었다.

사회안전성은 대한민국의 경찰청에 해당되는 기관으로 볼 수 있다.

사회안전성은 북한에서 정권과 치안유지, 살인, 강도, 도적, 사기행위를 비롯한 온갖 비정, 비리를 척결하고 전체 주민들의 지문과 인적사항을 보존 관리하며, 교통보안을 책임지고, 전국 각지에 있는 교화소들과 관리소들은 교화국을 통하여 직접 관리하고 있으며 경비훈련국 산하에 한 개의 경비여단(324여단)을 가지고 평양시에 있는 모든 중앙기관들에 대한 경비와 각 도, 시, 군 보안서 경비훈련과에 배속되어 있는 경비소대, 중대들로 김일성, 김정일의 동상들, 혁명사적지들과 주요 중앙기관들에 대한 경비업무를 수행하고 있다.

사회안전성 산하에 7총국(공병국)과 8총국(도로국), 건설국, 지하철도 운영국에 조선인민경비대군인들이 여단별로 배속되어 국가적인 대상 건설과 지하철도 운영을 하고 있다.

사회안전성에는 안전상1명, 부상 6명과 감찰지도국과 총무국, 수사국, 호안국, 검찰국, 통신국, 예심국, 형사감정국, 주민등록국, 군의국, 경비훈련국, 후방국, 무역국, 안전기술국, 교화국, 노동대열국, 건설국, 축지국, 연유국, 청사관리부와 승용차관리처, 주택배정부와 기요연락대가 있다.

감찰국, 총무국, 수사국, 호안국 산하의 1부들은 지방지도부로 각 도, 시, 군 안전국, 안전부들을 지도, 관할하는 담당책임부원들이 소속 되여 있으며 책임부원들은 매월에 20일 정도는 의무적으로 담당관내에 나가 있어야 한다,

평양시와 각 도는 안전국으로 되어있고 시, 구역, 군은 안전부로 되어있으며 2~3동과 리에 한 개의 분주소가 있고 매 지구 인민반(약 30개의 인민반)별로 담당 안전원들이 한 명씩 나가있다.

감찰국에서 2부는 평양시와 국경지역, 전연지역, 군수지역을 비롯한 통제지역들에 출입할 수 있는 승인번호를 각 도, 시, 군 안전부 2부를 통하여 신청을 받고 승인번호를 발급해주며 각 초소들에 유통시켜주는 사명을 수행한다.

감찰국 24부는 김정은의 특별지시에 의한 사건들과 중앙당과 국방위원회에 신소되어 지시가 내려오는 사건들을 집행하는 특수부서이다.

이외에 경제감찰, 일반감찰, 군수감찰부들이 있다.
총무국은 안전상에게 안전성에서 제기되는 모든 문제를 직접 장악하여 보고하는 부서로 전국의 안전기관들과 안전원들의 사업상 업무를 통제하고 장악하며 안전부 사복편제 간부들의 신분증을 발급해준다.

수사국은 주로 살인, 강도를 비롯한 강도범들과 도적들을 적발 소탕하는 사명을 가지고 있으며 수사국의 기본성원들에는 긴급수사원증이라는 신분증을 주었는데 그 신분증에는 배와 기차를 비롯한 모든 교통수단을 무료로 승차할 수 있으며 출장명령서가 없어도 전국의 그 어느 지방이나 수사를 위하여 갈수 있다는 내용이 있다.

검찰국은 안전원 군복을 입은 검사들이 있는데 이들은 안전원들 속에서 나타나는 각종 범죄행위들을 조사하고 재판에 회부하는 사명을 수행하고 있다. 원래는 중앙검찰소를 비롯한 각 도, 시, 군 검찰소 3부가 전문 안전기관을 담당하여 감독 및 통제를 하여 왔는데 검찰소와 안전부의 알력 관계로 오랜 기간 서로 반목질시해오다가 2009년도에 보안부에 검찰국을 내오고 안전원들에 대한 검찰사업을 전문적으로 해오고 있다.

호안국에서는 전국의 교통지휘, 반 항공, 소방대를 관리하고, 새로 발급되는 차와 오토바이를 비롯한 운전기재들의 번호를 지정해주고 등록하며 호안사업에 대한 검열과 지도를 하고 있다.

안전기술국은 북한 전체 주민들에 대한 지문과 인적자료를 구체화해서 그것을 CD에 자료화해서 보관 관리한다. 원래 북한주민자료가 문서로 해가지고 자강도 강계시에 있는 지하 문서고에 보관하고 있다가 안전기술국에서 컴퓨터 화하여 CD와 USB로 보관하고 있다.

주민등록국은 북한주민들의 주민등록문건을 관리하며 평양시나 국경도시를 비롯한 지정도시들에 대한 거주승인신청서를 받아 처리해주며 산하에 주소안내소가 있는데 광복 전이나 6.25때 갈라진 친척들을 신청 받아 찾아주는 일을 한다.

중앙당 직원들과 고위간부 가족들 문제는 일반 보위부나 안전부가 취급할 수 없으며 평양시 중구역 창광 안전부에서만 취급할 수 있다. 창광 안전부는 안전부 명칭만 가지고 보위부와 안전부 사업을 다 보고 있으며 중앙당 조직지도부의 지시만을 직접적으로 받는 기관이다.

안전성 군사칭호 직제를 보편적으로 분석해보면 군인체계로 되어있으며 안전상은 상장 혹은 대장이며 부상들은 중장, 감찰국, 수사국, 총무국, 검찰국 국장들과 평양시 안전국장은 중장이며 다른 국장들과 각 도 안전국 국장들은 소장으로 되어있다.

본부 안전원들은 중좌 ~ 상좌이며 각 부장들은 대좌이다.
도 안전국 부국장들은 대좌이며 각 처장들은 중좌, 안전원들은 대위~소좌편제이다. 시, 군 안전부 부장들은 상좌이며 부부장들은 중좌, 과장들은 소좌, 안전원들은 소위부터 대위까지이다.

각 분주소 소장들은 중좌이며 안전원들은 소위부터 대위까지이다.
병사들의 군사칭호는 인민군군인들과 같이 전사로부터 초급병사, 중급병사, 상급병사, 하사, 중사, 상사, 특무상사로 되어 있고 기술자들에 한해서는 초기복무 병사가 있다.

정치국에는 정치국장 1명, 조직부국장 1명, 선전부국장 1명이 있다.
산하에는 조직부, 선전부, 근로단체부, 혁명사적부, 출판부, 문화기재공급부, 5관리부와 사회안전성 협주단, 문학창작부가 있다.

정치국 군사칭호 편제는 정치국장 상장 혹은 대장, 조직부국장 중장,

선전부국장 소장이며 각 부장들과 과장들, 각 도 안전국 정치부장들은 대좌이다.

정치국 부원들은 상좌 혹은 대좌, 각 도 안전국 정치부 부원들은 중좌이며 각 시, 군 안전부 정치부장들은 상좌, 부부장들은 중좌, 부원들은 소좌 혹은 중좌편제이다.

모든 안전원들의 과오에 대해서는 정치국에서 철직, 제대사업을 진행하며 안전원들의 범죄행위들은 이전에는 중앙검찰소를 비롯한 각 도, 시, 군 검찰소 3부에서 사건 담당을 하였는데 안전원들의 사기를 전락시키고 내부비밀이 노출된다고 하여 지금은 사회안전성 검찰국에서 취급을 한다.

철직, 제대되었던 안전원들은 자기 집이 있는 부근의 공장들에 노동자로 배치되었다가 3년이 지나면 그들의 생활을 정치부에서 요해를 하고 생활평정이 좋은 사람들로 2월 16일과 안전성 창립절인 11월 19일에 복대, 복직시켜주는 제도가 있다. 11월 19일은 북한에서 사법절로 재판소, 검찰소, 보위부, 안전부의 명절로 제정되어 있다.

4. 북한의 보위사업 들여다보기

> **키 – 포인트** key point
>
> 한국의 국정원과 대등한 사명을 가지고 있다는 전문가들의 비평이 많지만 반당, 반혁명분자라고 하는 정치범 색출과 반탐사업을 기본 임무로 하고 있는 국가보위성을 들여다본다.
>
> ✓ 국가보위성의 연혁
> ✓ 반탐 사명을 위주로 하면서 국경 경비 총괄
> ✓ 인민군대 내에 분포 되어 있는 보위국

국가보위성은 평양시 대성구역 미산동에 자리 잡고 있다. 1945년 11월 19일에 창설된 내무성에서 정치보위국으로 존재하다가 1973년 5월 김일성의 지시로 국가정치보위부로 떨어져 나와 독자적인 사업을 진행하여 왔다.

1982년 국가정치보위부 부장이었던 김병하가 반당반혁명분자로 적발 처단되면서 정치는 당이 하고 국가를 보위하기만 하라는 김정일의 지시로 국가보위부로, 1993년부터는 국가안전보위부로, 2016년부터 국가보위성으로 불리고 있다.

1986년 국가보위부 부장이었던 이진수 사망 후부터는 김정일이 2011년 사망 전까지 보위부장으로 겸직하기도 한 중요기관이다.

국가보위성은 첩보기관이 아니고 철저하게 반탐기관이다. 한국의 어떤 기관의 사명과 비교하면 국정원과 동등한 사명이라고 비교하는 사람들이 있는데 그건 아니고 국정원 대공수사국이나 경찰 안보수사대와 같은 사명이라고 보면 될 것이라고 본다.

북한에서 2008년 실시된 인구조사에서 특히 북·중 국경연선 지역에서 너무도 많은 사람들이 행방불명되어 자기 군 주민들의 행처를 찾아내라는 중앙당의 지시에 의해 보위기관들이 확정된 탈북자 가족들을 위협하면서 탈북자 확증 사업을 진행하다보니 보위부가 첩보기관처럼 묘사되기도 하였다.

보위부자체에는 첩보나 정보부서는 존재하지 않으며 국가보위성 반탐국, 각 도 보위부의 반탐처, 시, 군 보위부의 반탐과들이 보위부의 주요핵심부서들이다. 해외반탐국이나 해외무선반탐국은 보위성 본부에만 존재하고 각 도, 시, 군 보위부에는 반탐과와 예심과가 주요 부서로 존재한다.

국가보위성에는 종합국, 반탐국, 대외반탐국, 무선탐지국, 대외무선탐지국, 예심국, 세관총국, 목장관리국, 경비국 등을 주요 부서로 기타 자재국, 경리국, 후방국 등 보장부서들이 존재하고 있다.

보위부의 기본사명은 북한에 침투하는 간첩들을 잡는 것이다. 또한 북한 내에서 최고수뇌부들에 대한 반감을 가지고 발언하거나 행동하는 사람들을 반당반혁명분자로 반탐국에서 체포하며 전문 예심을 전담으로 하는 예심국이 있다.

고위급 간부들을 처리할 경우 최고지도자의 승인을 받고 비상설적인 특별재판소를 설립하고 공개적으로 혹은 비공개적으로 처형하기도 하고 목장관리국에서 관장하는 정치범관리소에 보내 관리하기도 한다.

북한에서는 일반주민들이 절대로 컴퓨터 프린터를 쓸 수 없으며 보위부에서 승인된 기관들에서 항상 담당보위원과 단위 책임자의 승인을 받아야 프린터를 할 수 있게 강력하게 통제하고 있다.

이런 식으로 보위부는 주로 북한 간부들과 주민들의 정치사상 동향과 반당, 반사회주의 요소를 적발하고 분쇄하는 사명을 수행한다.

또한 다른 나라들의 정보기관과 연계된 사람들을 색출하는 일이 기본 사명이다.

해외에 나와 있는 북한 대사관들이나 대표부들에 참사직제를 가지고 안전참사가 보위성에서 파견 나와 있으며 북한식당을 비롯하여 외화벌이를 위해 나와 있는 북한 해외파견 근로자들 속에도 부지배인이나 부사장으로 해외반탐국 소속 보위원들이 근무하면서 종업원들의 사상 동향과 탈북을 통제하고 있다.

원래 북·중 국경경비사령부도 나라와 나라 사이를 방비하는 무력기관으로 국방성 산하로 되어있었으나 탈북자들이 많이 늘어나면서 국경경비사령부는 국가보위성 산하로 소속되어 국경과 해안경비를 보위성이 직접 관할하고 있다.

또한 북한 주민들이 배를 가지고 온 가족이 탈북하는 현황이 나타나면서 배를 가지고 바다로 나가는 해상출입도 군과 함께 보위부에서도 직접적으로 통제, 검열을 하고 있다.

북한의 전역에는 보위성과 보위사령부에서 직접 파견하여 관리하는 10호 초소들이 존재하면서 주민들의 통행을 통제하고 평양시와 국경·전연지역, 군수공장지구들에 대한 출입을 제한하고 있다.

군대에서의 보위사업은 국방성 보위국에서 진행한다.

보위국은 1993년 구소련 군사 유학생들의 반정부음모 사건을 진압하였다는 공로로 보위사령부로 승격되어 보위사령관은 중장에서 대장으로 진급되기도 하였었다. 북한에서의 중장은 한국의 소장과 대등하다.

사회안전성 심화조 사건이 반심화조 사건으로 전락되면서 보위사령부가 사회안전성에 대한 집중검열을 진행하면서부터 보위사령부의 위상이 올라갔다.

그 후 중앙기관들에 대한 검열, 지방 정권기관들에 대한 검열과 심지어 국경세관들에까지 보위사령부 검열조가 들어서고 전국 방방곡곡에 보위사령부 초소가 설치되고 민사사건까지 관계하면서부터 북한 주민들에게 보위사령부는 공포의 대명사로까지 불리게 되었다.

기계화훈련소들에는 중대에 보위원이 배치되었으며 기타 나머지 부대들에는 대대마다 담당 보위원이 있다.

연대부터는 보위부가 존재하며 군인들과 군관들의 사상 동향과 집단적 의미가 있는 군사행동을 정치부와 협의 하에 장악 통제하고 있다.

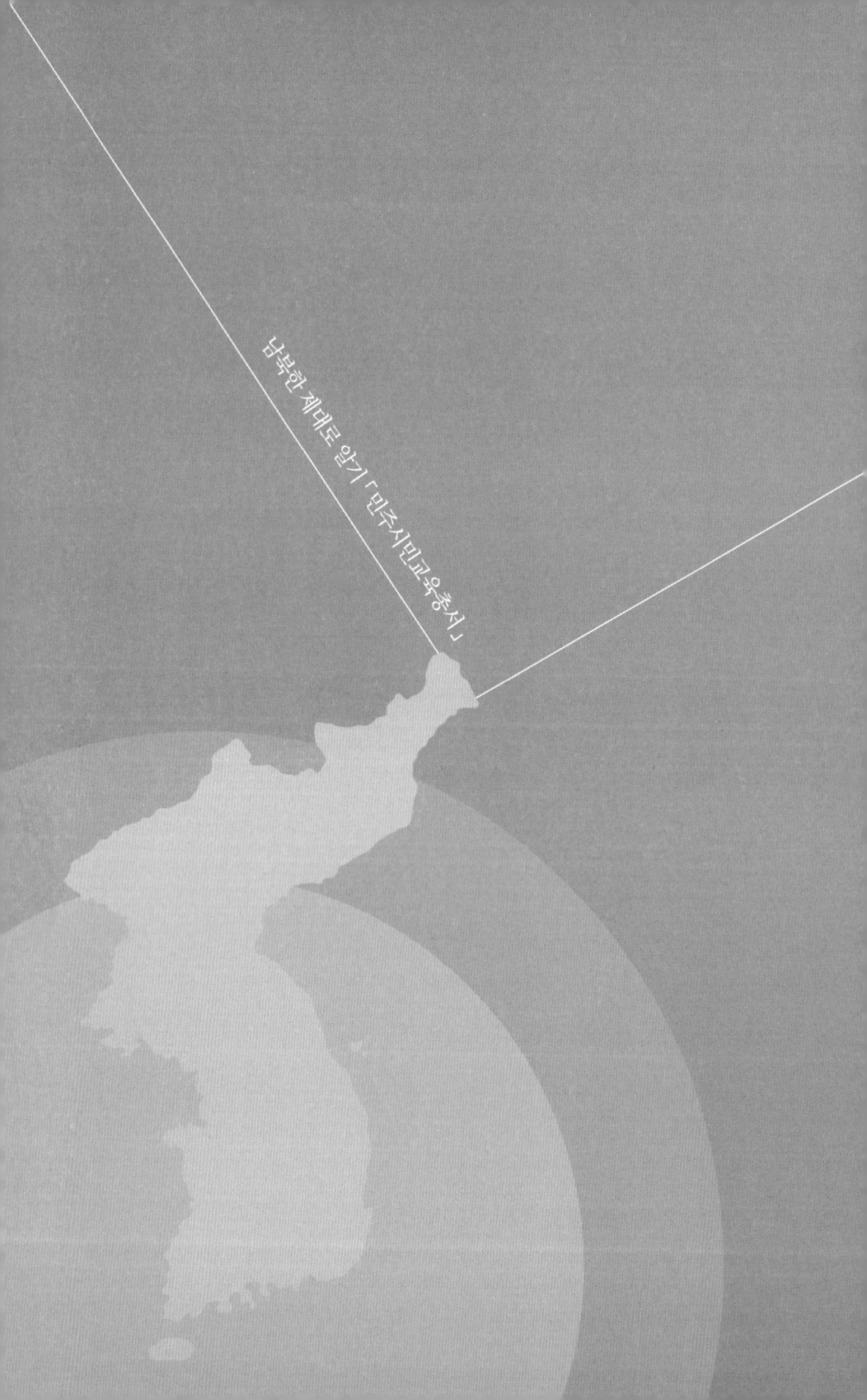

05

남북한 제대로 알기 민주시민교육총서
남 북 협 력 개 론

과학기술로 이루는
남북교류협력

김수연 박사

05. 과학기술로 이루는 남북교류협력

1. 남북교류협력에 대한 이해

> **키 - 포인트** key point
>
> 남북교류협력의 목적과 기대효과 강조
> - ✓ 한반도의 긴장 완화와 안정, 평화, 통일을 이루는데 기여
> - ✓ 남북한 이질성 극복
> - ✓ 남북경제협력은 통일을 위한 경제기반 구축과 미래 한반도의 경제 발전을 위한 바람직한 환경 형성에 기여
> - ✓ 한국의 대외 이미지 상승에 큰 효과

지난 기간 엄중한 분단 상황에서 이뤄진 남북 간의 교류와 협력은 한반도의 평화와 안정, 상호신뢰에 어느 정도 기여해왔다고 볼 수 있다. 하지만 남북교류협력에 대한 국민 공감대가 충분히 형성되지 못하고 있어, 이 '공감대 형성'은 수 십 년간 우리의 과제로 제기되고 있다.

과학기술로 이루는 남북교류협력

　한국정부는 남북교류협력 관계를 체계적으로 정착 및 제도화시키기 위하여 1990년 8월 1일에 『남북교류협력에 관한 법률』을 제정한 뒤, 여러 차례에 걸쳐 개정했다. 이 법률 제1조에서는 법 제정의 목적이 "군사분계선 이남지역과 그 이북지역 간의 상호 교류와 협력을 촉진하기 위하여 필요한 사항을 규정함으로써 한반도의 평화와 통일에 이바지하는 것"임을 밝히고 있다. 이 법률에 의하면, 남북협력사업이란, 남한과 북한의 주민이 공동으로 하는 환경, 경제, 학술, 과학기술, 정보통신, 문화, 체육, 관광, 보건의료, 방역, 교통, 농림축산, 해양수산 등에 관한 모든 활동을 말한다. 개성공단이나 금강산관광 등이 모두 남북교류협력의 대표적인 예들이다.

　남북교류협력은 일반적인 국제관계속 국가 간의 단순한 교류협력이 아니다. 남북 간의 교류와 협력은 우선 한반도의 긴장을 완화하고 평화

통일을 이루는데 기여한다.

　오늘 남북은 군사분계선으로 나뉘어 긴장한 대치상태에 놓여있으며, 한반도의 이러한 분단은 국민들의 삶 속에서 전쟁의 공포를 일상화해 왔다. 남북관계가 경색되거나 북한의 도발이 있을 때마다 국민들의 불안감은 늘어날 수밖에 없으며 우리에게 막대한 분단비용을 가져왔다.

　남북 간 군사적 갈등을 해소하고, 적대의식을 화해와 협력, 평화공존 의식으로 바꾸는 평화의 내면화가 절실히 필요한 지금, 남북 주민 간 만남과 교류, 협력이 활발하게 이루어진다면 이는 냉랭한 남북 적대관계 및 경직된 의식, 첨예한 정치군사 대치상태를 완화시켜 줄 것이다. 다시 말하여 전쟁발발 가능성을 약화시키고 평화통일의 가능성을 강화시킬 수 있다.

　그러나 지난 기간 남북교류협력을 단순히 정치적 협력을 위한 촉매제 또는 유화적 수단으로, 정치적 협력의 보조수단으로 간주하는 경향이 많았다. 그 때문에 남북교류협력은 그 자체로 동력을 확보하지 못하고 대체로 정치적 문제에 종속되어 왔다. 이는 남북교류협력의 핵심이 소통과 교류를 통한 상호 신뢰구축임을 자각하지 못한 것과 관련된다.

　다음으로, 남북교류협력은 남북한 이질성을 극복하고 통일을 앞당길 수 있게 하는 계기를 만들어준다. 남북한은 지난 70여 년간에 걸치는 분단으로 인해 각기 다른 이념과 체제, 생활과 문화 속에서 살아왔다. 남북

분단은 우리 민족 내부의 이념대립을 가져오는 한편, 권위주의, 집단 간 편견과 차별의식, 사고의 획일화 등을 낳았으며 남북한 간 이질성을 심화시켰다.

특히 지난 기간 남북한은 서로에 대한 이질성을 통해 체제 결집을 이루어왔다. 그러다 보니 이러한 이질성은 남북 상호간 배타성을 한층 더 커지게 만들었으며 그 결과 남북한의 의사소통이나 상호작용에 큰 제약을 가져왔고, 결국 남북관계 개선 및 한반도 평화통일을 저해하였다.

그러므로 남북 간 교류를 통해 서로의 실체를 인정하고 또 접촉이 많아지다 보면 이질감의 수위도 점차 낮출 수 있을 것이며 남북관계를 호혜협력의 관계로 발전시켜갈 수 있다.

예를 들어 남북경제협력은 단순히 경제적 협력이나 경제통합만을 이끄는 것이 아니라 사회적문화적 통합을 진전시키는데도 역할을 한다. 그것은 애초에 경제협력이 사람들끼리 만나서 계약을 체결하고 사업을 진행하는 것이기 때문이다. 다시 말하여 사람들이 서로 만나고 일을 함께 진행하는 것 자체가 일차적인 사회문화적 통합이라는 것이다.

개성공단의 경우에도 남북주민들 간 접촉이 문화적 차이, 이질성 극복에 기여했다고 평가할 수 있다. 예를 들어, 북한 근로자들은 당국차원의 교육을 통해 각인된 남조선 자본가, 착취계급들의 이미지에 변화를 가져왔고, 남측 기업가들도 북한사람들에 대하여 부지런하고 성실한 우리

민족, 한 민족임을 실감할 수 있었다.

이와 같이 교류협력은 자연히 상호 소통을 만들어내기 때문에 갈등요인을 감소시켜주며 결과적으로 평화통일의 기능을 수행하게 한다고 할 수 있다. 이로써 우리는 남북한 이질성을 극복하고 민족 정체성을 회복하여 통합을 이루려면 교류협력은 불가피한 과정임을 파악할 수 있다.

다음으로, 남북한 경제협력은 통일을 위한 경제기반을 구축하게 하며 미래 한반도의 경제발전을 위한 바람직한 환경을 형성하는 데 기여한다.

독일 통일 이후 부각된 통일비용 문제는 한국사회에서 통일에 대한 회의적 시각이 늘어나는데 영향을 미치고 있다. 통일이 되면 "막대한 통일비용 때문에 남한의 경제가 어려워진다." 등의 주장들이 제기되면서 이러한 견해가 통일의 큰 걸림돌로 작용되고 있는 것은 사실이지만 통일에 부담을 지지 않고 통일비용을 줄이고 통일의 편익을 맛보는 방법이 있는 바, 그것이 바로 남북 경제교류협력이다.

물류, 에너지, 제조업, 농림수산업, 관광, 생태 등 다양한 부문에서 이루어지는 남북 경제협력은 남한 경제에 도움을 주는 동시에 북한 경제에도 활력을 불어넣음으로써 남북 간 경제적 격차를 줄여줄 수 있을 것이며, 경제적 격차가 줄어드는 만큼 당연히 통일의 경제적 부담, 통일비용에 대한 국민들의 우려도 줄어들게 된다. 그리고 나아가 한반도에 평화가 정착되면 분단 상태 유지에 쓰이던 비용을 통일비용으로 돌릴 수 있고,

이를 통해 통일비용을 줄일 수 있다.

그래서 우리는 경제통합을 이루어내느라 단기간에 많은 비용을 지출했던 통일 독일과 달리, 남북한의 경제협력, 경제통합을 통한 점진적, 단계적 통일을 추구하고 있다. 남북은 1991년 채택한 『남북기본합의서』에서 "민족경제의 균형적 발전과 민족전체의 복리향상을 도모하기 위해 자원의 공동개발, 민족내부교류로서의 물자교류, 합작투자 등 경제교류와 협력을 실시한다."고 합의하면서 경제협력 비전을 처음으로 공유하였다.

그리고 2000년대 들어서는 금강산 관광, 개성공단, 경의선 철도 동해선 철도와 도로 연결 같은 상징적이고 실질적인 경제협력 사례를 만들어내기도 했다. 남북경제공동체 형성을 위해서는 이러한 성과와 경험을 토대로, 다양한 남북 산업 및 인프라 협력을 통한 상호이해관계를 증진해야 할 것이다.

남북의 평화로운 경제교류협력을 바탕으로 한 남북경제공동체 형성은 통일의 경제적 기반을 더욱 튼튼히 쌓아 나가게 할 뿐 아니라 미래 한반도의 경제발전을 위한 바람직한 환경을 형성하는 데 기여할 것이다. 즉, 이는 우리의 경제영역을 한반도 전역뿐만 아니라 북방경제권과 동북아 경제권, 환태평양 경제권 등으로 범위를 확대하여 더 큰 경제 발전의 기반을 마련하게 할 것이다.

이외에도 남북한의 교류협력은 한국의 대외 이미지 상승 등에 큰 효과를 준다. 남북교류 확대로 인한 안보위협의 해소는 국가 신용등급과 국가 브랜드 가치를 높일 수 있다. 따라서 남북교류협력은 통일의 부작용을 줄이고, 통일을 앞당기며 통일한국의 미래를 더욱 밝게 한다.

남북교류협력이 가지는 기대효과는 대단하다. 특히 과학기술교류협력은 장기적 관점에서 남북이 공통의 관심을 가지고 상호간의 이익을 추구할 수 있는 협력이라는 의미에서 궁극적으로 한반도 평화통일구조 건설에 기여할 것이다.

2. 김정은 시대 북한의 과학기술정책

> **키 – 포인트** key point
>
> 김정은 시대의 북한은 과학기술 육성을 사회주의강국건설을 위한 핵심자산으로 인식하고 있음을 강조
>
> ✓ '과학기술에 기초한 경제발전전략' 제시
> ✓ '과학기술중시노선' 제시
> ✓ '전민과학기술인재화' 등 북한의 주요과학기술정책

오늘 북한은 경제발전의 추동력으로서 과학기술의 중요성을 강조하고 있으며 과학기술교류협력에 대해서도 높은 관심을 보이고 있다. 특히 핵무기개발로 인한 국제사회의 강력한 제재로 어려운 경제상황에 처한 북한은 과학기술을 통한 자력갱생으로 생산성을 극대화함으로써 난국을 돌파하고자 하고 있다.

김정은 시대의 북한은 과학기술을 국가 발전의 핵심 동력으로 간주하고 있다. 북한은 2016년 5월에 개최된 7차 당 대회에서 '과학기술강국' 건설을 '사회주의강국 건설'에서 선차적으로 점령하여야 할 목표로 제시하면서 과학기술강국은 "나라의 전반적인 과학기술이 세계첨단수준에 올라선 나라, 과학기술의 주도적 역할에 의하여 경제와 국방, 문화를 비롯한 모든 부문이 급속히 발전하는 나라"임을 밝혔다.

이어 2018년 4월 20일 당 중앙위원회 제7기 제3차 전원회의에서도 '사회주의경제건설 총력집중' 노선을 제시하면서 경제건설의 가장 중요한 전략적 자원이자 사회 모든 부문을 발전시키는 강력한 추동력으로써 선차적으로 실현해야 할 목표로서 과학기술발전을 꼽았다. 그러면서 사회주의경제건설의 목표는 자강력을 바탕으로 하면서 경제를 지식경제로 전환 발전시켜 선진 경제 수준으로 빠르게 도약하는 것임을 분명히 했다. 경제를 지식경제로 전환하는 것이 과학기술강국 건설을 위한 전략적 과제임을 강조한 셈이다.

김정은 위원장은 2019년 12월 당중앙위원회 제7기 제5차 전원회의에서 "오늘 우리가 의거할 무진장한 전략자산은 과학기술"이라며 "지금과 같이 경제사업에서 애로가 많을 때에는 과학기술이 등불이 되어 앞을 밝히고 발전을 선도해나가야 할 것"이라고 강조했다. 경제발전에서의 과학기술 선도(先導)론을 펼쳤던 것이다.

사진자료
2020년 1월 22일자
『노동신문』에 실린
선전화

이에 오늘날 북한은 세계경제발전 추세에 맞게 경제 구조를 지식경제로 전환하고, 자체의 과학기술력을 갖춰 생산과정의 자기완결성이 높은 자립경제를 지향하고 있다. 경제의 현대화, 정보화를 실현하고 과학기술 발전을 통해 생산에서 혁신을 이루며, 국산화를 통해 인민경제의 자립성과 주체성을 강화하고 자강력을 확보할 것을 강조하고 있다.

북한은 7차 당 대회에서 1970년대 말 이래 북한의 경제 목표였던 인민경제의 주체화, 현대화, 과학화에 정보화를 추가함으로써 지식경제 건설의 지향을 더욱 명백히 하였다. 경제의 정보화는 "인민경제의 모든 부문을 정보설비들로 장비하고 그에 의하여 생산 활동과 경영활동을 진행하는 것"을 의미한다.

북한은 경제 정보화의 핵심 목표로 통합생산체계확립을 꼽고 있다. 통합생산체계는 컴퓨터망을 기반으로 자동화된 생산 과정을 통합하여 생산 전반에 대한 원격조종을 실현할 수 있는 체계를 의미한다. 통합생산체계 구축을 통해 노동력을 줄이고, 생산성과 경영효율을 높일 뿐만 아니라 품질 제고 효과까지 기대하고 있는 것이다.

북한은 공업뿐만 아니라 농축산업에서도 통합생산체계를 도입하여 양묘장 및 양어장 등의 관리통제를 실시하자 하고 있으나, 김정은 위원장이 7차 당 대회에서 "첨단수준인 부문이 있는가 하면, 한심하게 뒤떨어진 부문도 있다"고 언급했을 정도로 현재 북한의 기업 또는 부문사이의 불균형이 심하다. 그래서 북한은 일단 설비와 기술수준이 상대적으로

괜찮은 평양 소재 등의 생산단위들을 중심으로 통합생산체계를 구축하고자 시도하고 있다.

북한에서 과학기술중시는 김일성, 김정일 시기에도 강조되었지만, 김정은 시기 들어 더욱 강조되고 있다. 북한은 김정일 시기인 1990년대 후반부터 강성대국(사상강국, 군사강국, 경제강국)전략과 과학기술중시 노선을 제시하고 과학기술 발전 5개년 계획 등을 추진하였으나 주로 체제 생존을 위한 국방산업 중심으로 과학기술 발전을 이루어왔다.

김정은은 집권초반기인 2013년 11월 전국과학기술자대회를 개최하고 김정일의 과학기술중시정책의 계승을 명확히 하였다. 뿐만 아니라 '전민과학기술인재화'와 '지식경제'를 강조하며 과학기술중시정책의 새로운 변화, 발전을 꾀하였다. 이는 김정은이 북한의 현실과 현대 지식기반사회 발전방향을 잘 인지하고 이를 타개하기 위한 방안으로서 과학기술발전을 핵심국정과제로 내세운 것이라고 볼 수 있다.

김정은 시대들어 과학기술은 경제강국 건설의 기관차로서 그 위상과 역할이 한층 더 강조되고 있다. 이에 경제 활성화와 첨단기술 산업 발전에 있어서 과학기술의 핵심 역할을 담보하기 위해 국가 차원의 역량과 자금을 집중하도록 하고 있으며 경제와 과학기술의 일체화를 적극 추진하고 있다. 또한 산업 간 기술 불균형을 조정하고 생산 효율성을 제고함으로써 경제의 균형적 발전을 이루고자 시도하고 있다. 사실상 북한의 과학기술중시는 대북제재가 장기화되는 현 상황에서 북한이 경제발전을 위해

택할 수 있는 최고의 노선이라고 할 수 있다. 그리고 자립경제를 구현하기 위한 핵심 정책이자, 최선의 선택이라고도 평가해 볼 수 있다.

오늘날 김정은 시대의 북한은 과학기술을 사회주의강국건설을 이끄는 핵심요소로 인식하고, 이러한 요구에 부응하여 전민 과학기술인재화와 새 세기 교육혁명을 시도하고 있다. 전민과학기술인재화는 "사회의 모든 성원들을 대학졸업정도의 지식을 소유한 지식형근로자로, 과학기술발전의 담당자로 준비시키기 위한 사업"을 의미한다. 전민과학기술인재화는 대부분의 노동자들이 고등학교를 졸업 후 10여 년간에 걸치는 장기간의 군 복무를 거쳐 직장에 배치되면서 고등학교에서 배운 지식을 잊어버리고 현대 과학기술발전 추세에도 어두운 북한 현실을 반영한 것이다.

이를 극복하기 위해 북한은 과학기술전당을 중심으로 한 전국적인 과학기술보급망 확충, PC 등을 활용한 정규대학수준의 원격교육을 추진하고 있다. 국내외 최신 과학기술 성과자료들을 데이터베이스로 구축한 과학기술전당과 각급 학교의 전자 도서관, 각 지역의 전자열람실, 공장·농장 기업소의 과학기술보급실 등 각종 과학기술 보급 거점들을 국가 컴퓨터망으로 연결하여 전국적인 '과학기술 보급망'을 만들었다.

2016년 1월에 준공된 과학기술전당의 외부와 내부

사진자료 : 북한 대외선전용 웹사이트 '조선의 오늘' dprktoday.com (검색일 : 2016년 1월 22일)

　북한은 '전민과학기술인재화' 요구에 맞게 근로자들이 일과 학업을 병행할 수 있도록 하는 교육체계도 확립하고자 노력하고 있다. 2000년대 중반에 시작한 북한의 원격교육은 김정은 집권 이후 그 위상이 강화되고 있다. 김일성종합대학, 김책공업종합대학을 비롯한 중요대학들의 홈페이지를 공유하면서 원격교육체계가 전국적 범위로 확대되고 있어 수십 개 대학에 원격교육대학 재학생 규모가 증가하고 있다. 이는 정규대학 증원이 어려운 북한의 현실을 원격교육으로 보완하는 것으로서 생산 현장의 노동자와 기술자들에게 고등교육을 받을 수 있는 기회를 제공한다.

　교육사업의 총론적인 지향과 주요정책들을 망라하여 2014년 발표한 새 세기 교육혁명은 모든 청소년들을 강성국가 건설의 역군으로 육성함과 함께 전민과학기술인재화 실현을 목표로 내세우고 있다. 이에 따라 김정은 시대의 북한은 교육기간의 연장으로서 초·중등 의무교육을 기존의 11년제에서 12년제로 확대하고 교과과정에서도 과학 관련 과목의 수업 비중을 증가시키고 있다. 일반 기초과학 지식교육과 함께 컴퓨터 교육을 강화하고 과학기술의 최신성과를 적극 반영하여 교재의 과학이론수준을 높이는 방향으로 교과서들을 개편하기도 하였다.

오늘날 북한은 과학연구전반이 세계적인 수준에 올라설 것을 요구하면서 세계 여러 나라 대학, 연구기관들과의 공동연구 확대 강화, 우수한 학술논문들을 국제토론회와 국제학술잡지들에 적극 발표할 데 대한 방침 등을 제시하였다. 이에 김정은 시기 북한의 국제학술공동연구네트워크는 김정일 시기에 비해 활발히 가동하고 있으며 국제학술논문 발표 수도 증가하고 있다.

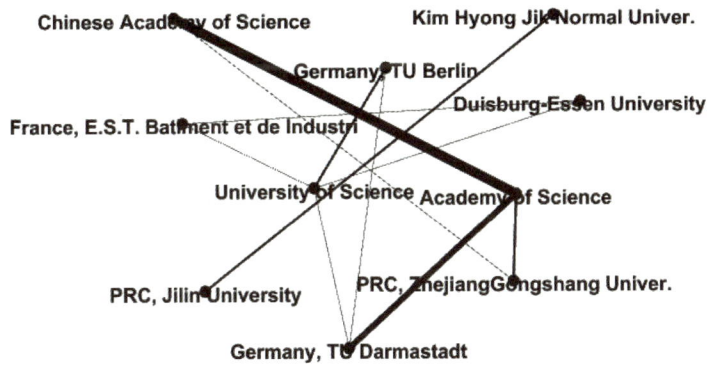

김정일 시기(2003~2011년) 북한 수학부문 국제학술공동연구 네트워크

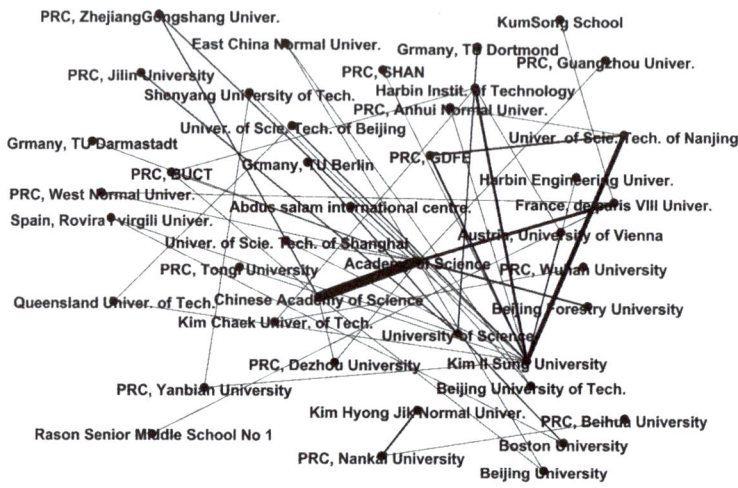

출처 : 김수연, "김정은 시대 북한 수학연구 동향분석과 남북수학협력 방안",
『국가안보와 전략』 제22권 1호(2022년), 145~146쪽

　북한은 과학기술을 발전시키기 위한 실천적 방안으로 과학자·기술자를 우대하는 사회적 기풍을 세우고 있다. 과학자·기술자 우대는 크게 사상적인 측면과 물질적인 측면으로 이루어진다. 사상적인 측면에서는 과학기술로써 사회주의강국건설에 이바지하는 과학자·기술자들을 "애국자, 영웅"으로 추켜세우며 이들의 업적을 정치적으로 인정해주는 것이다. 예로 공로 있는 과학자들에게 국가 훈장을 수여하거나 노동당원의 명예를 안겨주고 있다. 물질적인 측면에서는 과학자·기술자들에 충분한 사업조건과 생활조건을 보장해주는 것이다. 과학자들이 모든 정열을 오직 연구에만 쏟아 붓도록 함과 함께 그들의 사회적 위상을 높여주자는 것

이다. 예로 김일성종합대학 교원, 연구원들에게 여명거리의 살림집 배정, 은하과학자거리, 미래과학자거리 건설 등은 북한이 과학자들의 사기 진작을 위해 제공한 대표적인 인센티브라고 할 수 있다. 사상적 물질적 측면에서의 이러한 우대는 과학자들의 충성과 사상무장을 유도하는 통치기술이자 수단이면서도, 한편으로는 과학기술발전의 주체인 과학자 기술자들에 대한 우대를 통해 국가우선 사업을 촉진하고 과학기술 중시 풍조를 확산시키고자 하는 북한당국의 의지의 반영이다.

북한 현실에서 과학기술을 통한 경제발전은 포기할 수 없는 중요한 전략이다. 이에 앞으로도 지속적으로 과학기술을 앞세우면서 과학기술지식을 기반으로 하는 경제성장을 추구할 것이다.

과학기술의 획기적 발전에는 막대한 인적, 물적 자원이 필수적일 텐데, 김정은 스스로 언급했듯이 수십 년 째 '기술 경제적 고립'이 지속되는 상황에서 이를 순조롭게 확보하는 것은 쉽지 않을 것이다.

3. 남북과학기술교류협력은 어떻게 이루어야 하나?

> **키 - 포인트** key point
>
> 앞으로 한반도 정세가 개선되면 남북과학기술교류협력을 통해 평화통일을 앞당기는 계기를 마련할 수 있을 것이며, 이에 지금부터 향후 남북과학기술교류협력 활성화를 위한 준비 필요
>
> ✓ 공공 및 민간분야에서 남북한의 과학기술협력수요 발굴 사업 추진
> ✓ 지자체가 중심이 되어 남북과학기술교류협력 추진하는 방안 모색
> ✓ 대북제재 저촉가능성이 낮은 여러 형태의 과학기술교류협력 적극 검토

앞에서 살펴보았듯이 김정은 시대의 북한은 과학기술을 통해 경제를 발전시키고자 시도하고 있다. 하지만 과학기술의 획기적 발전에 필수적인 과학기술연구비 투자확대 등 인적, 물적 자원 확보는 수십 년 째 '기술경제적 고립'이 지속되는 북한의 상황에서 쉽지 않다. 이에 북한 스스로도 자국의 과학기술수준을 높이고 기술제품의 해외진출, 자원확보를 위해 '은정첨단기술개발구'를 설치하는 등 과학기술대외협력을 모색해왔다.

북한은 한국을 향해서도 과학기술교류협력 의사를 보여 주었는바, 2018년 10.4 남북공동선언 기념행사를 위해 방북한 남측 인사들에게 과학기술교류협력을 제안하기도 했다. 이렇게 남북 모두 과학기술교류협력 의지가 있지만, 국제사회의 대북제재라는 현실적인 한계가 존재하기도 한다.

앞으로 한반도 정세가 개선되고 대북제재가 해소되면 남북과학기술교류협력을 통해 남북 간 신뢰를 구축하고 공유이익을 확대하며 평화통일을 앞당기는 계기를 마련할 수 있을 것이다. 이에 지금부터 향후 남북과학기술교류협력 활성화를 위한 준비 전략이 필요하다. 이와 함께 대북제재가 지속되는 현 상황에서도 실현가능한 여러 형태의 과학기술교류협력도 적극 검토해보아야 한다.

남북과학기술교류협력을 이루어가자면 우선, 공공 및 민간분야에서 남북한협력수요를 발굴하는 사업을 적극 추진하여야 한다. 과학기술은 농업과 산업, 보건의료, 산림 등 다양한 분야에 연결되어 있어 향후 전면적인 교류협력을 위한 우선 사업으로 유의미하다.

특히 북한은 남측의 단순 지원이나 교류에 의미가 없다는 입장이므로 북측에서도 관심을 보일 수 있는 의제 발굴이 필수적이다. 때문에 북한이 관심을 기울이고 있는 과학기술분야를 면밀히 분석하고, 지속적으로 모니터링 하면서 협력수요가 높은 사업 아이템 발굴을 위한 중장기적인 계획을 세우고 꾸준히 진행해야 한다.

그렇다면 북한이 현재 많은 관심을 보이고 있는 분야로는 어떤 것들이 있는가? 오늘날 북한은 "나라의 쌀독이 넘쳐나면 경제강국건설을 더욱 힘차게 다그쳐나갈 수 있다"고 하면서 식량문제와 농업문제를 획기적으로 개선하기 위하여 노력하고 있다. 특히 "농사를 잘 짓자면 현대과학기술에 의거해야 한다."고 하면서 농업혁명은 곧 농업과학기술혁명이라는 관점을 보이고 있다. 영농기술과 영농방법의 혁신, 우량품종 개발을 농업과학기술발전에서 중심 고리로 인식하고 있으며 종자혁명을 위해서는 첨단과학기술을 적극 받아들이며 북한의 기후풍토에 맞게 활용해야 한다고 강조하고 있다.

다음으로 북한이 관심을 가지는 문제는 에너지문제이다. 심각한 에너지문제를 해결하기 위하여 최근 수력, 태양열, 지열, 풍력 등 자연에너지 개발에 많은 관심을 보이고 있는바, 국가과학원 산하에 '자연에네르기연구소'를 설립하고 풍력 발전 비중 10%이상 확대 계획을 세웠으며 연구기관들은 풍력 발전기 등의 기술 개발에 힘쓰고 있다.

이외에도 북한은 정보산업, 나노산업, 생물산업과 같은 첨단기술 산업을 지식경제의 기둥으로 간주하고 이러한 분야를 국가차원에서 대대적으로 지원하고 육성할 것이라는 점을 명백히 하고 있다. 김정은 위원장은 2018년 국가과학원을 현지지도하면서 "나노산업 창설은 첨단돌파를 위하여, 미래를 위하여 우리 세대가 반드시 해야 할 사업"이라고 하면서 나노산업 발전에 대한 강력한 의지를 드러냈다.

이상의 다양한 분야 가운데서 먹는 문제, 에너지문제와 관련된 문제의 경우는 민생문제라는 점에서 대북제재에 저촉되지 않을 뿐만 아니라 예외를 인정받을 수 있는 분야이다.

또한 기존의 남북과학기술교류협력에서 크게 주목하지 않았던 새로운 협력 사업들을 발굴할 필요가 있다. 예로 김정은 정권 출범 이후 북한이 많은 관심을 보이는 녹색건축기술과 관련된 협력 사업이다.

2015년 3월 북한 국가과학원 자연에네르기연구소에서 진행된 전국 녹색건축기술부문 과학기술발표회 및 전시회에서는 세계 건축발전 추세에 맞게 건축물들을 생태환경에 이롭고 주변 환경과 친숙하게 건설하기 위한 과학기술적 제안들이 소개되었다. 2017년 8월 과학기술전당에서 열린 '전국도시경영부문 과학기술발표회'에서는 김일성종합대학, 건축종합대학, 도시경영과학연구소, 평양시 상하수도관리국 연구원들이 녹색건축기술이 도입된 건물의 관리개선 등과 관련한 다수의 논문들을 발표하며 녹색건축기술에 대한 관심을 드러냈다.

녹색경제, 녹색도시건설과 같은 이러한 사업아이템은 향후 남북관계가 개선되어 교류협력이 활성화되었을 때, 경제성이 높아 민간영역에서도 많은 관심을 갖고 투자를 할 수 있는 분야라고 할 수 있다. 그럼에도 불구하고, 달라진 북한 수요에 부합하고 북한의 혁신역량을 제고할 사업을 선별하는 등 남북과학기술교류협력을 탐색하는 단계에서는 사실상 수익성이 없기 때문에 공공영역이 주도할 수밖에 없다. 따라서 공공영역이 중심이 되어 북한과학기술정보를 수집하고 분석하며 북한의 수요를 고려한 협력 사업을 기획하는 것이 바람직하다.

다음으로 남북과학기술교류협력은 기존 중앙정부 중심으로 이루어졌던 관행에서 벗어나 지자체가 중심이 되어 추진하는 방안을 모색할 필요가 있다. 그것은 지자체는 남북교류협력을 추진함에 있어 중앙정부에 비해 당국관계의 부침이나 국제사회의 대북제재압박으로 부터 상대적으로 자유롭기 때문이다. 또한 민간영역과 비교할 때 재정과 인력이 공공영역이므로 교류협력의 목적과 지속성을 확보하는 데 유리하기 때문이다.

오늘 우리의 지방자치단체들은 중앙정부의 통일정책을 획일적으로, 피동적으로 수용해왔던 객체에서 벗어나 지역의 이익과 발전을 위하여 능동적인 남북교류협력을 추진할 수 있는 당사자가 될 것을 원하고 있다. 향후 지방자치단체를 비롯한 지역사회의 남북교류협력은 통일과정과 통일 후 남북통합과정에서 중요한 역할을 담당할 수 있다.

북한이 물자지원이나 개발협력 등 과거의 남북협력 프레임을 탈피해 과학기술 지식공유 및 기술인력 교류 등을 통해 남북공동이익을 창출하는 경제협력 모델을 추구할 것으로 전망되므로 지자체들은 자기 지역의 산업적 강점을 활용한 과학기술교류협력 전략을 중장기적으로 준비해야 할 필요가 있다.

각 지자체가 스스로 비교우위를 갖는 지역적 특성을 반영하여 지역차원의 이익을 제고하는 데 기여할 수 있는 사업을 추진하는 것이 사업의 성공 가능성을 높일 수 있다. 그리고 남북이 함께 상생할 수 있는 분야를 중심으로 남측과 북측의 중점 교류협력 대상지역을 선정하고 이 지역들을 중심으로 추진할 수 있는 과학기술협력 사업 아이템도 기획해야 할 것이다. 이때에도 대북제재가 지속되는 상황에서 실현가능한 사업을 우선적으로 추진할 필요가 있다. 그리고 대북제재가 완화될 때까지 기다리기보다는 대북제재위원회의 면제 혹은 예외조항 적용에 대한 적극적 조치를 국제사회에 요구할 필요도 있다.

현재 남북교류협력은 전반적 부문에서 대북제재 등으로 하여 극도로 위축되어 있다. 이른 시일 안에 대북제재의 완화나 해제가 불투명한 현 상황에서 대북제재 저촉가능성이 낮은 여러 형태의 과학기술교류협력을 검토해보아야 한다.

예로 과학기술 각 분야별 남북 과학기술용어집 편찬 작업을 들 수 있다. 남북 단절로 과학기술용어 정의의 차이나 신규 용어가 생성돼 남북 과학기술용어집이 없으면 남북 간 오해의 소지가 클 수밖에 없다. 일반적으로 남북용어는 일반어에 비해 전문어의 경우 더 많은 차이가 있다. 과학기술 교류협력의 효율성을 위해서는 반드시 언어의 이해가 필요한 상황이다. 각 부문별 남북과학기술용어집 발간을 통해 해당분야의 남북 언어 격차를 파악할 수 있고, 북한 과학기술분야에 대해서도 알게 돼 국민의 관심 또한 이끌 수 있다는 점에서 이 작업은 큰 의미가 있을 것으로 보인다.

남북 간 지식공유사업 역시 대북제재 저촉가능성이 낮다. 유엔 등 주요 국제기구들도 지식공유사업을 개발도상국의 역량을 높임으로써 개발협력의 효과성을 강화하는 수단으로 간주하고 이를 적극 장려하고 있다.

현재 상황이 매우 제한적이고 쉽지 않지만 남북교류협력의 인프라 구축을 위한 과학기술 분야별 인력양성사업을 전략적 관점에서 추진해야 할 것이며 국제학술기구를 통한 다양한 프로젝트 학술 교류도 적극 이용해 볼만하다. 이외에도 과학기술분야에서의 남북교류협력은 단기적으로는 남북 간 과학기술 전문가들의 교류를, 중장기적으로는 경제협력의 주요 방안으로 장기적 전망 속에서 다양하게, 단계적으로 추진하는 것이 필요하다.

오늘 김정은 시대-북한을 읽는 키워드는 과학기술이다. 지금 북한은 "정면 돌파전의 열쇠는 바로 과학기술이다." 라는 구호를 내세울 만큼 과학기술의 중요성을 강조하고 있다. 이러한 현 상황에서 남북이 공통의 관심을 가지고 상호간의 이익을 추구할 수 있는 과학기술협력은 대단히 중요하다. 향후 남북협력의 실효성을 높이기 위해, 통일을 준비하는 역사적·시대적 소명을 다하기 위해 남북과학기술교류협력에 힘과 지혜를 모으는 일이 그 어느 때보다도 절실히 요구되는 시점이다.

참고문헌

김수연, "김정은 시대 북한 수학연구 동향분석과 남북수학협력 방안",
『국가안보와 전략』 제22권 1호(2022)

김정은, "주체혁명의 새 시대 김일성종합대학의 기본임무에 대하여"
『평양 : 조선로동당 출판사』, (2016)

김정은, "조선로동당 제7차대회 결정서 : 조선로동당 중앙위원회 사업 총화에 대하여",
『로동신문』, 2016년 5월 9일

모춘흥, "김정은 시대 북한 '과학기술중시정책'과 남북 간 과학기술 교류협력",
2020 STEPI Fellowship

변학문, "북한의 '과학기술 강국, 구상과 남북과학기술교류협력", 『통일과 평화』
제10권 2호(2018)

통일부 통일교육원, 『2021 통일문제 이해』, (2021)

남북한 체제도 안기「민주시민교육총서」

06

남북한 제대로 알기 민주시민교육총서
남 북 협 력 개 론

북한의 교육과 SDG-4 목표와 이행

이성희 겸임교수

06 북한의 교육과 SDG-4 목표와 이행

1. 북한 교육 변천 과정과 교원

> **키 – 포인트** key point
>
> 북한을 이해하기 위해서는 내재적·외재적 관점으로 접근해야 한다. 북한의 의무교육제도 변천 과정과 남북한 교육체계 및 교육기관에 대해 알 수 있다.
>
> ✓ **북한 교육 변천 과정과 기본 원칙**
>   - 북한 교육은 사회주의 교육
>   - 사람들을 자주적이고 창조적인 사회적 존재로 키우는 것을 강조
>   - 1946년부터 2012년까지 7차례에 걸쳐 변화
>
> ✓ **북한 교육체계와 교육기관**
>   - 북한의 교육기관은 학교교육 기관과 사회교육기관으로 구분
>   - 고등교육기관은 학업 전문 대학과 일하면서 배우는 공장·농장·어장대학으로 나뉨
>   - 교육기관은 국가가 관리하며 사립학교, 개인 유치원 등을 설립할 수 없음

1) 북한 교육 변천 과정과 기본원칙

북한의 교육은 사회주의 교육이며 사람들을 자주적이고 창조적인 사회적 존재로 키워야 한다고 강조한다. 북한 교육의 사명은 나라의 흥망과 민족의 장래 운명을 결정하는 중요한 부분이며, 교육 사업에서 제도와 질서를 엄격히 세워 사회주의 교육을 발전시켜 자주적인 사상 의식과 창조적인 능력을 가진 인재를 키우는 것이다. 북한 사회주의 헌법에서는 전반적 무료의무교육제도를 실시하는 것은 온 사회의 문화기술 수준을 높일 수 있고 북한 공민[01] 모두 중등일반교육을 받을 의무와 무료로 교육을 받을 권리를 가진다고 명시했다. 공민은 노동할 나이가 되기까지 중등일반의무교육을 받으며 김정은 시대에 들어서면서부터 북한의 중등

---

01 공민이란, 나라의 국적을 가지고 그 나라 헌법에 규정된 권리와 의무를 지닌 사람을 말함으로써, 남한에서의 국민이란 뜻이다. 북한은 1963년 10월 9일 국적법을 공포했다.

일반의무교육학제는 12년이다.

 북한은 당중앙위원회 제8기 제5차 전원회의 교육 부문에서 학생들이 어디에서나 원격교육을 받을 수 있어야 하며 김책공업종합대학[02] 원격교육학부에서 개발된 이동 통신망에 의한 원격교육지원체계를 갱신하고 원격교육지원체계를 변화해 나갈 것을 제시했다. 특히 휴대폰[03] 기종에 따른 열람 기능을 개발해 사용자들이 학습을 하는데 있어서 편리한 환경을 제공할 것을 강조했다. 개발에 참여한 연구원들은 나라의 교육을 세계 선진수준에 빨리 올려 세우려는 당의 원대한 구상을 실현하는데 이바지하는 중요한 과업으로 여기고 전국의 학생들의 원격교육지원체계가 변화되고 학생들은 임의 시간에 임의의 장소에서 교육을 받을 수 있는 환경을 마련할 것을 요구했다.[04]

 북한은 사회주의 국가 교육 근간으로 정치사상·과학기술·체육을 중심을 두고 교육을 하고 있으며 다양한 형식과 방법으로 전승 세대들이 지녔

---

02 김책공업종합대학은 평양시 중구역 교구동에 있는 과학기술 분야의 대학으로 컴퓨터 공학, 기계공업, 중공업 분야에서의 최고 종합대학이다. 1948년 9월 27일 김일성종합대학의 공학부와 철도 공학부를 모체로 평양공업대학으로 출발했으며 설립 초기에는 금속공학부, 전기공학부, 야간학부 등 9개 학부로 운영됐다. 1951년 김일성의 항일빨찌산 동료이면서도 6·25전쟁 시 전선 사령관으로 사망한 김책의 이름으로 김책공업대학으로 명칭을 개명했으며 1988년 대학 40주년을 맞아 김책공업종합대학으로 변경했다. 이는 대학교의 승격의 의미를 담고 있으며 1990년 '조선콤퓨터쎈터'(조선컴퓨터센터)의 일꾼을 양성하는 김책공업종합대학 강동분교가 창설됐다. 항일빨찌산은 1930년대 중국 북동부 혹은 소련 지역에서 항일무장투쟁을 펼쳤던 유격대들을 가리키는 말이다. 북한은 1960년대 김일성 우상화를 진행하고 항일빨찌산을 항일유격대로 불렀으며 김일성이 창조한 항일유격대식 혁명정신과 사업방법, 학습방법 및 생활기풍을 강조한다.

03 우리의 '휴대폰'을 북한은 '손전화'로 불린다.

04 「로동신문」, "이동통신망에 의한 원격교육지원체계가 갱신된다", 2022년 6월 30일

던 수령 결사옹위 정신과 열렬한 조국애를 깊이 심어주기 위한 교양 사업을 강화한다. 김정은 시대 들어서면서 12년제 의무교육[05]을 실시했으며 생산 현장에서 쓸모 있는 지식을 중심으로 위대한 승리자들의 숭고한 정신세계를 적극적으로 따라 배우고 당적 지도를 심화시켜나갈 것을 강조한다. 이를 위해 코로나로[06] 인해 수업 진행이 어려운 학생들을 위해 가정방문을 정상적으로 진행하고 생활 조건과 건강을 잘 돌봐주는 사업을 통해 전승 세대의 넋과 정신을 본받도록 한다.[07]

북한은 1945년 9월 20일 교육의 민주화 방침을 내세우면서 인민교육 기관을 창설했다.[08] 1945년 11월 21일 "북조선학교 교육림시조치요강"[09]을 발표했다. 그리고 전반적 초등의무교육제 실시를 준비하고 1947년 7월 20일 평양에 정치 교원 양성소를 설립했다.[10] 1947년 9월 15일 첫 공업기술대학인 흥남공업대학이 창립 됐고, 1950년 4월 평양공업대학 및 원산농업대학, 흥남공업대학 등 3개의 기술대학들이 설립

---

05 김정은 시대의 전반적 12년제 의무교육은 새 세대들이 보다 높은 수준의 중등일반교육을 받도록

06 「로동신문」, "전국적인 전염병전파 및 치료상황 통보", 2022년 6월 24일 : 북한은 국가 비상 방역 사령부에 의해 2022년 6월 22일 18시부터 6월 23일 18시까지 전국의 1만 1,010여 명이 코로나 확진을 받았으며 1만 3,890여 명이 완치되었다고 밝혔다. 2022년 4월 말부터 6월 23일 18시까지 전국적으로 유열자 총수는 469만 6,580여 명이며 이중 99.578%에 해당하는 467만 6,760여 명이 완치됐고 0.42%에 해당하는 1만 9,740여 명이 치료를 받았다고 밝혔다.

07 「로동신문」, 2022년 6월 26일.

08 김일성, "교육부문 앞에 나서는 몇가지 과업에 대하여 : 북조선림시인민위원회 제4차회의에서 한 연설", 『김일성저작집』, 제2권 (평양 : 조선로동당출판사, 1979), p. 12.

09 "교육림시조치요강"에는 일제식민지노예 제도를 청산하고 새조선 건설에 이바지할 수 있도록 학교 교육 사업을 조직운용하기 위한 원칙과 구체적인 대책들에 대한 내용들로 구성됐다. 새로운 민주주의적 인민교육 제도를 세우고 교육 기관들의 사업을 발전시키는데서 중요한 의의를 가지고 있다.

10 조선중앙통신사, 『조선중앙년감』, (평양 : 조선중앙통신사, 1950), p. 245.

됐다. 1951년 말-1952년 초, 1952년 말 -1953년 초에는 문맹퇴치운동으로 성인교육을 본격적으로 실시함으로써 1952년 3월 개풍군안의 6개 면에서 2,000여 명과 1952년말-1953년 초 개성시에 3,856여 명이 문맹에서 벗어났다고 선전했다.[11]

북한은 민주주의적 민족 교육방침을 학교 교육의 이념으로 재확인했으며 학교 교육의 이념에 따른 학교 교육의 기본내용과 방법들을 규정했다.[12] 1953년 7월까지 전시교육 사업 방침을 제시하고 교육 사업을 전시 체제로 개편했다.[13] 1953년 7월부터 1960년까지 전후인민경제복구 발전과 사회주의 기초건설 시기였으며 북한은 인민교육 복구 발전의 기본 방향을 제시하고 전반적 초등 및 중등의무교육제도와 무료 교육 제도를 실시했다. 1958년 10월 최고인민회의 제2기 제4차 회의는 11월 1일부터 '전반적 중등의무교육제를 실시할 데 대한 법령'을 공포했다. 이처럼 북한은 1956년 4년제 초등의무교육제도를 실시하고 1958년 7년제 중등의무교육제를 실시했다. 1962년 교육도서출판사에서 출판한 『교육법규집』에는 '인민교육체제를 개편할 데 대한 최고인민회의 법령'의 구체적인 내용이 기술됐다.[14]

---

11 「개성신문」, 1952년 3월 6일.
12 이성희, "북한의 의무교육체제와 정치교육 부문 연구: 국어과 교육 분석 중심", 경기대학교 정치전문대학원 박사학위논문, 2019, p. 15.
13 김일성, "조선인설립학교 취급에 대하여", 『김일성저작집』제4권(평양 : 조선로동당출판사, 1979), p. 12.
14 제1조에서는 인민학교 4년제와 중학교 3년제의 현 학제를 그대로 두고 학생들에게 기초적인 일반 교육과 기본생산 기술교육을 가르치며 공산주의 도덕품성과 노동을 사랑하는 정신을 교양했다. 제2조에서는 일반교육과 기술교육을 밀접히 결합한 중등기술교육체제를 확립하고 2년제 기술학교를 확장하고 1962년~1963년부터 기술학교까지의 의무교육제를 실시하도록 명시했다.

1967년 4월 1일부터 북한은 전반적 9년제기술의무교육을 실시했으며 사회주의의 전면적 건설 시기에 요구되는 시대적 상황을 반영하여 과학, 기술 간부들을 대대적으로 확대할 수 있도록 교육 발전의 기본 방향을 제시하고 전반적의무교육제도를 확대 발전해 나갔다. 조선로동당 제4차 대회는 제1차 7개년 계획기간에 "전반적 9년제기술의무교육을 실시할 데 대하여"를 발표하고 1967년 4월 22일 평양전국교원대회를 개최했다. 북한의 전반적 9년제기술의무교육은 학교 교육의 질을 전반적으로 한 단계 더 높이고 후대 교육 사업을 발전하는 현실과 시대가 요구하는 문화혁명을 더욱 촉진 시켰다.

북한의 전반적 9년제기술의무교육에서는 ①무료로 교육을 실시하고 4년제 인민학교 과정과 5년제 중학교 과정을 실시했다. ②전반적 9년제기술의무교육의 실시를 위해 인민교육 체계의 일부를 수정했다. ③인민경제 각 부분에서 요구하는 기능공들을 양성하기 위해 중학교 졸업생들 중에서 학생들을 선발하고 교육하는 기능학교를 새롭게 설립했다.[15] 무엇보다 전반적 9년제기술의무교육에서는 간부양성을 강화하고 노동과 교육을 결합한 학교 교육을 강조했다.

1971년 12월 27일 사회주의 교육학의 원리[16]를 구현해 나갈 것을 요구

---

15 『사회주의 과학이론』(평양 : 사회과학출판사, 1975), p. 56.
16 사회주의 교육학의 기본원리는 청소년들을 공산주의적으로 교육 교양함으로써 혁명화, 노동계급화하는 것이다. 즉 사회주의 제도의 우월성을 무엇보다 남조선 사회에 비해 공화국 북반부 사회주의 제도의 우월성을 잘 알려주고 노동에 대한 공산주의적 태도를 가지고 국가와 사회의 공동재산을 아끼고 사랑하며 집단주의적 생활양식대로 일하고 생활하도록 교육 교양하는 것이다.

하면서 1972년부터 전반적 11년제의무교육제도를 실시했다. 모든 학교들은 당의 유일사상체계를 세우기 위한 교양 사업을 강화하고 학생들이 수령에게 충성하고 높이 우러러 모셔야 하며 수령의 권위를 절대화하고 수령의 혁명 사상을 신념으로 삼고 어버이 수령님의 교시를 신조화 했다. 북한은 주체형의 공산주의 교육강령 『사회주의 교육에 관한 테제』[17]를 발표하고 11년제 의무교육을 완전히 실시함으로 모든 새 세대들이 국가의 혜택을 받으며 공부하고 교육 교양 사업을 강화해 나감으로써 공산주의 혁명가로 키우도록 했다.

2012년 4월 김정은 위원장의 담화문, 2012년 9월 전반적 12년제의무교육에 관한 최고인민회의 법령, 2014년 전국교육 일꾼대화 담화문 등이 발표 됐고 2012년 전반적 12년제의무교육을 발표했다. 2013년 단계적으로 실시했으며 2014년에는 전국가적으로 실시했다. 또한 2016년 개정된 "조선민주주의인민공화국 사회주의 헌법" 제45조에서는 현대과학기술 발전추세와 사회주의 건설의 현실적 요구에 맞게 높은 수준으로 교육을 발전시킬 것을 명시했다.

북한의 전반적 12년제의무교육에서는 청년들을 어떻게 준비시키는가에 따라 당과 혁명의 존망과 조국과 민족의 흥망성쇠가 좌우되기 때문에 청소년들을 잘 키우는 것이 그 무엇보다 중요하다고 강조했다. 북한은 뛰어난 소질과 재능을 가지고 있는 학생들을 찾아내 체계적으로 키우고

---

17) 김일성, 『사회주의 교육에 관한 테제』를 발표함에 대하여 : 조선로동당중앙위원회 제5기 제14차 전원회의에서 한 연설, 『김일성저작집』 제32권 (평양 : 조선로동당출판사, 1986), p. 231.

관심을 가진다. 음악과 미술, 체육 등 뛰어난 재능을 가진 학생들을 체계적으로 교육하고 자연과학에 뛰어난 학생들은 평양제1중학교를 비롯한 각지의 제1중 학교들에서 교육한다.[18] 전반적 12년제의무교육을 실시할 데 대한 문제를 비롯해 중요한 인민적 교육 시책들을 구체적으로 적시했으며 북한의 의무교육체제의 변화과정은 〈표-1〉과 같다.

〈표 1〉 북한의 의무교육체제 변화과정

연령	1964년	1953년	1956년	1958년	1967년	1972년	2012년
18	고급중학교(3)						
17							고급중학교(3)
16		고급중학교(3)	고급중학교(3)	고등기술학교(2)			
15	초급중학교(3)						
14							초급중학교(3)
13					9년기술의무교육	11년의무교육	12년제의무교육
12		초급중학교(3)	초급중학교(3)	7년의무교육 중학교(3)	고등중학교(5)	고등중학교(6)	
11	인민학교(5)						
10							소학교(5)
9		인민학교(4)	의무교육 인민학교(4)	인민학교(4)	인민학교(4)	인민학교(4)	
8							
7	유치원(3)						
6		유치원	유치원	유치원	유치원	높은반	높은반
5						낮은반	낮은반

북한의 교육정책 기본원칙은 크게 4가지로 구분된다. ①당성과 노동계급성의 원칙이다. ②주체 확립의 원칙이다. ③교육과 혁명 실천과의 결합원칙이다. ④교육에 대한 국가 책임제 원칙이다. 북한은 1960년대

---

18 평양시 보통강구역 신원동에 자리 잡고 있는 평양제1중학교는 지능이 높은 전국의 어린이들을 입학 시켜 유능한 과학기술 인재들을 교육하는 기관이다.

에 마르크스-레닌주의 교육이론과 1970년대 초부터 우리의 사회주의 교육학이라는 용어를 사용했다.[19] 북한의 사회주의 교육제도는 새 사회를 건설하기 위한 투쟁에서 우리 인민이 이룩한 고귀한 진취물이며 더욱 공고히 하고 끊임없이 발전시켜 나갈 것을 강조한다.

사회주의 교육학의 기본원리구현 원칙으로는 건전한 사상 의식과 깊은 과학기술지식, 튼튼한 체력을 가진 믿음직한 인재를 키우는 사회주의 교육학의 기본원리이다. 교육과 실천을 결합한 쓸모있는 지식과 실천 능력을 겸비한 인재를 키우기 위한 요구이며 국가는 교육 사업을 발전하는 현실의 요구와 인민의 이익에 맞게 하고 교육을 실천 활동과 밀접히 결합하고 있다.

2) 북한 교육체계와 교육기관

북한의 고등교육기관에는 학업을 전문으로 하는 고등교육체계의 대학과 일하면서 배우는 고등교육체계의 공장대학과 농장대학, 어장대학이 속한다. 내각과 고등교육지도 기관과 해당 기관은 현실발전의 요구에 맞게 지역에 필요한 인재들을 질적으로 키우고 고등교육기관을 합리적으로 운영할 것을 요구한다. 대학은 기술자와 전문가에 대한 국가적·사회적 수요를 고려해 종합대학과 부문별 혹은 지역별 종합대학, 부문별

---

[19] 1972년 『조선민주주의 사회주의 헌법』제 39조는 사회주의 원리를 구현하여 후대들을 사회와 인민을 위해 투쟁하는 견결한 혁명가로 지·덕·체를 갖춘 공산주의적 새 인간으로 키운다고 규정했다. 1976년 4월 29일 『어린이보육교양법』을 제정하고 1977년 9월 5일 『사회주의 교육에 관한 테제』를 발표했다.

대학, 직업기술대학 등을 적절히 배치하는 것을 원칙으로 한다. 대학을 설립하거나 없애는 부분은 내각이 결정한다. 교육과 과학을 비롯해 한 등급 높은 유능한 인재를 키우기 위해 대학 혹은 과학연구 기관에 박사원을 설립할 수 있다.

박사원을 설립하거나 없애는 부분은 중앙교육지도 기관을 통해 내각의 승인을 받아야 하며 세계적인 수준의 학자 양성을 위한 조건과 환경을 보장해 대학과 과학연구원을 설립할 수 있도록 고등교육법에 명시되어 있으며[20] 고등교육기관의 명칭은 최고인민회의 상임위원회가 정하고 있다. 북한의 교육기관은 교육 사업의 거점이고 교육일꾼은 교육 사업의 담당자로 규정한다. 교육지도 기관과 해당 기관은 교육의 목적에 맞게 교육기관을 내오고 교육을 원만히 보장할 수 있는 교육일꾼 대열을 꾸려 나가는 것이며, 남북한 교육체계 비교는 〈표 2〉와 같다.

북한의 교육기관은 학교교육 기관과 사회교육 기관으로 나눈다. 학교교육기관은 소학교, 초급중학교, 고급중학교 대학과 박사원, 과학연구원이다. 사회교육 기관은 과학기술전당과 학습당, 도서관, 학생소년궁전[21]

---

20 『조선민주주의인민공화국 고등교육법』, 제3장, 제16조-20조 (북한법령집, 2020), p. 516.

21 1989년 5월 창립된 만경대학생소년궁전은 학생소년들을 위한 종합적인 과외교양기지이다. 평양시 만경대구역에 자리잡고 있는 궁전은 두팔 벌려 아이들을 안아주는 어머니 품을 형상하고 있다. 8층으로 되어 있는 궁전에는 과학기술 소조실, 음악예술 소조실을 비롯한 각종 소조실과 활동실, 체육관, 수영관 및 극장들이 있다. 수백 종에 수천 점의 교육 설비들과 악기들, 수많은 동물 표본들이 있다. 궁전에는 하루 500여 명의 학생들이 수업을 끝나고 이곳으로 와 자기의 희망과 요구에 따라 기술을 배우고 과학실험실습과 실기훈련을 통해 배운 지식을 공고히 하고 있다. 소조생들을 교육하는 수백 명의 교직원들은 공훈체육인, 인민배우, 학위 학직을 받은 교원들로 구성됐다.

과 회관, 소년단야영소,[22] 체육과 등이다. 북한의 교육기관은 교육 사업의 거점이고 교육일꾼은 교육 사업의 담당자이다. 교육 지도 기관과 해당 기관은 교육의 목적에 맞게 여러 가지 교육기관을 내오고 교육 사업을 원만히 보장하도록 교원들을 교육한다.

〈표 2〉 남북한 교육체계

북한[23]			남한		
구분	연령	기간	구분	연령	기간
유치원	4세-5세	2년	유치원	6세 이하	---
소학교	6세-10세	5년	초등학교	6세-11세	6년
초급중학교	11세-13세	3년	중학교	12세-14세	3년
고급중학교	14세-16세	3년	고등중학교	15세-17세	3년
전문대학	17세-20세	2년-3년	전문대학	18세-20세	2년-3년
대학교	17세-22세	3년-6년	단과대학	18세-21세	4년
			대학	18세-23세	4년-6년
연구원(준박사)	20세-25세	3년-3.5년	대학원(석사과정)	22세-23세	2년
박사원(박사과정)	24세-26세	2년-3년	대학원(박사과정)	24세-26세	2년-3년
예술학원	6세-16세	11년	예술 고등학교	15세-17세	3년
외국어학원	11세-16세	6년	외국어 고등학교	15세-17세	3년
혁명학원	8세-16세	9년	체육 고등학교	15세-17세	3년

---

22 북한은 경치좋은 명승지마다 소년단야영소들을 설치했다. 만경대와 장자산, 석암과 송도원, 묘향산과 포평을 비롯해 전국 각지의 유서 깊고 경치 좋은 곳에 수십 개의 소년단야영소가 있다. 소년단야영소들 중에는 중앙소년단야영소와 도(직할시) 소년단야영소, 국제소년단야영소가 있다. 중앙소년단야영소는 전국의 학생 소년들을 대상으로 하고 도(직할시) 소년단야영소는 해당 지역의 학생 소년들을 대상으로 한다. 국제소년단야영소에서는 세계 여러 나라의 소년들이 야영 생활을 한다. 소년단야영소들에는 야영생들의 야영 생활에 필요한 조건들이 다 갖추어져 있으며 야영생들을 지도하는 전문일꾼들이 있다.

23 출처 : (북)관계기관, (남)교육부「https://kesskedirekr 교육통계서비스」, 검색일, 2022년 7월 31일. 1951년 3월 6년-3년-3년제의 기간학제를 확립됐으며 부분적 수정 후 현재 교육체계로 개편되었다. 2019년부터는 단과대학과 종합대학이 대학교로 통합되었다. 통계청,『북한의 주요통계지표』, (한국통계진흥원, 2021), p. 59.

북한의 보통교육 기관의 설립과 운영을 바르게 하는 것은 중등일반의무교육을 보장하는데 나서는 선결 조건이다.[24] 중앙교육지도 기관은 보통교육 기관의 설립과 운영기준을 바로 정하고 엄격히 지키도록 강조한다. 보통교육 기관은 학업 내용과 그 특성에 따라 ①1년제 학교 전 교육을 위한 유치원, ②5년제 초등교육을 위한 소학교 ③3년제 낮은 단계의 중등교육을 위한 초급중학교 ④3년제 높은 단계의 중등교육을 위한 고급중학교 ⑤장애자[25]교육을 위한 맹, 롱아학교 ⑥특정한 대상의 교육을 위한 학원 ⑦수재형 학생들을 위한 제1중학교로 구분된다.

지방인민위원회와 해당 기관은 도시 및 마을 건설 계획과 학생 수, 통학 조건 등을 고려해 보통교육 부문의 학교를 합리적으로 배치하고 있다. 학교 건설은 지방인민위원회와 해당 기관이 맡아 우선으로 진행하고 이 같은 경우 교사와 실험실, 실습기지와 운동장, 수영장 같은 교육시설을 갖추도록 한다. 소학교와 초급중학교, 고급중학교의 명칭은 중앙교육지도기관의 합의를 받아 해당 지방인민위원회가 정하고 맹, 롱아학교와 학원의 명칭은 중앙교육지도 기관이 정하며,[26] 남북한의 교육기관 수는 〈표 1-3〉과 같다.

---

24 『조선민주주의인민공화국 보통교육법』, 제3장, 제18조-20조 (북한법령집, 2020), p. 584.
25 북한은 장애인을 장애자로 부른다.
26 『조선민주주의인민공화국 보통교육법』, 제3장, 제21조 (북한법령집, 2020), p. 585.

<표 3> 남북한 교육기관 수

연도	북한[27]							남한			
	소학교	초급중학교	고급중학교	단과대학	종합대학	대학	혁명학원	초등학교	중학교	고등학교	대학
2002	4,886	4,772	---	300	---	---	---	5,384	2,809	1,995	1,278
2003	4,948	4,825	---	301	---	---	---	5,463	2,850	2,031	1,348
2004	4,946	4,823	---	772	---	---	---	5,541	2,888	2,080	1,370
2005	4,950	4,827	---	772	---	---	---	5,646	2,935	2,095	1,393
2006	4,800	4,827	---	772	---	---	---	5,733	2,999	2,144	1,389
2007	4,800	4,600	---	480	---	---	---	5,756	3,032	2,159	1,376
2008	4,800	4,600	---	480	---	---	---	5,813	3,077	2,190	1,386
2009	4,800	4,600	---	480	---	---	---	5,829	3,106	2,225	1,448
2010	4,800	4,600	---	480	---	---	---	5,854	3,130	2,253	1,472
2011	4,800	4,600	---	480	---	---	---	5,882	3,153	2,282	1,507
2012	4,800	4,600	---	480	---	---	---	5,895	3,162	2,303	1,518
2013	4,800	4,600	---	480	---	---	---	5,913	3,173	2,322	1,538
2014	4,800	4,600	---	490	---	---	---	5,934	3,186	2,326	1,547
2015	4,800	4,600	---	490	---	---	---	5,978	3,204	2,344	1,534
2016	4,800	4,600	---	490	---	---	---	6,001	3,209	2,353	1,532
2017	4,800	2,300	2,300	160	330	---	3	6,040	3,213	2,360	1,536
2018	4,800	2,300	2,300	160	330	---	3	6,064	3,214	2,358	1,536
2019	4,800	2,300	2,300	---	---	490	3	6,087	3,214	2,356	1,521
2020	4,800	2,300	2,300	---	---	490	3	6,120	3,223	2,367	1,506

---

27 출처: (북)관계기관, (남)교육부 「https://kesskedirekr 교육통계서비스」, 검색일, 2022년 7월 31일. 교육기관 수 통계에서 남한의 경우 분교 및 특수학교와 각종 학교는 제외했으며 북한의 소학교에서는 분교학교가 포함된 숫자이다. 북한의 초급중학교의 경우 2017년부터 초급중학교와 고급중학교로 분리되어 통계 되었으며, 단과대학의 경우 2000년 이전의 자료로 4년제 대학, 2003년부터 전문대학 및 농업대학, 공장대학, 어장대학이 포함됐다. 또한 2017년부터는 단과대학에서 종합대학으로 분리됐다. 남한의 대학은 전문대학, 교육대학, 대학교 및 대학원이 포함되고 방송통신대학과 산업대학은 포함되지 않았다. 통계청, 「북한의 주요통계지표」, (한국통계진흥원, 2021), p. 60.

북한은 학교 명칭을 변경하고자 할 경우 중앙교육지도 기관 혹은 해당 지방인민위원회의 승인을 받아야 한다. 소학교 및 초급중학교, 고급중학교는 각각 운영하는 것을 원칙으로 하며 지방인민위원회와 해당 기관은 학생 수와 통학 거리를 고려해 소학교와 초급중학교, 고급중학교를 함께 운영하거나 분교를 설립해 운영하고 있다. 이 같은 경우 중앙교육지도 기관의 승인을 받아야 하며 중앙교육지도 기관과 해당 지방인민위원회는 중앙과 도에 제1중학교를 내오고 뛰어난 재능을 가진 학생들을 대상으로 수재 교육을 한다. 제1중학교의 학생선발 기준은 실력 본위의 원칙에서 중앙교육지도 기관이 정하고 지방인민위원회와 해당 기관은 제1중학교 학생들의 기숙 조건을 원만히 보장하도록 강조한다. 북한의 교육행정 체계는 〈그림 1〉와 같다.

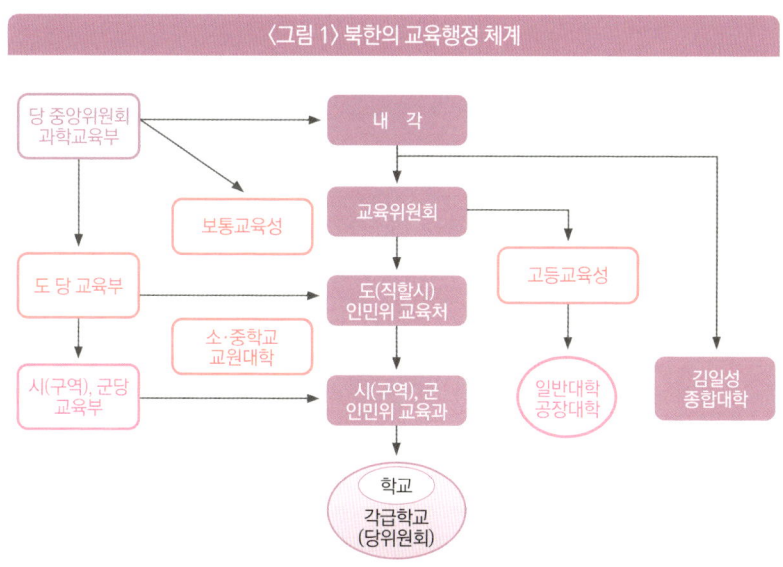

〈그림 1〉 북한의 교육행정 체계

중앙교육지도 기관과 해당 기관은 특정한 대상들에 대한 교육을 위해 필요한 지역에 학원을 설립하고 학원 학생들의 학습과 생활에 대한 조건을 우선으로 보장하도록 하고 있다. 맹, 롱아학교는 중앙교육지도 기관이 정하는데 따라 필요한 지역에 설립하고 학생들에 대한 학습조건을 비롯한 모든 것을 국가가 책임을 지도록[28] 정하고 있지만 현실적으로 운영에 많은 어려움을 겪고 있다.

북한의 어린이 교육기관은 어린이들을 정신적으로 건전하고 육체적으로 건강하고 지능이 발달되고 문화적 소양이 높은 미래의 역군으로 키우는 기관으로 정의하고 있다. 어린이 보육 기관에는 탁아소, 유치원, 육아원, 애육원이 속한다. 탁아소는 국가가 무상으로 교육하는 보육교양 기관으로 유치원에 가기 전까지의 어린이들이 학교에 입학해 공부할 수 있는 수준의 교육을 해주는 교육기관의 하나이다. 육아원과 애육원은 부모의 보살핌을 받을 수 없는 어린이들을 국가가 맡아 키우고 교육하는 보육교양 기관이다.

어린이 보육교양에 대한 지도는 내각의 통일적인 지도밑에 중앙교육지도 기관과 중앙보건지도 기관 및 지방정권 기관이 한다. 중앙교육지도 기관과 중앙보건 지도 기관, 지방정권 기관은 어린이 보육교양에 대한 지도 체계를 바로 세우고 정상적으로 장악하고 다음과 같이 지도 한다. ①어린이보육 강령과 탁아소, 유치원 사업 교범을 만들며 보육교양의

---

28 『조선민주주의인민공화국 보통교육법』, 제3장, 제25조 (북한법령집, 2020), p. 585.

내용과 방법을 끊임없이 개선하고 완성한다. ②어린이들의 건강을 보호 증진시키기 위한 사업을 한다. ③보육원, 교양원의 양성과 그들의 정치 실무 수준을 높여주기 위한 사업을 한다. ④어린이 보육교양과 관련한 기술 방법적인 지도를 한다.

지방정권 기관은 관할 지역의 탁아소와 유치원을 다음과 같이 조직 지도한다. ①탁아소와 유치원에서 어린이 보육교양 강령을 정확히 집행하고 해당 규범의 요구대로 사업을 한다. ②탁아소, 유치원의 어린이들에게 의료봉사를 주기 위한 사업을 한다. ③탁아소, 유치원을 건설하고 보육교양 시설비를 갖추고 식료품을 비롯한 물질적 조건을 보장하기 위한 사업을 한다. 북한은 항일유격대식 사업 방법의 요구대로 일꾼들이 아래에 정상적으로 내려가 실정을 요해[29]하고 도와주고 정치사업을 앞세워 이신작칙[30]의 모범으로 걸린 문제를 풀어나갈 것을 강조한다.[31]

탁아소와 유치원은 어린이보육교양 강령을 정확히 집행하고 사업을 정규화, 규범화하며 어린이 관리 책임제를 강화하고 있다. 북한은 보육교양 일꾼양성 기관을 튼튼히 꾸리고 보육원과 교양원을 수요에 맞게 질적으로 양성하고 배치하도록 하고 있으며 김정은 시대에 들어서면서 교원들이 교육을 강화하고 있다.

---

29 깨달아 알애냄. 북한은 파악하다 혹은 알수 있다 등의 의미로 사용된다.
30 자기가 남보다 먼저 실천하여 모범을 보인다. 북한은 노동당 일꾼들이 모든 부분에서 솔선모범을 보이기를 요구한다.
31 『조선민주주의인민공화국 어린이보육교양법』, 제6장, 제50조 (북한법령집, 2020), p. 598.

3) 교원의 자격 및 자질향상

북한의 교원은 국가의 교육정책, 전공 부문의 과학기술, 교육 이론과 방법에 정통하고 고상한 정신 도덕적 풍모를 지녀야 한다. 교원법에서는 교원대열을 전망성 있게 꾸리고 그들의 역할을 높여 나라의 교육 발전과 전민과학기술인재화를 실현하도록 규정했다.[32] 이 법에서는 교원은 여러 형태의 각급 학교와 사회교육 기관에서 전문적으로 교수교양을 맡아서 진행하는 일꾼이다. 교원은 학교 교원과 사회교육 기관의 교원으로 구분된다. 학교 교원은 학교 전 교육을 위한 유치원(애육원) 교양원과 소학교 및 초급중학교, 고급중학교(각급 제1중학교 포함), 학원과 대학, 각급 양성기관, 재교육 기관, 청소년 체육학교, 기능공학교와 장애자 교육을 위한 맹, 롱아학교 교원들이 속한다.

사회교육 기관 교원에는 과학기술 전당과 인민대학습당, 학생소년궁전,[33] 학생 소년회관, 소년단야영소 같은 청소년 과외 교양 시설에서 교육 사업을 하는 교원들이다. 교원의 대열을 튼튼히 꾸리는 것이 교육 사업의 성과를 위한 선결 조건이며 국가는 교원 양성체계를 정연하게 세우고 교원대열을 건전한 사상과 풍부한 지식, 높은 교육자적 자질과 고상한 풍모를 지닌 인재로 구성해 교원 후비를 계획적으로 키워나갈 것을 강조한다. 교육 발전은 교원의 수준과 역할에 달려 있으며 국가는 교원들 속에서 자질

---

32 『조선민주주의인민공화국 교원법』, 제1장, 제1조 (북한법령집, 2020), p. 524.
33 북한의 만경대학생소년 궁전은 평양시 만경대구역 팔골동에 있는 방과 후 학생교육시설로 예술분야와 체육분야, 과학분야의 영재들을 교육한다.

향상 계획을 올바로 세우고 자질향상 사업을 꾸준히 진행해 나가며 교원을 존중하고 우대하는 것이 전통적인 미풍으로 여긴다.[34]

북한은 전 국가적, 전 사회적으로 교원을 존경하고 우대하고 그들의 사업과 생활 조건을 적극 보장하고 기풍을 세우며 교원과 교육기관, 교육지도 기관과 각급 인민위원회와 해당 기관에 적용한다. 교원은 교수교양을 직접 담당하는 사람으로서 해당 학력을 가지고 교원 자격심의에 응시하고 합격한 학생에게 교원 자격을 주도록 한다. 교원 자격심의에 응시할 수 있는 대상은 다음과 같다. ① 보통교육 부문 교원으로 교원대학, 사범대학을 졸업했거나 다른 대학을 졸업하고 사범대학을 받은 대상, ② 고등교육 부문 교원으로 대학 박사원 혹은 대학 본과를 졸업하고 사범교육을 받은 대상, ③ 기능공학교, 사회 교육기관 교원으로 대학을 졸업하고 해당 분야의 경력과 높은 기능을 소유한 대상이다.

교원의 자격심의는 중앙교육지도 기관과 해당 기관에 비상설로 조직된 교원 자격심의 위원회가 한다. 교원 자격심의 위원회는 교육정책과 해당 분야의 과학지식, 교육 실무적 자질의 소유 정도와 정신 도덕적 풍모를 종합해 교원의 자격을 심의 평가하고 있다. 보통교육 부문의 교원은 사범대학과 교육대학에서 양성하는 것을 기본으로 하며 다른 대학의 우수한 졸업생에게도 일정 기간 사범교육을 주어 보통교육 부문의 교원을 인정한다. 고등교육 부문의 교원은 대학 본과 교육 혹은 박사원 교육을 마친

---

[34] 『조선민주주의인민공화국 교원법』, 제1장, 제5조 (북한법령집, 2020), p. 524.

졸업생 중에서 우수한 사람을 선발해 일정 기간 사범교육을 집중적으로 한다. 기능학교 교원은 대학 본과를 졸업하고 현장경험을 가진 대상들로 선발해 사범교육을 통해 양성하고 있다. 무자격 교원은 정해진 기간에 해당한 학력을 갖추고 교원 자격심의를 받아야 한다.[35]

교원양성 지표와 사범교육 부문 학생모집 규모는 중앙교육지도 기관과 해당 기관이 정하며 교육 발전 전망과 교원수요를 정확히 타산해 교원양성 지표와 사범교육 부문 학생모집을 정한다. 교육지도 기관과 해당 기관은 사상적으로 건전하고 이론적으로 잘 준비된 학생들을 대상으로 사범대학과 교원대학의 교원으로 선발한다. 각급 인민위원회는 우수한 대상들로 사범대학과 교원대학 학생모집을 먼저하고 있으며 사범교육을 받은 학생들이 교원으로서 높은 교육 실무적 자질을 소유할 수 있도록 교육강령을 과학적으로 작성하고 잘 집행되도록 한다. 사범대학과 교원대학의 졸업생과 사범교육을 받은 다른 대학의 졸업생은 교육기관에 배정한다.

교원의 자질은 교육의 질을 규정하는 기본 요인이며 교육기관은 교원들의 자질향상 체계를 세우고 자질을 끊임없이 높여나가도록 한다. 교원은 교수준비를 위한 문헌 연구와 현실 요해 및 교육내용과 방법의 개선 같은 교수의 과학 이론적, 방법론적 수준을 높이기 위한 사업을 통해 자질을 부단히 높여나가도록 한다. 교원은 과학연구사업과 학술교류 사업에 참여해 교수의 과학 이론적 수준을 높이고 나라의 과학기술 발전에 이바지

---

35 「조선민주주의인민공화국 교원법」, 제2장, 제13조 (북한법령집, 2020), p. 526.

하도록 자질을 높여나가야 한다.[36]

　교원은 과학연구사업, 학술교류사업을 비롯한 교수의 과학 이론적 수준을 높이고 나라의 과학기술 발전에 이바지하는 사업을 통해 자질을 높여나가도록 한다. 무엇보다 정해진 기간에 재교육 및 현장 파견 사업에 의무적으로 참여하고 중요 대학들과 중앙, 도(직할시), 시(구역), 군에 재교육 기지를 만들고 파견 대상자들을 합리적으로 정하고 교원들의 재교육과 현장 파견 사업을 정규화한다. 중앙교육지도 기관과 해당 기관은 교원들의 다른 나라 파견을 합리적으로 조직하고 세계적인 과학과 교육 발전 추세를 폭넓고 깊이 있게 연구해 자질을 높여나가도록 한다.

　교육기관은 박사원과 강습소, 전문양성 기관을 통해 교원의 자질을 높이고 교수잠관, 교수강연, 실험기구, 교편물 전시회, 방식상학, 교수교양 경험발표회, 교육과학 토론회, 참관과 같은 것을 꾸준히 조직하고 우수한 교수교양 방법과 경험을 일반화하고 교원의 자질을 높인다. 교원은 정해진 기준에 따라 교원 자격 급수를 정상적으로 사정받아야 하며 교원 자격 급수는 고등교육 부문 교원 자격 급수와 보통교육 부문 교원 자격 급수, 기능공학교 교원 자격 급수로 구분해 각 1급-5급으로 정한다. 교원 자격의 급수 상승 주기는 3년으로 한다. 하지만 특출한 공로가 있을 때에는 기한 전, 급수를 사정할 수 있다. 교육지도 기관과 해당 기관은 정해진 주기에 맞게 교원 자격 급수 사정 사업을 조직한다.

---

36 『조선민주주의인민공화국 교원법』, 제4장, 제34조 (북한법령집, 2020), p. 528.

2. 교육강령 집행과 원격교육

키 - 포인트 key point

북한의 교육강령은 교육의 목적과 내용, 방도를 규정한 국가의 법적 문건이다. 북한의 교육과정 집행 과정과 원격교육의 의미와 기능을 이해한다.

☑ **교육강령 집행은 교육기관의 법적 의무**
- 북한의 교육 사업은 교육강령에 따라 집행
- 교육강령을 작성하거나 수정할 경우 중앙 교육지도 기관과 해당 중앙 기관의 심의 혹은 승인을 받아야 함
- 주체사상으로 무장하고 풍부한 지식과 창조적 능력, 고상한 도덕 풍모와 건강한 체력 등 다방면적으로 발전된 인재들을 키울 수 있도록 작성 해야 함

☑ **전민과학기술 인재화의 정책에 맞춘 원격교육의 급속한 확산**
- 1970년대 라디오 및 TV를 통해 방송 교육, 2000년대 들어서 컴퓨터와 네트워크 기반으로 이러닝(e-learning)을 활용한 교육, 2015년 중앙과 도·시·군을 연결하는 '정보고속도로'를 완성
- 교육시스템 구축과 켄텐츠 제공 및 총괄은 김일성종합대학과 김책공업 종합대학이 수행함
- 지식경제 시대에 적합한 교육방식으로 의미를 지니며, 평생교육과 사회교육, 직업재교육 및 정책 수단으로 활용

    북한의 교육강령 집행법은 교육강령의 작성과 집행에서 규율과 질서를 엄격히 하고 교육 사업을 정규화, 규범화하고 교육의 질을 높이는데 목적을 둔다. 교육강령은 교육의 목적과 내용, 방도를 규정한 국가의 법적 문건이다. 교육강령에는 교육 과정안과 교수 요강이 속한다. 교육강령은 사회주의 교육학의 기본원리를 구현해 학생들을 주체사상으로 무장하고 풍부한 지식과 창조적 능력, 고상한 도덕풍모와 건장한 체력을 다방면적

으로 발전된 인재들로 키우는데 도움이 되도록 작성한다. 교육강령 집행은 교육기관의 법적 의무이다. 국가는 교육강령 집행 규율을 세우고 교육사업을 교육강령에 따라 집행하도록 한다. 이 법은 교육기관 및 교육에 관련된 기관과 기업소, 단체들에 적용한다.

보통교육 기관의 교육강령은 중앙교육지도 기관이, 고등교육기관(직업기술학교 포함)의 교육강령은 해당 교육기관이 작성한다. 교육기관은 정치 사상교육과 과학기술 교육을 강화하는 원칙에서 교육과정(안)을 현실성 있게 작성하고 적용한다. 교육과정(안)에는 교육의 목적과 학년별 교육 진행 과정, 학과목의 구성과 교수형태, 시간 수, 학기, 총화형식 등이 반영된다. 교수 요강은 교육과정(안)에 기초해 교육내용을 실용화, 종합화, 현대화하는 방향에서 과학적으로 작성해야 한다. 교수 요강에는 학과목의 총 시간 수와 적용할 학과, 학년, 학기, 교수 목적, 학과목의 구성체계와 중심 내용, 교수형태와 총화 방법 등이 반영된다.
교육강령을 새로 작성했거나 수정할 경우 중앙교육지도 기관과 해당 중앙기관의 심의 혹은 승인을 받아야 한다.[37]

교육강령의 심의를 위해 중앙교육지도 기관과 해당 중앙기관에 비상

---

[37] 하지만 고등교육 기관은 교수 요강에 대한 심의와 승인은 해당 교육기관에서 자체로 한다. 교육 강령 신청을 받은 중앙교육지도 기관이나 해당 중앙기관은 교육강령을 엄격히 심의하고 통보된 교육강령을 바르게 승인해 교육기관에 전달해야 한다. 학년도 교수 집행계획은 학년도 과정(안)에 규정된 모든 학과목들을 해당 학기에 교수형태로 정확히 집행할 수 있게 작성한다.

설로 교육강령 심의위원회를 둔다. 교육강령 심의위원회는 해당 기관의 책임일꾼과 자격을 갖춘 필요한 성원들로 구성한다. 교육강령의 집행은 교육기관이 하며 교육강령 집행은 학년과 과정(안) 집행계획, 학년도 교수 집행계획, 학년도 교원 교수 계획으로 나눈다. 학년도 과정(안) 집행계획은 과정(안)에 기초해 모든 교육학적 과정을 정확히 거치도록 작성한다. 학년도 교육 교수 계획은 학년도 교수 집행 계획과 교수 분담에 기초한 교원 별 1개-2개의 학과목을 맡는 것을 원칙으로 학과목과 교수 단위, 교수형태를 반영해 작성된다.[38]

교수진도표는 학과목 담당 교원이 교수 집행계획에 기초해 작성하고 교수시간 단위로 교수형태와 교수의 기본내용을 밝힌다. 교육기관은 교육강령 집행계획에 따라 일별, 주별, 월별, 학기별, 학년별로 교육강령을 정해진 기간에 의무적으로 집행해야 한다. 부득이한 사정으로 교육강령을 정해진 기간에 집행할 수 없을 경우 중앙교육지도 기관 혹은 중앙 기관의 승인을 받아 교육강령 집행 기간을 변경해 집행한다. 교수 단위는 학과목의 특성에 맞게 학급이나 선택반·합반 단위로 정한다.[39] 교수는 교육기관에서 하며 교수형태에 따라 기관, 기업소, 단체 혹은 필요한 장소에서 할 수 있다.

---

38 수업시간표는 교수 집행계획에 기초해 학과목별 교수 진행 요일과 교수형태, 교수시간, 교수 장소, 교수자를 밝혀 학기별로 작성한다. 수업시간표는 주당 교수 시간은 과정(안)에 반영된 시간을 초과할 수 없다.
39 필요에 있어서는 개별적 학생을 대상으로 개별 교수를 할 수 있다. 교수 시간 단위는 고등교육기관과 보통교육 기관에 따라 정하게 되며 교수형태와 실정에 맞게 교수 시간 단위를 합리적으로 정한다.

교수의 기본형태는 강의와 연습, 학과토론, 실험, 실기, 실습, 학과 논문, 학과설계 같은 것으로 한다.[40]

교육기관은 일별, 주별로 과외 자체 학습 시간을 교육강령대로 정확히 보장하고 그에 대한 조직과 지도를 한다. 교육기관은 교육강령에 따라 답사와 견학을 비롯한 해당 기관과 맞물려 계획적으로 조직해야 한다.

또한 교육기관은 교육강령에 따라 생산노동을 조직하고 학생들의 학과 실력을 공정하고 정확하게 평가하는 원칙에서 시험을 조직한다. 그리고 방학을 계획적으로 진행하며 다음과 같은 행위는 할 수 없다. ① 수업시간표에 예견된 일별 교수 시간 수와 주별 교수 일수를 어기는 행위, ② 과외 자체 학습 시간에 교육강령 집행과 인연이 없는 다른 교육을 하는 행위, ③ 교육강령에 반영되지 않았거나 국가적으로 승인되지 않은 생산노동을 조직하는 행위, ④ 교육강령 집행 시간에 교육, 학생을 교육강령에 반영되지 않은 다른 사업에 동원을 시키는 행위는 금지사항으로 규정하고 있다.[41]

---

40 교수의 담당자는 교원이다. 필요한 경우 다른 부문에서 과학자, 기술자, 전문가도 교육을 할 수 있다. 교원은 정해진 교수 시간을 정확히 준수해야 하며 교수시간에는 교육강령에 반영되지 않은 사업을 할 수 있다. 교원은 교수를 교수진도표와 교수안에 기초해 해야 하며 교수안에 반영되지 않은 것을 교육할 수 없다.
41 『조선민주주의인민공화국 교육강령법』, 제3장, 제33조 (북한법령집, 2020), p. 535. 교육기관은 교무 행정 사업을 강화하고 교육강령이 정확히 집행되도록 정상적으로 장악 통제한다. 교육기관은 교육강령집행 정형에 대한 엄격한 총화와 월, 학기, 학년 총화로 나누어 진행한다.

〈표 4〉 남북한 학생 수

연도	북한42							남한			
	소학교	초급 중학교	고급 중학교	단과 대학	종합 대학	대학	혁명 학원	초등 학교	중학교	고등 학교	대학
1965	1,152	717	---	156	---	---	---	4,941	751	427	139
1970	1,528	1,682	---	71	---	---	---	5,749	1,319	590	199
1975	1,715	2,322	---	92	---	---	---	5,599	2,027	1,123	294
1980	1,748	2,438	---	256	---	---	---	5,658	2,472	1,697	611
1985	1,900	2,600	---	280	---	---	---	4,857	2,782	2,153	1,260
1990	1,908	3.016	---	314	---	---	---	4,869	2,276	2,284	1,467
2000	1,631	2,278	---	310	---	---	---	4,020	1,861	2,071	2,829
2001	1,591	2,324	---	310	---	---	---	4,089	1,831	1,911	2,947
2002	1,591	2,381	---	310	---	---	---	4,138	1,841	1,796	3,021
2003	1,655	2,252	---	530	---	---	---	4,176	1,855	1,767	3,030
2004	1,420	2,439	---	530	---	---	---	4,116	1,934	1,747	3,034
2005	1,376	2,397	---	530	---	---	---	4,023	2,011	1,763	3,020
2006	1,374	2,394	---	530	---	---	---	3,925	2,075	1,776	3,022
2007	1,500	2,200	---	510	---	---	---	3,830	2,063	1,841	3,037
2008	1,500	2,200	---	510	---	---	---	3,672	2,039	1,907	3,041
2009	1,500	2,200	---	510	---	---	---	3,474	2,007	1,966	3,074
2010	1,500	2,200	---	510	---	---	---	3,299	1,975	1,962	3,314
2011	1,500	2,200	---	510	---	---	---	3,132	1,911	1,944	3,192
2012	1,500	2,200	---	510	---	---	---	2,952	1,849	1,920	3,222
2013	1,500	2,200	---	510	---	---	---	2,784	1,804	1,893	3,225
2014	1,500	2,200	---	520	---	---	---	2,729	1,718	1,839	3,218
2015	1,500	2,520	---	750	---	---	---	2,715	1,586	1,788	3,183
2016	1,170	1,900	---	750	---	---	---	2,673	1,457	1,752	3,131
2017	1,629	1,020	---	190	330	---	2	2,674	1,381	1,670	3,070
2018	1,613	1,014	---	186	333	---	2	2,711	1,334	1,539	3,027
2019	1,612	1,001	---	---	---	509	2	2,747	1,295	1,411	2,980
2020	1,620	984	---	---	---	494	2	2,694	1,316	1,337	2,939

42 출처 : (북)관계기관, (남)교육부 「https://kesskedirekr 교육통계서비스」, 검색일, 2022년 7월 31일. 통계청,「북한의 주요통계지표」, (한국통계진흥원, 2021), p. 61.

북한 학생의 임무는 다음과 같다. ①정치 사상적으로 튼튼히 무장하고 조직 생활에 성실히 참가해야 한다. ②학습을 첫째가는 임무로 내세우고 정력적으로 학습해 전공 분야의 학과목에 정통하고 한 가지 이상의 외국어를 소유해야 한다. ③과정안에 규정된 모든 형태의 교수와 시험, 실습에 의무적으로 참여해야 한다. ④학생 생활 준칙과 내부질서, 국가의 법과 규정을 자각적으로 지켜야 한다. 대학교육 과정(안)에 따르는 교육학적 과정을 마친 학생에게는 졸업증서를 수여한다. 남북한의 학생 수 비교는 〈표 4〉와 같다.

　북한은 원격교육을 1940년 후반 성인 대상으로 한 우편 교육으로 시작했다. 1970년대 라디오 TV를 통해 방송 교육으로 발전했으며 2000년대 들어서 컴퓨터와 네트워크 기반으로 이러닝(e-learning)을 활용한 교육으로 발전했다.[43] 김정은 시대 전민과학기술인재화의 정책에 맞추어 원격교육은 급속히 확산 됐으며 교육시스템 구축과 컨텐츠 제공을 통해 총괄적으로 진행한 기관은 김일성종합대학과 김책공업종합대학이다. 북한의 원격교육대학에서 이루어지는 고등교육 수준의 원격교육이 5년제-2년제로 구분되어 있다.[44] 원격교육 접속 경로는 과학기술보급실과 생산현장, 가정들이며 공장에 설치된 학습 장소 외 지역에 설치되어 있다.

43　김지수, "북한 원격교육 실태 및 남북 교류 방안", (경지·인문사회연구), 2019
44　'원격교육대학'으로 표기되었지만 2019년 10월 이후 원격교육대학은 모두 원격교육학부로 전환했다.

접속 매체로 휴대폰과 컴퓨터 및 태블릿[45]을 활용할 수 있으며 휴대폰, 전화를 포함해 다양한 매체를 통해 접속이 가능한 것은 최근 북한의 정보통신망이 확충되었기 때문이다. 2000년대 초 북한은 광케이블에 의한 통신망을 통해 전국을 연결했다.[46] 2015년 중앙과 도, 시, 군을 연결하는 '정보고속도로'를 완성했으며[47] 전국을 연결하는 정보통신망 광명의 도, 시 사이로 정보전달 속도는 10Gbps로 지역의 말단구역까지 정보전달 속도는 1Gbps로 개선했다. 지방 지역까지 무선망 활용을 확대하면서 보안체계도 강화했다.[48]

4G 서비스는 이동 중에서는 100Mbps, 정지 중에는 1Gbps를 전송하고 통신기술로 원격교육을 받기에는 충분한 통신망 속도라고 평가된다.[49] 대학의 원격교육은 실시간 대화형 강의와 강의를 녹화하여 제공하는 비실시간 강의 형태를 적절하게 배합하여 진행한다. 비실시간 강의를 원칙으로 하고 있지만 학생들이 직장 사정으로 인해 정해진 시간에 강의를 듣지 못해도 추후 강의를 듣고 보충할 수 있도록 하기 위해 녹화형 강의도 병행한다.[50] 북한의 문헌과 매체에 나타난 원격교육과 관련해서 다음과 같은 의미와 기능을 지닌 것으로 알 수 있다.

---

45 태블릿 PC를 북한에서는 판형콤퓨터라고 부른다.
46 「조선일보」, 2011년 3월 14일.
47 「교육신문」, 2015년 5월 7일.
48 이춘근, "북한의 과학기술· ICT 정책과 추진동향", (KDI북한경제리뷰, 2019), p. 21.
49 이희정 외 "남북한 원격교육 협력방안에 관한 연구: 성인대상 교육을 중심으로", (북한연구학회보, 2019), p. 94.
50 「노동신문」, 2013년 11월 16일.

① 원격교육은 북한의 전민과학기술 인재화 실현의 가장 중요한 수단으로 인식되어 가고 있다는 것이다. ② 원격교육은 지식경제 시대에 적합한 교육방식으로 의미를 지닌다. ③ 원격교육은 성인 직업재교육에 적극적으로 활용되고 있다. ④ 원격교육은 성인과 학생들을 대상으로 하는 평생교육과 사회교육의 수단으로 활용된다. ⑤ 원격교육은 고등교육 확대나 직업재교육과 평생교육 실시라는 기능 외에 지역간, 대학간 교육격차를 감소시킬 수 있는 정책 수단으로 활용됐다. 이처럼 북한의 원격교육의 핵심은 중앙대학에서 개발한 교육자원을 지방소재에 있는 모든 대학에 공유하고 있다. 인터넷을 통해 연결된 정보의 바다 속에서 교원과 학생들이 시공간적 제한이 없이 교육자원에 접속하고 이를 이용하고 공유하는 것은 세계적인 교육자원 이용 추세다.[51]

---

51 장금란, 『교육정보화의 몇가지 리론실천문제』, p. 12.

3. 북한의 MDGs 와 SDGs

키 – 포인트 key point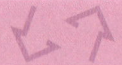

북한은 지속가능발전을 위한 '2030 의제'를 채택했다. 북한의 SDGs 이행 배경과 MDGs 와 SDGs에 대해 이해 할 수 있다.

✓ **2015년 9월 25일 지속가능발전을 위한 '2030 의제' 채택**
- 빈곤과 불평등이 없는 세상, 인류의 건강과 존엄성이 보장되는 세상을 만들어 후대에 물려주는 것이 '2030 의제' 목적
- 북한은 강력한 사회주의 국가건설이며 국가발전 목표에 부합된다고 판단하고 '2030 의제'에 대한 전폭적인 지지 표명
- 국가발전 목표는 강성대국으로서 정치사상·경제 강국으로 구성되며 김정일 시대 정치 및 군사 강국이 달성되었다고 선언

✓ **북한의 MDGs 와 SDGs 목표**
- 북한의 MDGs(새천년발전 목표)는 8개 목표와 21개 세부 목표로 구성
- 북한의 SDGs(지속가능발전 목표)는 17개 목표와 169개 세부 목표로 구성
- 북한은 국가경제발전 5개년 전략(2016-2020년)과 계획 (2021-2025년)을 발표

북한은 2021년 7월 13일 UN 경제사회이사회(ECOSOC) 산하 고위급 정치 포럼(HLPF)에서 진행되는 '자발적 국가검토보고(VNR)'에 참여하여 '지속가능발전을 위한 2030 의제'(이하 2030의제) 이행에 대한 상황을 보고했다. 자발적 국가검토보고(VNR:Voluntary National Review)는 2030 의제의 핵심부분인 '지속가능발전목표(Sustainable Development Goals, SDGs)' 이행에 동참하는 선진국 및 개발도상국 모든 국가들이 자발적으로 그동안 경험과 도전, 교훈 등을 공유하고 검토

하는 프로세스이다. 2020년 7월 북한은 VNR에 참여하고자 했으나 코로나(COVID-19)로 인한 전염병 예방 조치 차원으로 한 해를 미뤘고, 2021년 7월 6일부터 15일까지 뉴욕에서 개최된 HLPF에서 7월 13일에 VNR을 진행했다.

2015년 9월 25일, 유엔 지속가능발전 정상회의에서 지속가능발전을 위한 2030 의제(약칭 : '2030 의제')가 채택됐다. 여기서 빈곤과 불평등이 없는 세상, 인류의 건강과 존엄성이 보장되는 세상을 만들어 후세에 물려주자는 것이 해당 회의에서 합의된 '2030 의제'의 목적이다. 북한은 이것이 강력한 사회주의 국가건설이며 국가발전목표[52]에 부합한다고 판단한 바, '2030의제'에 대한 전폭적인 지지를 표명한 바 있다. '2030 의제'의 이행을 위해 지속가능발전 국가 태스크포스(NTF)와 기술위원회(TC)를 구성하고, 국가 태스크포스에 글로벌 지속가능발전목표(이하 SDGs) 달성 책임을 부여했다.

기술위원회는 국가통계 시스템을 통해 이러한 SDGs의 지표별 관련 데이터를 측정하는 역할을 수행해 왔다. 2016년 5월 수립된 '경제발전 5개년 전략(2016-2020)'과 지난 2018년 4월 새로이 선포된 '경제건설집

---

52 북한의 국가발전 목표는 강성대국(강성국가)로 정치사상 강국, 경제강국으로 구성되어 있다. 김정일 시대에 들어서면서 북한은 정치사상강국과 군사강국이 달성되었다고 선언하면서 경제강국을 당면 과제로 내세우고 있다.

중노선' 하에 '2030 의제' 이행을 위한 우리식 SDGs 및 성과지표를 확정하였고, 고위급 정치 포럼에 제출할 첫 번째 자발적 국가검토보고(VNR)를 준비했다. 북한의 SDGs는 과학과 교육이 이끄는 자급자족 경제기반 건설, 그리고 에너지, 농업, 식수 및 위생과 환경 분야 개선을 통한 모든 인민의 삶의 질 향상을 주 목표로 하고 있다.

〈표 5〉 새천년발전목표(MDGs)와 지속가능발전목표(SDGs)

구분	MDGs	SDGs
구성	8개 목표/21개 세부목표	17개 목표/169개 세부 목표
대상	발전도상국	(보편성) 개발도상국 중심이나 선진국도 대상(국내 이행)
분야	빈곤, 의료, 교육 등 사회 분야 중심	(변혁성) 경제 성장, 기후변화 등 경제·사회·환경 통합
참여	정부 중심	(포용성) 정부, 시민단체, 민간 기업, 지방 정부 등 모든 이해관계자 참여
재원	공적발전원조(ODA)중심	공적발전원조(ODA),세금, 무역, 투자 등
보고	자발적 이행보고	책무성 매커니즘(선진국도 자발적으로4년 주기 SDGs 이행성과 보고, VNR/4년 주기)

북한의 UN SDGs 이행 배경은 2016년부터 2030년까지 사회적 포용, 경제 성장, 지속가능한 환경의 3대 분야를 아우르는 국제 사회가 지속가능발전의 실현을 위해 달성해야 할 최대 공동 목표이다. 2015년 9월 제70차 UN 총회에서 2000-2015년의 국제발전 의제인 '새천년발전목표(Millennium Development Goals, MDGs)'의 후속 의제로 채택됐다. 경제·사회·환경의 포괄적인 지속가능성을 목표로 인간(People), 지구(Planet), 번영(Prosperity), 평화(Peace), 파트너십 (Partnership)이

라는 5개 영역(5P)에서 인류가 나아가야 할 방향성을 2021년 기준 17개 목표와169개 세부목표, 247개 이행지표(중복 지표 제외 시 231개)로 제시하고 2016년 5월 2030 의제와 SDGs를 북한 개발 전략에 편입할 것을 선언했다.[53]

---

53 2016년 4월 21일, UN SDGs 달성 고위급 회의 "조선반도에서 조성된 엄혹한 환경 속에서도 "지속가능 발전목표"를 세움. 2019년 9월 23일, UN 보편적 의료보장 고위급 회의에서 북한은 인민들의 건강을 전적으로 책임지고 돌보는 것을 변함없는 국책으로 삼고 사회주의 보건사업에서 "유엔지속발전 보건 목표 실현을 위한 국제적 노력에 적극기여"할 것이며 이 목표를 달성하기 위한 세계적인 노력에 적극 합류해 갈 것"을 확인했다. 리수용 북한 외무상, 2019년 9월 30일. 제74차 UN총회 일반 토의 "조선민주주의인민공화국"이 자립의 가치를 유지하고, 강력한 사회주의 국가를 건설하기 위한 격렬한 투쟁을 통해 "지속가능발전 목표(SDGs)를 달성하기 위해 노력하고 있다". 김성주 UN 북한 대사 발언.

〈표 6〉 제7차 및 제8차 당대회 경제관리개선 방법의 비교 [54]

구분	제7차 당대회	제8차 당대회
경제발전계획	국가경제발전 5개년 전략 (2016-2020년)	국가경제발전 5개년 계획 (2021-2025년)
주요 내용	- 경제사업에 대한 국가의 통일적 지도와 전략적 관리 실현/국가적인 통계체계에 모든 경제부문과 단위들을 망라/계획, 재정, 금융, 가격 등 경제 수단을 활용/가변적 기준가격제도 확립	- 자립성, 계획성, 인민성 강화/생산물에 대한 통일적 관리/인민대중을 중심에 놓고 인민의 요구와 이익 우선시/원가 저하와 질 제고/국가적인 일원화 통계 개선/생산력 합리적 재배치/재정, 금융, 가격 등 경제적 공간 이용
시장과의 관계	- 사회주의 기업책임 관리제 전면실시 - 분조관리제 안에서의 포전담당 책임제를 자체 실정에 맞게 적용	- 국가의 통일적 지도/사회주의 기업책임 관리제, 포전담당책임제 언급 없음

---

[54] 공동의 헌신을 위한 선언 : 북한 정부와 공민들은 새로운 지속가능발전목표와 원칙과 목표 대상과의 일관성을 유지하고 국제적인 협약과 조약을 존중하며 강하고 번영하는 자립적인 국가를 만들것을 다짐한다. 북한에서 활동하는 유엔 북한팀은 북한 주민들의 삶의 질과 가능성, 복원력을 제고할 수 있도록 국제적 가치, 표준, 기술 전수에 헌신한다. 유엔은 상황분석, 정책 협의, 지식 및 역량강화, 사업실행 부문에서 북한 정부 및 기타 북한 기관, 지방의 파트너들과 긴밀히 협력하며 이를 통해 북한 정부가 국제적 책무를 다하고, 국가 차원의 개발 목표를 달성하며, 더불어 즉각적인 인도적 필요에 대응할 수 있도록 지원할 것이다. 북한에서 유엔의 활동 목표는 북한 주민들, 특히 취약계층의 복리 증진을 위한 북한 정부의 활동을 지원하는 것이다. 이를 위해 2017년부터 2021년까지 기간으로 하는 본 전략계획이 공동으로 마련되고 합의되었다.

4. 북한의 SDG-4 이행 체제와 이행 성과

> **키 – 포인트** key point
>
> 북한은 모든 인민대중의 지식 노동화를 강조한다. 따라서 SDG-4 이행 체제와 성과 및 지속가능발전 목표 책임기구에 대해 알 수 있다.
>
> ✅ **SDG-4에는 모든 국가를 위한 '2030 의제' 5개의 핵심적인 목표로 구성**
> - 사람 : 가난과 굶주림 없애기
> - 지구 : 약화되는 지구를 보호하기
> - 번영 : 모든 인류가 번영의 삶과 충족된 삶을 누릴 수 있도록 하기
> - 평화 : 평화롭고 정의로우며 포용적인 사회를 만들기
> - 파트너십 : 지속가능발전 글로벌 파트너십의 활성화를 통한 의제 이행에 필요한 수단을 동원
>
> ✅ **모든 인민을 대학 졸업생의 지적 수준을 갖춘 총명한 노동자로 육성**
>
> ✅ **북한의 SDG-4는 7개(4.1-4.7)와 3개(4.a-4.c)의 세부 목표로 구분**
> - 북한은 모든 인민이 학습하며 교육 중시 정책 시행으로 SDGs 목표는 오래전에 달성했음을 강조
> - 전세계 교육 발전 추세에 맞추어 교육의 내용과 방법, 조건 및 환경 개선 필요

　북한은 모든 인민대중의 지식 노동화를 강조한다. 따라서 SDG-4에서는 양질의 교육 즉 모두를 위한 포용적이고 공평한 양질의 교육 보장 및 평생학습 기회 증진시키는 것이다. ①교육은 기본적인 인권이자 권능화 권리(權能化 權利, enabling right)이다. 이 권리를 달성하기 위해, 각국은 어느 누구도 뒤처지지 않는 가운데 포용적이고 공평한 양질의 교육에

대한 보편적 접근을 보장해야 한다. 교육은 인격의 완전한 발달을 지향하고 상호 이해, 관용, 우애와 평화를 증진 시켜야 한다.

②교육은 공공재이다. 국가는 교육의 권리를 보호하고 존중하며 완수해야 하는 주요한 의무담지자(義務擔持者, duty-bearer)이다. 교육은 사회 공동의 노력이며, 이는 포용적인 공공정책 수립 및 이행 과정을 포함한다. 시민사회, 교사, 교육자, 민간부문, 지역사회, 가족, 청소년, 어린이 모두 양질의 교육에 대한 권리를 실현하는 데 중요한 역할을 하며, 기준과 규범을 만들고 규율하는 데 핵심이다. ③양성평등은 모두를 위한 교육의 권리와 불가분의 관계이다. 양성평등을 달성하려면 모든 여아와 남아, 여성과 남성이 교육 주기에 따른 이수뿐만 아니라 교육 내에서 교육을 통해 평등하게 역량이 강화되는 권리기반 접근(權利基盤接近, rights-based approach)이 필요하다.

〈표 7〉 글로벌 교육의제

	새천년개발목표2 (MDG2)	모두를 위한 교육 (EFA : Education For All)	지속가능발전목표4 (SDG4)
범위	초등교육 [아동]	기초교육 [아동, 청년, 성인]	기초교육 : 기초교육 이후 교육/훈련 : 평생학습 관점
지리적 대상	저소득국가 분쟁영향권 국가	의도는 보편적이나 실제로는 저소득국가에 초점을 맞춤	소득수준/발전 상황에 관계없이 모든 국가를 위한 보편적 의제
정책 초점	모두를 위한 기초교육 접근 및 이수	모두를 위한 양질의 기초교육에 대한 접근	모두를 위한 양질의 기초교육 접근 : + 기초교육 이후 교육 훈련에 대한 공평한 접근 + 노동과 "세계시민성"을 위한 학습의 적절성

SDG4-교육 2030의 핵심적 특징은 모든 국가를 위한 보편적인 의제 : 2030 지속가능발전 의제는 5개의 핵심적인 목표로 구성된다. ①사람-가난과 굶주림을 없애기, ②지구-악화되는 지구를 보호하기, ③번영-모든 인류가 번영의 삶과 충족된 삶을 누릴 수 있도록 하기, ④평화-평화롭고 정의로우며 포용적인 사회를 만들기, ⑤파트너십-지속가능발전 글로벌 파트너십의 활성화를 통한 이 의제 이행에 필요한 수단을 동원하기다. 지속가능발전과 그 세 가지 차원—경제, 사회, 환경—에 대한 관심은 2030 전 세계 발전 의제의 중심이다. 전 세계적으로 지속가능성에 대한 이와 같은 관심의 공유는 소득이나 발전의 상황과 관계없이 모든 사회에 적절한 보편적인 의제임을 뜻한다.

SDG-4 성과 세부 목표는 2030년까지 여아·남아가 유의미하고 효과적인 학습 성과를 달성하도록 형평성 있는 양질의 초등 및 중등교육을 무상으로 이수하도록 보장한다.(4.1) 2030년까지 모든 여아·남아가 초등교육을 사전 준비할 수 있도록 양질의 영·유아의 발달, 보육, 취학 전 교육에 대한 접근을 보장한다.(4.2) 2030년까지 여성·남성에게 적정 가격의 기술 및 직업 교육, 대학을 포함한 3차 교육에 대한 동등한 접근을 보장한다.(4.3) 2030년까지 취업, 양질의 일자리, 기업가 활동에 필요한 전문 및 직업 기술을 포함한 관련 기술을 가진 청소년과 성인 수를 대폭 늘린다.(4.4)

2030년까지 교육에 대한 성별 격차를 해소하고, 장애인, 취약한 상황에 있는 아동을 포함한 모든 취약계층이 모든 수준의 교육 및 직업훈련에 동등하게 접근하도록 보장한다.(4.5) 2030년까지 모든 청소년과 상당한 비율의 성인 남녀가 문해 및 산술 능력을 갖추도록 한다.(4.6) 2030년까지 학습자들에게 지속가능발전, 지속가능한 생활 방식, 인권, 성평등, 평화와 비폭력 문화 확산, 세계시민의식, 문화 다양성 존중 및 지속가능발전을 위한 문화의 기여 등에 대한 교육을 통해 지속가능발전 증진을 위한 필요한 지식과 기술의 습득을 보장한다.(4.7)

〈표 8〉 북한의 지속가능발전 목표 및 책임기구(2015-2030)

SDGs	세부목표	책임기관
4. 모든 인민을 대학 졸업생의 지적 수준을 갖춘 총명한 노동자로 육성	4.1 '전반적12년제의무교육'의 질을 지속적으로 향상	교육위원회
	4.2 여아와 남아가 초등교육을 준비할 수 있도록, 영유아 발달(ECD), 보육, '학년전 교육'의 질을 높임	
	4.3 직업교육제도를 지속적으로 완비하고 교원양성 제도를 개선하여, 일하면서 배우는 교육체계를 더욱 확대 발전	교육위원회 모든 충위 이행기관
	4.4 청년과 성인들에게 각자의 능력에 맞는 일자리를 제공	노동성 정보산업성
	4.5 교육내용, 방법을 더욱 개선하여 종합적으로 발달된 재능, 정치·사상적으로 준비되고, 높은 창의성과 도덕적 풍모, 튼튼한 체력을 지닌 청년세대를 육성	교육 위원회
	4.7 2030년까지, 모든 학습자가 지속가능 발전을 촉진 시키는데 필요한 지식과 기술을 습득하도록 보장	
	4.a 교육여건과 환경의 통해 교육 부문의 물질적·기술적 기반을 세계 수준으로 끌어올림	

또한 아동, 장애, 성별을 고려한 교육시설을 설립 및 개선하고, 모두를 위한 안전하고, 비폭력적이며, 포용적이고 효과적인 학습 환경을 제공한다.(4.a) 선진국 및 기타 개발도상국에서 직업훈련, 정보통신기술(ICT), 기술·공학·과학 프로그램을 포함한 고등교육을 받을 수 있도록 2020년까지 개도국, 특히 최빈국, 군소도서 개발국, 아프리카 국가에 제공되는 장학금의 수를 전세계적으로 대폭 확대한다.(4.b) 2030년까지 개발도상국, 특히 최빈국 및 군소 도서 개발국의 교원양성을 위해 국제협력 등을 통해 우수한 교원 공급을 대폭 확대한다.(4.c)

북한의 지속가능한 발전목표 추진 현황과 과제로서는 다음과 같이 강조한다. 전반적 12년제의무교육을 도입하고 학업을 전문으로 하는 고등교육체계와 일하면서 배우는 고등교육체계의 혜택으로 모든 인민이 학습한다. 교육 중시 정책의 시행으로, 보편적 초등·중등교육 이행과 취학전 교육 기회 제공에 대한 SDG-4 목표는 오래전에 달성하고 있다. 무엇보다 "조선민주주의인민공화국 사회주의 헌법"은 1년제 학교 전 의무교육과 모든 소학교 및 중등학교 학생들에 대한 무료 교육을 합법화했다. 1956년 8월부터 전반적 초등의무교육, 1958년 11월부터 전반적 중등의무교육을 시작했으며, 1959년 4월부터 모든 교육기관에서 일체의 교육비용을 폐지했다.[55]

　교육 부문 투자와 후원 기관들의 지원, 전국 초등·중등학교 교육 환경이 개선되고, 교육내용은 실용적, 포괄적, 최신화하고 약 200개의 종합대학과 단과대학의 교실과 실험실이 다기능을 회복, 평양교원대학은 우수한 교원양성 기관으로 재건했다. 북한은 일하면서 배우는 고등교육체계를 강화한다. 정규 교육체계와 다양한 형태의 일하면서 배우는 고등교육체계를 함께 발전시키도록 규정하고 있으므로, 노동자들은 공장대학, 농장대학, 어장대학과 같은 시간제 학습 시스템을 통해 각자가 원하는 대로 고등교육을 받을 수 있다.

---

[55] 전반적 12년제의무교육을 도입하고 초급중학교(중학교) 말기에 읽기와 수학 부문에서 최소 숙달 기준을 달성한 아동 비율이 각각 97.5%, 83.2%, 초등학교 순 취학률 87.4%, 1년제 학교전 교육 참여율 97.1%, 교육형평성 지수 1, 15세~24세 인구의 문해율은 100%에 달한다.

원격교육 시스템이 구축되었으며, 전민 학습의 대전당이자 최신 과학기술 보급기지로서 '과학기술전당(Sci-Tech Complex)'이 건립됐다.[56]

세계 교육 발전추세에 맞추어 교육의 내용과 방법, 조건 및 환경을 개선하는 것은 여전히 과제이다. 교육내용과 방법의 혁신이 저조하고, 교육학적 요구에 맞게 교육 환경을 개선하기보다는 형식에 치우치는 경향, 중등 교육의 농촌과 도시 지역 간의 격차 등과 같은 문제로 나타난다. 취학률을 포함한 교육통계는 중앙통계국(CBS)과 교육위원회(EC)의 정기통계, 인구조사와 다중지표 군집조사(MICS)에서 수집되며, 교육위원회(EC)는 교육정보 시스템(EIS)을 통해 정기적으로 지표에 대한 데이터를 수집할 계획이다. 북한의 우선순위 계획은 교육제도를 더욱 강화 발전하는 것이다.[57]

---

56 북한은 김정일이 1997년 9월 총비서로 추대된 이후 '과학중시사상'을 내세웠다. 과학기술발전을 강조하고 1998년 3월 과학기술발전 5개년 계획을 수립했다. 계획은 1998년부터 2017년까지 5년씩 네 번 (1998년-2002년, 2003년-2007년, 2008년-2012년, 2013년-2017년)에 걸쳐 추진됐다. 계획의 주요 내용은 과학기술정책과 관련해 일반산업 부문의 실용적 기술발전보다는 전자공학, 컴퓨터 프로그램 등 첨단과학 부문의 발전에 더 큰 정책 우선순위를 부여하고 과학기술 연구 사업에서 혁명적 전환을 일으키겠다는 것이었다.

57 중등일반교육 체계를 완비하고, 상급 및 복합학(Interdisciplinary science) 과정 개설을 포함한 전반적인 고등교육 체계를 개선하며, 더 많은 노동자들이 고등교육에 접할 수 있도록 원격교육체계를 확립한다. 교육 환경, 내용 및 방법을 지속적으로 개선한다. 즉 교육의 내용과 방법을 끊임없이 개선하고, 교수관리시스템 운영으로 교원의 자질을 향상한다. 교육 환경과 내용, 방법을 개선하기 위해서는 UNESCO와 UNICEF를 비롯한 국제기구들과의 지속적인 협력이 필요하다. 교육분야의 물질적·기술적 기반을 강화하고, 교육 부문에 대한 투자를 체계적으로 늘리고, 학교의 건설과 보수, 현대화를 촉진하며 자선단체들이 교육기관을 물질적, 도덕적으로 후원하도록 독려한다.

5. 한반도 통합 SDG-4

> **키 - 포인트** key point
>
> SDG-4 교육의 증진을 위해 남한은 28개 지표, 북한은 8개 지표이다. 상호 존중과 평화, 비폭력 및 인권, 지속가능 발전 목표 달성에서의 다양성에 대한 상호 이해가 절실히 필요하다. 아울러 시스템적 사고의 관점에서 평화와 공존을 모색하기 위한 노력들도 필요함을 강조한다.
>
> ✓ SDG-4 교육목표 중 4.7 목표는 기존의 글로벌 교육 의제나 개발 의제에서 논의된 적이 없는 새로운 목표이며 교육 방향과 가치 등 포괄적으로 다룸
>
> ✓ 북한은 SDG-4 달성을 지속화 하기 위한 계획을 개발하고 실행 하기 위해 양자 및 다자간 협력도 강화해야 함
>
> 최근 4차 산업혁명과 교통 및 ICT 기술의 발달 등 사회 변화에 따라 고등교육의 개발 협력도 질 보증 시스템 구축과 학위 인정, ICT 기술활용 및 교육과정 제도의 이동 등 교류협력과 맥을 같이 하는 방식으로 변모

　SDG-4 목표 설정 과정에서 국제 사회는 교육을 인간의 기본 권리로 인식하고 교육의 접근성과 형평성, 포용과 성평등, 양질의 교육과 평생학습 5가지 세부 주체를 중심으로 논의해 진행했다. 북한은 모든 인민대중의 지식 노동화 즉 모든 인민을 대학 졸업생의 지적 수준을 갖춘 총명한 노동자로 육성하는 것이다. 한국도 SDG-4 교육의 증진 2030 목표를 제시하고 있으며 남한의 SDG-4의 지표는 28개, 북한의 지표는 8개이다. 북한의 자발적 국가검토보고(VNR) 실행 계획에는 양자 원조를 비롯, 국내에서 활동하는 UN 기구와 유럽연합프로젝트 지원사무소(European

Union Programme Support, EUPS),국제적십자연맹(International Federation of Red Cross and Red Crescent Societies, IFRC), 국제적십자위원회(International Committee of the Red Cross, ICRC) 등의 조직들이 북한의 SDGs 달성을 위한 정부의 노력에 기여한다. SDGs 달성의 중심은 정부이며, 양자 및 다자간 협력이 보조적인 역할을 수행한다.

북한의 자발적 국가검토보고(VNR)는 SDGs에 대한 인지도를 높이고 국제 사회와의 파트너십을 증진하는 것이 중요하다는 것을 보여주고 있다. SDGs 달성을 가속화 하기 위한 계획을 개발하고 실행하기 위해 양자 및 다자간 협력도 강화할 것으로 보인다. 북한은 당면한 모든 도전과 어려움을 주민 모두의 일치된 노력으로 극복하고 지속 가능한 개발 의제를 이행하는 과정에서 국제 사회와의 협력을 더욱 강화해 나갈 것을 강조했다.[58]

SDGs 교육목표는 누구나 양질의 교육과 평생학습 기회에서 소외되지 않고 전 교육단계에서 교육 기회 보장과 교육의 질 향상을 주요한 목표로

---

58 남한의 교육부는 아프리카 저개발국 직업기술교육을 2016년부터 단계적으로 진행해 왔다. 유네스코를 통해 요청, 검색일, 2022년 7월 20일. 한국은 유네스코를 통해 아프리카 저개발국 직업기술 교육 지원사업을 꾸준히 진행해 왔으며 단계적 지원을 보게 되면 다음과 같다. 1단계 수혜국으로는 보츠와나, DR콩고, 말라위, 나미비아, 잠비아로 사업 기간은 1단계이며 2011년-2016년 이다. 2단계 수혜국으로는 에티오피아, 우간다, 케냐, 마다가스카르, 탄자니아이며 사업 기간은 2단계 : 2016년 – 2020년이다. 1단계 사업 내용은 교육과정 개발, 교사 연수, 정보관리시스템 구축이며, 2단계 사업내용은 교육과정 개발, 교사연수, 기능경기대회 시스템 구축이다. 2021-2025 KOICA(국제협력단) 전략체계는 ①전략 방향으로서 SDGs 달성 촉진, ②전략과제는 1.1 협력국 빈곤 감소 및 삶의 질 향상, ③실행과제는 1.1.2 교육시스템 개선 및 교육 주체 참여 확대이다.

제시한다. 북한은 해방 직후부터 교육 기회를 제도적으로 보장해 왔고 소학교, 초급중학교, 고급중학교 교육과정도 사회변화에 대응하기 위한 노력들을 해 왔다. 이러한 북한의 입장에서 유치원과 소학교 교육의 기회 보장은 시급한 정책과제가 아니며 대외적으로 내세울만한 성과라고 여기고 있다. 따라서 북한의 지속가능한 발전목표를 위한 교육 분야의 개발 협력 기회 보장보다는 교육의 질 향상에 초점을 맞출 필요가 있다.

SDG-4 교육목표는 교육 기회의 양적 확대 담론에서 벗어나 교육을 통해 습득한 지식, 기술, 태도 등을 강조한다. 다양한 국제 학업 성취도 평가와 자료를 활용해 국가별 기초학력 미달자의 비율을 점검하고 이에 대한 지원 방안을 모색할 필요가 있다. 무엇보다 SDG-4 교육목표 4.3에 명시된 고등교육 관련된 목표는 접근성 확대이며 4차 산업혁명과 국제적 이동성 증대와 정보통신 과학기술의 발달 및 전통적인 교육과 연구 기능을 넘어 복잡하고 예측하기 어려운 새로운 도전에 대응할 것을 요구하고 있다.

고등교육 분야 국제개발 협력은 주로 개도국 출신 유학생들이 공여국의 고등교육 기관에서 학위를 취득할 수 있도록 지원하거나 대학의 교육과정과 여건을 개선하는 방식을 진행됐다.

최근 4차 산업혁명과 교통 및 ICT 기술의 발달 등 사회변화에 따라 고등교육의 개발 협력도 질 보증 시스템 구축과 학위 인정, ICT 기술활용 및 교육과정과 제도의 이동 등 교류협력과 맥을 같이 하는 방식을 변모하고 있다. 북한과 고등교육 분야 협력을 함으로써 한국 정부가 전통적인 방식으로 교류를 하거나 협력하는 것은 아직 현실적으로 쉽지 않다.

국제기구 제3국의 고등교육 기관을 활용해 접근하는 방법을 모색해 나가며 상호간의 이해와 공존을 위한 세계시민 교육 분야 협력을 해 나가야 한다. SDG-4 교육목표 중 4.7 목표는 기존의 글로벌 교육 의제나 개발 의제에서 논의된 적이 없는 새로운 목표이며 교육의 방향과 가치 등 포괄적으로 다룬다. 다양성에 대한 이해와 존중, 평화, 비폭력 및 인권, 지속가능발전 등 서로의 다름을 이해하며 평화와 공존을 모색하기 위해서는 북한 개발 협력이 매우 중요하다. 따라서 국제기구와 협력을 통해 세계시민교육이라는 보편성과 한반도라는 특수성을 아우를 수 있는 세계시민교육의 방향과 내용, 방법 등이 모색되어야 할 것이다.

참고문헌

김지수, "북한 원격교육 실태 및 남북 교류 방안", (경지·인문사회연구, 2019).

김일성, "교육부문 앞에 나서는 몇가지 과업에 대하여 : 북조선림시인민위원회 제4차 회의에서 한 연설", 『김일성저작집』, 제2권 (평양 : 조선로동당출판사, 1979).

_____, "조선인설립학교 취급에 대하여", 『김일성저작집』제4권(평양 : 조선로동당출판사, 1979).

_____, 『사회주의 교육에 관한 테제』를 발표함에 대하여 : 조선로동당중앙위원회 제5기 제14차 전원회의에서 한 연설, 『김일성저작집』제32권 (평양 : 조선로동당출판사, 1986).

「교육신문」, 2015년 5월 7일.

「개성신문」, 1952년 3월 6일.

「로동신문」, "이동통신망에 의한 원격교육지원체계가 갱신된다", 2022년 6월 30일.

「로동신문」, "전국적인 전염병전파 및 치료방안 통보", 2022년 6월 24일.

「로동신문」, 2013년 11월 16일.

안해정 외, "2030 지속가능개발목표(SDGs) 실천방안 연구 : 교육분야를 중심으로", (한국교육개발원, 2016).

이성희, "북한의 의무교육체제와 정치교육 부문 연구 : 국어과 교육 분석 중심", (경기대학교 정치전문대학원 박사학위논문, 2019).

이희정 외 "남북한 원격교육 협력방안에 관한 연구 : 성인대상 교육을 중심으로", (북한연구학회보, 2019).

이춘근, "북한의 과학기술·ICT 정책과 추진동향", (KDI 북한경제리뷰, 2019).
사회과학출판사, 『사회주의 과학이론』(평양 : 사회과학출판사, 1975).
장금란, 『교육정보화의 몇가지 리론실천문제』, (김형직사범대학출판사, 2012).
「조선일보」, 2011년 3월 14일.
「주선일부」, 2011년 3월 14일.
조선중앙통신사, 『조선중앙년감』(평양 : 조선중앙통신사, 1950).
『조선민주주의인민공화국 고등교육법』, (북한법령집, 2020).
『조선민주주의인민공화국 보통교육법』, (북한법령집, 2020).
『조선민주주의인민공화국 어린이보육교양법』, (북한법령집, 2020).
『조선민주주의인민공화국 교원법』, (북한법령집, 2020).
『조선민주주의인민공화국 교육강령법』, (북한법령집, 2020).
차성근, "북한 권력층의 反사회적 의식 형성에 관한 연구 : 탈구조주의 이론에 접목하여", (한일군사문학회, 2020).
최규빈 외 "북한의 SDGs 이행동향: '자발적 국별 리뷰(VNR)' 보고서 내용을 중심으로", (통일연구원, 2021).
환경부, "국가지속가능한 발전목표 수립보고서 2019", (환경부: 지속가능발전위원회, 2019).

남북한 체제도 알기「민주시민교육총서」

07

남북한 제대로 알기 민주시민교육총서
남 북 협 력 개 론

북한의 새 국가전략
'인민대중제일주의'

오형식 겸임교수

07 북한의 새 국가전략 '인민대중제일주의'

1. 서 론

 북한은 2021년 1월 조선로동당 제8차 대회를 열어 헌법보다 더 중요하다는 당규약을 개정하였다. 그런데 그 서문에 '인민대중제일주의'라는 말이 포함되었다.[01] 로동신문은 "인민대중제일주의 정치를 사회주의 기본정치방식으로 정식화했다"라는 결과문을 인용하면서 "당과 혁명 발전의 격변기는 당규약의 혁신을 요구하며 당건설과 당활동의 진일보는 당규약의 올바른 개정으로부터 시작된다"라고 보도하였다. 정성장은 이것이 제7차 당대회에서 개정한 당규약의 '조선로동당은 선군정치를 사회주의 기본정치방식으로 확립하고 선군의 기치 밑에 혁명과 건설을 영도한다'를 바꾼 것이라며 "김정일은 체제 유지를 위해 인민대중보다 군대를 더 중시하는 선군정치에 의존했지만, 김정은은 군대보다 인민대

---

[01] 로동신문(2021.1.10.) "조선로동당 제8차 대회에서 조선로동당 규약 개정에 대한 결정서 채택"

> 북한의 새 국가전략 '인민대중제일주의'

중을 더 중시하는 '인민대중제일주의 정치'를 기본적인 정치방식으로 채택하고 있다는 것을 당규약에 명문화한 것이다."라고 분석하였다.[02] 그러나 "언어는 인민대중의 자주성을 실현하기 위한 투쟁에서 힘 있는 무기이다"라는 김정일의 발언[03]에 비추어볼 때, 당규약에 새로 들어간 이 용어가 단순히 인민에 대한 봉사를 강조한다거나 인민의 힘으로 사회주의를 완성하려 한다는 수준으로만 해석되어서는 안 될 것이다.

2020년 8월 19일 당정치국 전원회의에서 8차 당대회 개최를 결정한 직후 보도들에서 "당 사업 전반에 인민대중제일주의를 철저히 구현하여

---

[02] 정성장, 2021. "북한의 노동당 규약 개정과 김정은의 위상 변화 평가," 『세종논평』 No.2021-02.
[03] 로동신문(2012.2.18.) "만대에 빛날 선군조선의 시대어"

전 당이 인민에게 멸사복무하는 것으로서 당의 전투력을 백배해나가려는 것, 바로 이것이 조선로동당의 위대한 영도자이신 원수님의 철의 의지이다. 위대한 김일성-김정일주의는 본질에 있어서 인민대중제일주의이며 우리 당의 존재 방식은 인민을 위하여 복무하는 것이다" 등[04]의 언급들이 있었으므로 당규약에 '인민대중제일주의'의 포함은 예고된 것이었다.

이처럼 '인민대중제일주의'는 어느 날 갑자기 등장한 것도 아니며 단순한 구호는 더더욱 아니다. 이 용어는 생각보다 훨씬 긴 역사를 갖고 있고 그 속에는 북한의 사회주의 건설과정을 이끌었던 지도자들의 고민이 담겨있다. 이 글은 '인민대중제일주의'의 역사를 추적하여 그것이 북한의 국가전략 변화와 연관이 있음을 밝힘으로써 향후 김정은의 북한이 나아갈 방향을 예측하려는데 목적이 있다.

---

04 로동신문(2020.8.23.) "경애하는 김정은 동지께서 조선로동당 제4차 세포비서대회에서 하신 연설"

II. 북한의 국가전략체계

> **키 – 포인트** key point
>
> 김정일에 의해 정립된 북한의 독특한 지도자론인 수령론에 의하면 수령은 인민에게 국가의 전략을 제시하는 사람이다.
>
> ✓ 김일성주의 : 정치 중심의 국가전략
> ✓ 김정일주의 : 군사 중심의 국가전략
> ✓ 김일성-김정일주의(김정은주의) : 경제 중심의 국가전략

1. 북한의 수령과 국가전략체계

　북한에는 수령론이라는 독특한 지도자론이 있다. 수령론을 세운 김정일은 수령을 '북한의 독자적인 사회주의 이론을 수립하고 설명하는 사람'으로 정의하였다.[05] 즉 당과 국가의 목표와 전략, 그리고 발전방향을 제시하는 인물이 수령이다. 북한도 나름의 국가목표와 전략을 수립하고 그것을 뒷받침하는 중심사상을 발전시켜 왔다. 김정일과 김정은도 각각 국가전략의 변경과정을 주도함으로써 수령의 후계자 또는 수령이 될 수 있었다. 북한의 국가전략체계를 이해하려면 관련 용어들을 먼저 알아야 한다. 한용섭의 정의를 인용하면 국가전략체계는 '국가목표-국가전략-

---

[05] 수령의 정의에 관해서는 "조선을 빛낸 용남산의 맹세(로동신문, 1996.9.1.)," "김정일 약력(평양방송, 1997.3.2.)," "김정일 약전(조선중앙방송, 1997.10.20.)" 등 세 편이 반복 인용된다.

부문별 전략'으로 이루어진다.[06] 그들은 국가목표는 '당의 지도사상' 또는 '지도이념'으로, 국가전략은 '전략적 노선'으로, 그리고 국가발전의 중심에 둘 부문의 전략을 이끄는 중심사상을 '노선'으로 부르고, 각각에 '주의,' '노선,' '사상'이라는 이름을 붙였다. 이러한 용어의 정의와 각각의 관계는 김정일이 후계자 시절에 한 번 시도하였고, 김정은이 최종 정리하였다.[07]

북한의 국가전략체계 중 국가목표에 해당하는 '주의'라는 말이 붙는 경우는 '김일성주의,' '김정일주의,' 그리고 '김일성-김정일주의'가 있다. '김일성주의'는 1965년 4월 인도네시아에서 열린 비동맹회의에 참석하고 돌아온 김일성이 자립적 민족경제 건설과 반제자주의 길을 추진하면서 처음 등장하였다.[08] 소련의 수정주의에 이어 중국도 문화혁명으로 새로운 좌경노선이 등장하자 북한이 '주체사상'을 더욱 강화하고 독자적인 노선을 추진하면서 '모택동주의'에 대응하여 만들어진 용어이다. 군사형 사회체제를 가진 북한이 취한 '김일성주의'는 정치부문에 중심을 둔 국가목표이다. 그에 따라 국가전략과 중심사상도 정치적 자주성에 중점을 둔 '3대혁명노선'과 '주체사상'으로 결정되었다. 황장엽은 회고록에서 김일성이 처음에는 '레닌주의'나 '모택동주의'라는 말도 함부로 언급하지 못하는 상황에서 자신의 이름을 붙인 '주의'를 내세운다는 것을

---

06 한용섭, "부문별 국가전략의 상호관계와 우선순위의 변화," 『국가전략』 제2권 1호(서울 : 세종연구소, 1996), pp. 5-38.
07 오형식, 「북한의 신국가전략체계와 김정은 권력 연구」, 경기대 정치전문대학원 박사학위 논문, 2020, p. 67.
08 최수남 박근순 안영, 『조선을 이끌어 70년』(평양 : 외국문출판사, 2015), pp. 83-88.

부끄러워했으나 이내 그것을 즐기는 태도로 바뀌었다고 기록했다.[09]

'김정일주의'는 조금 복잡하다. 1987년 1월 해외에서 '김정일주의 연구소'가 운영되고 있다는 내용으로 처음 소개되었고,[10] 내부에서는 1992년 8월 보도에서 "아버지가 그러했던 것처럼 자식들 모두가 그 어떤 풍파가 닥치고 유혹의 바람이 불어와도 끄떡함이 없이 오직 친애하는 지도자 동지를 우리 혁명의 최고 영수, 통일단결의 중심으로 받들어 모시고 영원히 따르며 우리 조국을 '김정일주의 조국'으로 빛내기 위한 투쟁에서 생명도, 가정도 다 바쳐 싸워나가도록 하겠습니다"라고 처음 언급되었다.[11] 김정일이 1991년 5월 5일 조선로동당 중앙위원회 책임일꾼들과 한 대화에서 〈인민대중 중심의 우리식 사회주의는 필승불패이다〉라는 '김정일주의'의 핵심사상이 담긴 연설을 한 바 있었는데[12] 로동신문이 외국에서 그 내용을 다시 토론했다는 보도를 통해 '김정일주의'의 공식화를 예고하였다.[13]

이 연설에서 김정일은 "인민대중의 자주적 염원과 시대의 요구를 반영하여 나온 사회주의 필승불패 위력의 원천은 그에 대한 인민대중의 지지와 신뢰에 있다. 사회주의 건설을 다그치기 위한 투쟁에서 언제나 주체

---

09 황장엽, 『회고록 – 나는 역사의 진실을 보았다』, 서울 : 시대정신. pp. 166-176.
10 로동신문(1987.1.31.) "위대한 수령 김일성동지께 세계 여러 나라에서 축전과 축하편지를 보내어왔다"
11 로동신문(1992.8.1.) "평양의학대학병원 의사 권영희의 편지"
12 로동신문(1991.5.27.) "조선로동당 중앙위원회 책임일꾼들과 한 담화(1991.5.5.) '인민대중 중심의 우리식 사회주의는 필승불패이다"
13 로동신문은 프랑스와 영국(1991.5.30.), 쿠바(1991.6.1.), 기타(1991.6.2.) 등 연일 관련 보도를 했다.

적 입장을 확고히 견지하며 우리 인민의 전통적인 투쟁기풍, 자력갱생의 혁명적 기풍을 계속 높이 발휘하여야 한다. 그리하여 우리나라의 자립적 민족경제의 위력을 더욱 튼튼히 다지며 당면하게는 올해의 인민경제계획을 어김없이 넘쳐 수행하여야 한다"라고 말한다. 사회주의 국가들이 무너지는 상황에서 그동안 구축한 북한식 사회주의를 유지하기 위해 노력하여야 하며 특히 경제건설에서 성과를 거두어야 한다는 강조였다.[14] 이는 경제부문에 중점을 둔 새로운 국가전략의 추진을 예고한 것이다. 그러나 이후 이와 관련한 내부 토론에 대한 보도나 그것을 정의하는 글은 자취를 감춘다. 오히려 김정일이 "아무리 파고들어 봐야 김일성주의밖에 없다. 나를 위해서는 무엇도 해놓지 않을 것이다"라는 말을 통해 이 용어의 사용을 그가 제한했다는 듯한 보도가 있다.[15]

김정일이 이렇게 태도를 바꾼 것은 북한이 군사부문 중심의 국가전략인 '선군노선'을 선택할 수밖에 없는 현실 때문이었다. 『조선을 이끌어 70년』은 "소련과 여러 나라에서 사회주의가 좌절된 것을 계기로 강화되기 시작한 미제와 그 추종세력들의 반사회주의, 반공화국 고립압살책동은 조선민족이 당한 대국상(大國喪)을 계기로 더욱 파렴치하고 악랄하게 감행되었다. 그리고 여러 해째 계속된 혹심한 자연재해와 혁명대오 안에 나타난 우연분자들의 책동으로 하여 혁명은 더욱더 어려운 환경에 처하게 되었다. 위대한 김정일동지께서는 국제적 환경과 급변하는 정세의 추이를

---

14 로동신문(1991.5.24.) "사설 – 당의 령도를 높이 받들고 우리 식 사회주의를 끝없이 빛내어나가자"
15 로동신문(2013.8.25.) "논설 선군의 8.25가 있어 불패의 주체강국이 있다"

과학적으로 분석한 데 기초하여 선군정치를 전면적으로 실시하여 준엄한 난국을 뚫고 조선 혁명을 전진시켜 나갈 것을 결심하시었다. 당은 인민군대를 혁명의 주력군, 나라의 기둥으로 내세웠다"라고 기록하였다.[16]

김정은은 2013년 1월 제4차 세포비서대회에서 "김일성-김정일주의는 본질에 있어서 인민대중제일주의이다"라며 김일성-김정일주의를 처음 언급하였다. 〈모든 것을 인민을 위하여, 모든 것을 인민대중에 의거하여!〉라는 구호도 제시하고 "우리 일꾼들과 당원들은 누구나 다 위대한 수령님과 장군님께서 한평생 걸으신 인민사랑의 길을 우리 당과 함께 꿋꿋이 이어가는 참된 동지, 전우가 되어야 한다"라는 당부도 했다.[17] 이것이 정치적 자주성을 추구했던 김일성주의와 군사적 자위력을 추구했던 김정일주의를 합친 것처럼 보이지만 실상은 그렇지 않다.

2. 북한의 사회주의 발전단계와 국가전략 변화

군사형 사회체제를 가진 사회주의 국가들인 북한과 중국은 사회주의 역사 또한 유사하다. 그리고 현재 그들은 국가전략 변경과 관련하여 비슷한 딜레마에 빠져 있다. 〈그림 1〉은 북한과 중국의 사회체제 구성요소

---

16 최수남·박근순·안영, p. 166.
17 로동신문(2013.1.30.) "경애하는 김정은동지께서 조선로동당 제4차 세포비서대회에서 하신 연설"

발전과정을, 〈표 1〉은 양국의 국가전략체계 중 국가목표의 변화과정을 나타낸 것이다. 양국의 혁명 1세대는 1950년대 중반부터 사상적(사회문화적)으로 소련의 수정주의에 함께 반발하며 정통 마르크스-레닌주의를 추구하였으나, 1960년대에는 서로 노선을 달리하면서 각각 정치적으로 자주성을 강조하는 자국(自國)형 사회주의를 완성하고 이를 각각 '모택동주의'와 '김일성주의'라고 칭했다.

그러나 이후 2세대에 이르러서 각기 다른 선택을 하였다. 중국은 미국의 데땅트 공세에 호응하여 경제 중심의 전략을 취했으나 북한은 오히려 미국과의 대결이 강화되면서 군사 중심의 전략을 선택할 수밖에 없게 된 것이다.

〈그림 1〉 군사형 사회체제 구성요소와 북한 중국의 사회주의 발전과정

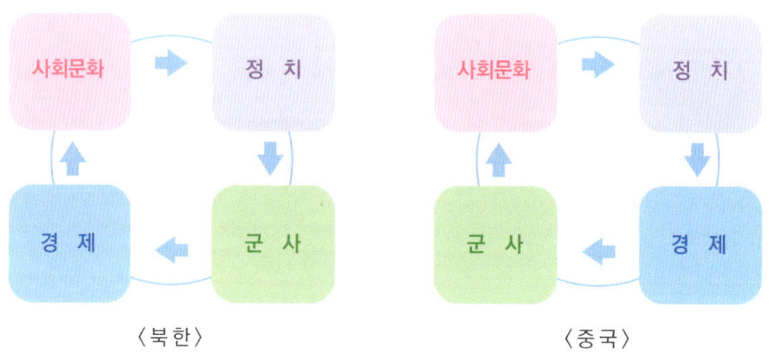

〈표 1〉 북한과 중국의 국가목표 변화

구 분	북 한	중 국
1세대 (김일성/모택동)	마르크스-레닌주의	마르크스-레닌주의
	우리식 사회주의 (김일성주의)	중국 특색 사회주의 (모택동주의)
2세대 (김정일/등소평)	인민대중 중심의 우리식 사회주의 (김정일주의)	중국 특색 사회주의
3세대 (김정은/시진핑)	인민대중제일주의 (김일성-김정일주의)	신 중국 특색 사회주의

그런데 한 가지 특이한 점은 김정일 시대에 '김정일주의(또는 우리식 사회주의)'는 결코 '선군노선'이나 '선군사상'과 함께 사용되지 않았다는 사실이다. 1990년대 시작된 핵위기 속에 북한은 경제 중심의 국가 전략 대신 군사 중심인 '선군노선'을 국가전략으로 채택함으로써 '김정일주의'는 이상만 있고 실체는 없는 상태로 남겨졌다. 그런데 김정은이 집권한 이후 국가전략체계를 재정립하는 과정에서 이 말을 부활시키며 그 위상을 찾게 하였다. 김정은은 2012년 4월 제4차 당대표자회에서 당규약을 개정하면서 서문 첫 문장으로 '조선로동당은 위대한 김일성-김정일주의 당이다.'라고 명시하였다.[18] 이것이 김정은 시대 당의 지도이념, 즉 '국가목표'로 채택되면서 적어도 김정일 시대 초기의 지도이념

---

18 로동신문(2012.4.12.)과 『조선로동당 규약』(2012.4.11.)을 참조하였다.

으로 그 개념이나 위상이 명확하지 않았던 '김정일주의'의 위상도 '군사 중심의 국가발전'이라는 국가목표였던 것으로 정리가 되었다.

김정은의 '김일성-김정일주의' 채택은 경제발전을 국가목표로 세웠음을 의미한다. 국가목표와 전략, 부문별 전략은 같은 방향을 바라보아야 한다. 김일성 시대에는 정치적으로 독자적 사회주의 국가를 완성하는 것이 목표였다. 그래서 사상과 정치적 발전을 지향하는 '3대 혁명노선'을 국가전략으로, 정치적 자주성을 강조하는 '주체사상'을 중심사상으로 각각 채택하였다. 김정일은 그 기반 위에 경제적으로도 풍족한 나라를 만들고 싶었으나 외부의 압력 때문에 군사 중심의 국가전략을 추진할 수밖에 없었다고 여러 차례 고백하였다. 김정은은 김정일의 유훈을 내세우며 집권 초기부터 다양한 경제개혁조치를 시도하고 2013년에 '핵무력-경제 병진노선'[19], 그리고 2018년에 '사회주의 경제건설 총력노선'으로 두 번 모두 경제에 중심을 둔 국가전략을 채택하였다.[20]

---

19 로동신문(2013.4.1.) "조선로동당 중앙위원회 2013년 3월 전원회의에 관한 보도"
20 로동신문(2018.4.21.) "사설 당의 새로운 전략적 노선을 틀어쥐고 우리 혁명의 전진을 가속화 하자" 당중앙위원회 제7기 제3차 회의 이후 발표된 내용이다.

III. '인민대중제일주의'의 역사

> **키 - 포인트**
>
> 북한의 '인민대중제일주의'는 '중국 특색 사회주의'처럼 1950년대 소련의 노선투쟁에 반발하는 과정에서 발생한 '우리식 사회주의'에 뿌리를 두고 있다.
>
> ✓ 김일성주의 : 우리식 사회주의
> ✓ 김정일주의 : 인민대중 중심의 우리식 사회주의
> ✓ 김일성-김정일주의(김정은주의) : 인민대중제일주의

1. '우리식 사회주의'와 '인민대중 중심의 우리식 사회주의'

'인민대중제일주의'는 꽤 오랜 역사를 갖고 있다. 가깝게는 김정일 시대 초기에 자주 사용했던 '인민대중 중심의 우리식 사회주의'를 새 시대에 맞추어 바꾼 것이며, 더 올라가면 중국의 '중국 특색 사회주의[21]'를 모방한 김정일의 '우리식 사회주의'가 그 뿌리이다. 이 용어는 북한이 소련에 이어 중국과도 소원해지던 1960년대 후반 소련식도 중국식도 아닌 '우리

---

[21] 중국공산당의 공식 이념이다. 국가관리 하에 자본주의 제도가 시행되는 경제체제를 의미한다. 이 말은 본래 농민 주도의 프롤레타리아 혁명을 이루고자 마오쩌둥(毛澤東)이 창시한 마오쩌둥 사상의 개념이지만, 덩샤오핑(鄧小平)이 중국을 아직 완전한 사회주의가 아닌 사회주의적 사회구성체 초기 발달 단계이므로 당의 지도에 따라 사회주의의 기본적 요건을 온전히 갖추고 발전한 다음, 공산주의를 실현하자는 개념으로 정리하였다.

식대로 살자'라는 의미로 등장시킨 것이므로 그 역사가 족히 50년은 넘는다.

'우리식 사회주의'라는 말은 김정일이 군권을 실질적으로 행사하던 1990년 7월 4일 인민문화궁전에서 진행된 행사 기사에서 처음 사용되었다.[22] 열흘 뒤에는 김정일이 1986년 7월 15일 발표한 문헌《주체사상교양에서 제기되는 몇 가지 문제에 대하여》를 설명하면서 "문헌의 의의와 생활력은 당원들과 근로자들이 우리나라 사회주의 제도의 우월성을 깊이 인식하고 '우리식 사회주의'를 공고 발전시켜나가도록 하는 지침을 마련해준 데 있다"라고 하였다. 결국 이 말은 주체사상의 바탕 위에 자주, 자립, 자위의 독자적 사회주의 강국을 의미하는 말이었다.

'인민대중 중심의 우리식 사회주의'라는 말은 1991년 5월 5일 '인민대중 중심의 우리식 사회주의는 필승불패이다' 제하의 보도에서 처음 등장했다. 김정일이 당중앙위원회 책임일꾼들과 담화 중 "우리나라의 사회주의는 사회역사발전에서 차지하는 인민대중의 지위와 역할에 맞게 인민대중이 모든 것의 주인이 되며, 모든 것이 인민대중을 위하여 복무하는 인민대중 중심의 사회주의입니다"라고 말했다고 한다. 5월 21일에는 "우리 수령, 우리 당의 위대성, 주체사상과 우리식 사회주의 제도의 위대성, 혁명적 단결과 전통의 위대성에 기초하여 형성 발전된 것입니다"라는 김정일의 말을 통해 주체사상에 기반을 둔 자주적 이론으로 정리하

---

[22] 로동신문(1990.7.5.) "김정일 동지께서 밝히신 조선민족제일주의 정신에 관한 사상이론에 대한 중앙연구토론회"

였다.[23] 다음 해 4월 1일 '김일성 탄생 80돌 기념 전국 주체사상토론회'에서 과학백과사전 종합출판사 부사장 김용하가 "우리식 사회주의의 본질은 위대한 수령님의 현명한 영도 밑에 우리 인민이 혁명과 건설에서 주체를 튼튼히 세우고 자주, 자립, 자위의 힘으로 일떠세운 사회주의로 당과 국가가 인민들의 자주적이며 창조적인 생활을 확고히 담보해 주는 데 있다"라고 토론함으로써 '우리식 사회주의'의 새 이름으로 정리한다.[24] 그러나 놀랍게도 2000년경 선군노선의 등장과 함께 이 용어는 거의 찾아보기 힘들게 된다.

2. 김정은의 '인민대중제일주의'

이 말은 김정은 시대에 와서 '인민대중제일주의'라는 새로운 용어로 부활한다. 2013년 1월말 열린 제4차 '세포비서대회'에서 "김일성-김정일주의는 본질에 있어서 인민대중제일주의이며 인민을 하늘처럼 숭배하고 인민을 위하여 헌신적으로 복무하는 사람이 바로 참다운 김일성-김정일주의자입니다. 위대한 수령님과 장군님을 모시는 것처럼 우리 인민을 받들고 인민을 위하여 모든 것을 다 바치려는 것은 우리 당의 확고한 결심입니다.

---

23 로동신문(1991.5.21.) "인민대중 중심의 우리식 사회주의는 필승불패이다"
24 네이버 [한국민족문화대백과](한국학 중앙연구원, 1991) (검색일 : 2020.8.13.)

〈모든 것을 인민을 위하여, 모든 것을 인민대중에게 의거하여!〉라는 구호에는 전 당에 인민에 대한 사랑과 믿음의 정신이 꽉 차 넘치게 하려는 당의 의지가 담겨있습니다"라는 김정은의 연설에서 처음 사용되었다.[25]

김정은은 이를 두 선대 수령의 애민지도자상(愛民指導者像)을 부각하는 데 활용하였다. 권력승계 후 숨 가쁜 1년을 보내고 맞이한 2013년 김정일의 생일에 로동신문은 김정은이 "김정일동지는 그 누구보다도 조국과 인민을 열렬히 사랑하시었으며 조국의 부강번영과 인민의 행복을 위한 길에 한 생을 깡그리 바치시어 조국청사에 영원히 빛날 업적을 이룩하신 절세의 애국자이십니다"라고 한 뒤, "세상에는 위대한 장군님과 같이 자기의 정치이념에 인민대중 중심, 인민대중제일주의를 새겨넣고 그것을 추호도 어길 수 없는 초석으로 내세운 인민적인 영도자는 없었다. 위대한 김정일동지의 혁명생애는 자신의 모든 것을 깡그리 바쳐 인민의 행복을 꽃피우신 가장 희생적이며 헌신적인 한 생이었다"라고 김정일의 삶을 재평가했다.[26] 실제로 김정일은 비록 자신이 추구하던 경제부문 중심의 국가전략을 포기하고 군사부문 중심의 '선군노선'을 채택하였지만, 경제발전에 대한 꿈은 포기하지 않았었다. 2002년 단행된 '7.1 경제개혁조치'[27]가 그 좋은 예이다.

---

[25] 로동신문(2013.1.30.) "경애하는 김정은 동지께서 조선로동당 제4차 세포비서대회에서 하신 연설"
[26] 로동신문(2013.2.16.) "사설 위대한 김정일동지의 인민사랑의 역사는 영원히 흐를 것이다"
[27] 2002년 7월 1일 발표된 '경제관리개선정책'을 말한다. 임금인상, 환율 조정, 시장 도입 등 중국을 모방한 다양한 개혁조치를 담고 있었다.

2015년 4월 로동신문은 논설을 통해 "위대한 김정일 동지의 유훈은 인민대중제일주의를 철저히 구현하여 인민의 꿈과 이상을 활짝 꽃피워 나갈 수 있게 하는 번영의 기치이다. 선군시대가 당의 건설과 국가의 건설, 그리고 군의 건설에 집중했다면 새로운 시대에는 경제건설과 문명국 건설, 인민생활 향상에 집중하며 인민존중, 인민중시, 인민사랑을 실현해가야 한다"라고 했다.[28] 이는 "김일성-김정일주의는 본질에 있어서 인민대중제일주의이다"라는 김정은의 말이 "김정일주의는 본질에 있어서 인민대중 중심의 우리식 사회주의이다"라는 말을 포함하는 것을 의미한다. 김정일의 유훈에 따라 사상과 정치적 자주성을 확보한 '김일성주의'와 자위적 군사력을 추구했던 '김정일주의'를 계승하여 정치적 자주성과 강력한 국방력을 유지하면서 경제적으로는 더 풍요한 국가를 만들겠다는 것을 '김일성-김정일주의'로 정의하고 그것을 국가목표로 천명한 것이다. 이는 북한도 여느 나라와 마찬가지로 안전보장과 경제적 번영을 국가의 이익으로 생각하고 있으며, 이러한 목표의 달성을 우리식 사회주의의 완성으로 규정하고 있음을 의미한다.

그런데 '우리식 사회주의, 인민대중 중심의 우리식 사회주의, 인민대중제일주의'는 〈그림 2〉와 같이 각각 북한의 국가전략체계 중 국가목표인 '김일성주의, 김정일주의, 김일성-김정일주의'와 시대적으로 같이 사용되었음을 볼 수 있다. 즉 '우리식 사회주의, 인민대중 중심의 우리식 사회주의, 인민대중제일주의'는 '김일성주의, 김정일주의, 김일성-김정일

---

[28] 로동신문(2015.4.29.) "논설 - 위대한 김정일 동지의 유훈은 승리와 번영의 근본 초석이다"

주의'의 별명이라 할 수 있다. 국가전략과 부문별 전략(혹은 중심사상)은 국가목표가 추구하는 사회체제 구성요소의 발전을 위하는 방향으로 설정되었음도 확인된다. 김정은은 경제 중심의 국가전략을 세웠다. 경제 발전이라는 목표가 달성된다면 김정은 '김일성-김정일주의'를 '김정은 주의'로 변경할 명분을 갖게 될 것이다.[29]

〈그림 2〉 북한의 국가전략체계 변화과정

---

[29] 2021년 10월 김정은 집권 10년을 맞아 '김정은주의'가 언급되기도 했다.

IV. '인민대중제일주의' 채택의 의미와 북한의 미래

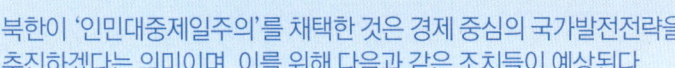

키 - 포인트 key point

북한이 '인민대중제일주의'를 채택한 것은 경제 중심의 국가발전전략을 추진하겠다는 의미이며, 이를 위해 다음과 같은 조치들이 예상된다.

- ✓ 국가전략의 중심은 '경제발전'
- ✓ 국가경제발전을 위해 더 많은 인민대중을 동원
- ✓ 강력한 경제발전전략 추진을 위해 공직기강 강화
- ✓ 대외 경제환경 개선을 위한 외교적 노력

1. 경제부문 중심의 국가전략 추진

북한은 제8차 당대회에서 당규약의 개정 외에 「국가경제발전 5개년 계획」을 새롭게 결정했다. 김정은은 개회사에서 "「국가경제발전 5개년 전략」 수행 기간이 지난해까지 끝났지만 내세웠던 목표는 거의 모든 부문에서 엄청나게 미달되었다"고 고백했다. 김정은은 실패에 대한 고백과 더불어 '혹독한 대내외 정세'와 '예상치 않았던 도전들'이 그 이유라고 당대회 개최 결정 이후 계속 말해왔다. 김정은이 경제개발계획의 실패를 인식하게 된 것은 2018년 여름 큰 기대를 안고 「국가경제발전 5개년 전략」의 이행상태를 확인하기 위한 전국 현지지도 중 중앙에서 받은 보고와 다른 현장의 실태, 그리고 관리들의 불성실한 복무자세에 큰 충격을 받았을 때부터였다. 그는 '마구간 같은 낡은 건물,' '땜때기식,' '마구

잡이,' '너절하다' 등의 표현을 사용하며 관련자들을 질타하였다.[30] 이후 여러 번 당과 내각을 지도하였지만 상황은 개선되지 않았다.

당대회 이후 최고인민회의 제14기 제4차 회의에서 많은 내각 성원들이 새로 임명되었는데 다음과 같은 특징들이 있었다. 첫째, 경제부처의 장(長)을 대거 교체하였다. 부총리 겸 국가계획위원장을 비롯하여 부총리 6명과 농업상, 전력공업상, 화학공업상, 철도상, 채취공업상, 자원개발상, 건설건재공업상, 경공업상, 재정상, 노동상, 대외경제상, 도시경영상, 상업상, 중앙은행 총재, 중앙통계국장 등이 그들이다.[31] 둘째, 실무를 잘 알고 있는 해당 부처의 2인자 또는 3인자(차관이나 국장급)들이 후임자로 임명되었다. 경제문제 해결을 위해 실질적 대책을 세우라는 주문일 것이다. 김정은은 이들과 직접 사진을 찍으며 "새로운「국가경제발전 5개년 계획」수행을 위한 투쟁에서 기본은 책임일꾼들의 헌신성과 대담성이다. 내각 성원들은 당을 믿고 모든 사업을 과학적으로 타산하고 통이 크게 내밀며 끝장을 볼 때까지 완강하게 실천하여 자기 부문 앞에 맡겨진 혁명과업 수행에서 실제적인 변화, 실질적인 성과를 이룩해야 한다"라고 하였다.[32]

매년 1월 북한은 지역별로 신년사 관철을 위한 군중집회를 열어왔다.

---

[30] 조선중앙통신(2018.8.17.) 신의주화학공장, 온포휴양소, 양덕온천지구, 신의주방직공장, 삼지연감자가루생산공장, 삼지연중흥농장, 어랑천발전소건설장, 청진가방공장, 묘향산의료기구공장 등이 질책을 당했다.

[31] 조선중앙통신(2021.1.18.) "조선민주주의인민공화국 최고인민회의 제14기 제4차 회의에서 내각성원, 중앙검찰소장 임명"

[32] 로동신문(2021.1.19.) "조선로동당 총비서이신 경애하는 김정은동지께서 최고인민회의 제14기 제4차 회의에서 새로 임명된 내각성원들을 만나시고 기념사진을 찍으시었다"

수령의 신년사나 로동신문 등 당 기관지의 신년 공동사설을 암송하고 토론하는 모임이다. 코로나19 방역에 집중하고 있는 북한이지만 2021년에도 유사한 형태의 모임들이 각지에서 있었다. 그런데 다른 해와 달리 「국가경제발전 5개년 계획」이 토론의 주제로 등장했다. 당대회에서 결정된 사상 및 정신과 더불어 「국가경제발전 5개년 계획」에 대해 학습하고 세부 단위들까지 이 계획에서 제시한 목표를 달성하기 위한 과업들을 토론하였다.[33] 로동신문은 「국가경제발전 5개년 계획」의 성공적인 수행을 강조하며 '실현 가능한 투쟁목표의 설정,' '목표 달성을 위한 작전과 임무분담,' 그리고 '과학기술의 활용' 등을 강조하는 기사들을 연일 실었다.[34] 이러한 일련의 움직임은 북한이 '인민대중제일주의'의 실천 방식으로 실현 가능한 목표를 「국가경제발전 5개년 계획」으로 구체화하여 경제발전을 이룩하는 것을 당 8기 체제 국가발전목표로 세웠다는 것을 보여준다.

국가전략체계라는 관점에서 봤을 때 제8차 당대회에서 '인민대중제일주의 사상'을 중심사상으로 제시할 것이 기대되었으나 정작 그에 대한 언급은 당대회 초반을 제외하고는 없었다. 그래서 '전략적 노선 제시 없는 내구력 키우기와 북한식 보수주의'라는 평가도 있었다.[35] '주체사상'과 '선군사상'은 각각 그 시대 북한이 중점을 두고 추진할 부문의 발전전략을 포함하는 핵심 사상이었다. 북한이 경제부문 중심의 국가전략

---

33 로동신문(2021.1.25.) "함경북도 명천군, 당 제8차 대회 관철 학습열풍 일으키고 있음"
34 "사설 새로운 5개년 계획 수행을 위한 경제작전을 면밀하게 짜고들자(2021.1.26.)," "5개년 계획 수행과 기술발전전략(2021.1.26.) 등
35 홍민, 「조선로동당 제7차 대회 분석(5) : 전략적 노선과 정책」, 통일연구원 온라인시리즈(2016.5.19.), p. 2.

을 성공적으로 수행할 자신이 있었다면 '주체사상'이나 '선군사상'처럼 '인민대중제일주의 사상'을 내세우고 그 추진 방향들을 구체적으로 제시했어야 하는데 그러지 못하였다. 김정은이 이전에 각료들을 질책하면서 현실성 없는 목표와 허위보고를 일삼는 것을 지적한 바 있고 당대회에서도 그 부분을 솔직히 언급한 점을 고려하면 새로 임명된 각료들이 「국가경제발전 5개년 계획」을 구체화할 시간을 주었을 가능성이 있다.

2. 인민대중을 '혁명의 주력군'으로

사회주의 국가에서 '사회주의 혁명의 주력군'을 누구로 하느냐는 매우 중요한 문제이다. 그들은 사회주의 혁명이 무산 노동자들로 구성된 프롤레타리아 계층에 의해 이루어진다고 선전해왔다. 북한도 전후 국가재건사업을 진행하면서 "혁명의 주력군인 노동자와 농민의 견고한 동맹을 바탕으로 강력한 혁명근거지를 창설하고 미 영 제국주의자들의 무력침공으로부터 조국을 수호할 수 있다"라고 하였다. 김일성은 이러한 인식을 바탕으로 전후 국가재건사업에 노동자와 농민들을 동원하기 위한 다양한 방법을 창조해냈다. 이후 김정일이 당 사업을 시작하면서 3대혁명소조 등을 조직하여 청년과 여성들을 혁명의 주력군에 포함하였다. 군대가 혁명의 주력군이 된 것은 1990년대 후반 고난의 행군 시기 '선군'의 등장과 함께였다. 로동신문은 1996년 2월 '위대한 영도자를 모시고 전진하는 조선 청년운동의 전도는 끝없이 양양하다' 제하 사설에서

"우리는 지금 어려운 조건에서 사회주의를 건설하고 있으며 조성된 정세는 모든 청년이 〈고난의 행군〉 정신으로 살며 투쟁할 것을 요구하고 있다. 조국통일을 앞당기며 사회주의 건설을 다그치기 위한 무거운 과업이 투쟁의 기수이며 혁명의 주력군인 우리 청년들의 어깨 위에 지워져 있다. (중략) 청년들은 경애하는 최고사령관 김정일 동지의 군대, 인민군대에 복무하는 것을 커다란 자랑으로 여겨야 하며 언제 어디서나 군사를 성실히 배우고 노동과 국방에 믿음직하게 준비되어있어야 한다"라며 고난의 행군을 이겨낼 혁명의 주력군으로 처음 언급하였다.[36]

 김정일이 '선군노선'을 전략으로 채택한 것은 외부의 압력에 군사력 건설로 맞대응을 하겠다는 것 외에 군인들을 국가건설에 동원하려는 의미도 포함하고 있었다. 로동신문은 1998년 5월 26일 정론 〈군민일치로 승리하자〉에서 '선군정치'라는 단어를 처음 사용하였다. "경애하는 장군님의 위대한 선군정치와 끊임없는 전선시찰은 단순히 나라의 국방력을 강화하기 위한 것만이 아니다. 여기에는 인민군대를 주체혁명의 주력군, 기둥으로 내세우고 온 사회의 혁명적 군인정신화, 군민일치화를 실현하여 우리 혁명대오를 강철의 정예대오로 만들려는 전략적 의도와 확고한 의지가 깃들어있다. 군대와 인민의 사상 일치, 투쟁기풍의 일치, 생사고락의 일치는 오늘 경애하는 장군님께서 펼치시는 위대한 선군정치의 심원한 본질"이라고 하였다.[37] 노동자, 농민, 청년, 여성 등에 이어 군대도

---

36 로동신문(1996.2.17.) 김정일 생일 중앙보고대회에서 당 정치국 후보위원이며 당중앙위원회 비서인 최태복이 한 말이다.
37 로동신문(1998.5.26.) "정론 군민일치로 승리하자" 김정일의 "혁명적 군인정신에 기초한 군대와 인민의

혁명의 주력군으로 나서 사회주의 혁명을 완수하자는 선동이었다.

'혁명의 주력군'은 국가가 추진하는 사업에 노동력을 제공하는 대상이다. 김정일은 비록 '인민대중 중심의 우리식 사회주의'를 접었지만 '선군노선' 아래에서도 경제발전 시도한 '7.1 경제개혁조치' 이후 사회주의 건설에서 혁명군대의 주도적인 지휘와 역할을 여러 차례 강조하고, 고난의 행군이라는 열악한 환경을 뚫고 사회주의 강성대국 건설을 위한 돌파구를 여는데 군대가 선봉대 혹은 돌격대가 될 것을 요구하였다.[38] 김정은도 2016년 5월 제7차 당대회에서「국가경제발전 5개년 전략」을 새로 시작하면서 "인민군대는 사회주의 강국 건설의 주력군, 돌격대의 위력을 계속 높이 떨쳐야 합니다"라고 함으로써 군이 새로운 혁명의 주력군이라는 임무를 맡을 것을 주문하였다.[39] 이러한 관점으로 보면, 제8차 당대회의 결정은 김정은이 군대에 이어 인민대중에게 새로운 '혁명의 주력군' 역할을 주문한 것이라 할 수 있다.

인민대중을 혁명의 주력군으로 내세울 가능성은 이미 여러 곳에서 감지되었다. 2020년 가을 자연재난 이후 많은 주민이 동원되어 자기 지역의 피해를 복구하였고, 제9호 태풍 '마이삭'으로 함경남북도 지역에 큰 피해가 발생하자 김정은이 평양시 당원들에게 "당중앙은 수도의 우수한 핵심

사상과 투쟁기풍의 일치, 이것이 군민일치 사상의 본질이며 우리 사회의 밑뿌리입니다"를 인용한 것이다.

[38] 2002년 11월 11일 로동신문에서 혁명의 주력군으로서 군대가 나서 수많은 중소형발전소 건설, 동해안의 소금 생산 등을 진행해야 하는 사명을 맡았다고 보도한 이후 군대가 국가건설에 동원되었다는 보도는 계속 증가하였다.

[39] 로동신문(2016.5.8.) "조선로동당 제7차 대회에서 한 당중앙위원회 사업총화 보고"

당원 1만 2천명으로 함경남북도에 각각 급파할 최정예 수도당원사단들을 조직할 것을 결심하였다"라는 내용의 공개서한을 보내 많은 주민을 약 70일간 피해복구에 동원하였다. 인민대중의 동원이 일회성으로 끝나지 않을 것도 예고하였다. 2020년 9월 14일 황해북도 금천군 강북리 피해복구 현장을 현지지도하던 김정은이 "지방건설, 특히 농촌건설의 전망목표를 보다 현실성 있게 세워야 한다. 농촌의 문명한 발전을 가속화하여 계속 그 면모를 일신시켜나가며 우리의 농촌을 현대적 기술을 가진 부유하고 문화적인 사회주의 농촌으로 전변시키기 위한 책임적이고도 중요한 사업에 국가적인 지원을 대폭 증강하여야 할 것"이라고 말한 뒤 "구상하던 원대한 사회주의 농촌건설강령을 하루빨리 완수하기 위한 우리 당의 현시기 당면과업과 전망목표에 대한 보다 진지한 연구와 대책이 절박하다. 우리 당대회가 이 중대한 문제에 대한 정확한 해답을 줄 것이다"라는 말[40]과 "당 제8차 대회에서는 모든 시 군들을 문명부강한 사회주의 국가의 전략적 거점으로, 자기 고유의 특색을 가진 발전된 지역으로 만드는 것을 시 군 강화의 총체적인 목표로 내세웠다"는 보도[41]를 고려하면 당대회에서 이 문제도 토의되었을 것이다. 향후 주택개량, 강과 하천의 정비, 식목활동 등 북한판 '새마을 운동'이 전개될 가능성이 있다.

---

40 로동신문(2020.9.15.) "경애하는 최고영도자 김정은 동지께서 피해복구한 황해북도 금천군 강북리를 현지지도 하시었다"

41 로동신문(2021.1.27.) "발전전략과 전망목표를 현실성 있게"

3. 공직기강의 확립

김정은은 제8차 당대회 보고에서 "우리 당은 당 건설과 당 활동을 오직 위대한 수령님과 장군님께서 가르쳐주신 대로 해나갈 것이며 당 사업 전반에 인민대중제일주의를 철저히 구현하여 전 당이 인민에게 멸사복무하는 것으로서 당의 전투력을 백배해나갈 것입니다."라며 인민대중제일주의가 추구하는 방향의 하나가 이민위천(以民爲天)임을 분명히 하였다.[42] 김정은에 이어 내각총리 김덕훈도 최고인민회의 제11기 제4차 회의에서 "저는 본 최고인민회의에서 내각성원들을 대표하여 당과 인민의 믿음과 기대에 반드시 보답하겠다는 것을 엄숙히 선서합니다. 각급 인민위원회들에서 우리 당의 이민위천의 이념과 인민대중제일주의 정치를 충직하게 받들어 모든 사업과 활동을 인민에 대한 멸사복무로 일관시키며 인민생활을 책임진 호주로서의 책임과 본분을 다해나가도록 하겠습니다. (중략) 경애하는 김정은동지의 크나큰 믿음과 인민의 기대에 실천적인 사업성과로 보답하겠다는 것을 다시금 굳게 맹세합니다."라고 선서하였다.[43] 김정은은 신임 내각성원들에게 "애국충정과 이민위천 사상을 심장에 새기고 당과 인민의 기대와 믿음을 순간도 잊지 않고 분발하라"고 당부하였다.

김정은은 2018년 여름 현지지도에서 공직기강의 문제를 바로잡지

---

42 로동신문 (2021.1.10.) "인민대중제일주의 당 사업 전반에 일관시켜"
43 로동신문 (202.11.18.) "최고인민회의 제14기 제4차 회의에서 한 내각총리의 선서"

앞고서는 새로운 전략과 정책의 시행이 불가능하다고 판단하였고, 이후 공직기강을 부쩍 강조하였다. 2019년 12월 '일꾼들은 인민들을 위하여 멸사복무하자' 제하의 논설에서는 "우리 당은 이미 세도와 관료주의를 우리의 일심단결을 파괴하고 좀먹는 위험한 독소로, 적들을 도와주는 이적행위로 보고 그와의 전쟁을 선포하였다. 당 조직들은 일꾼들 속에서 나타날 수 있는 개인 이기주의, 공명심, 안일 해이해진 사상관점에 사상전의 예봉을 돌리고 세도와 관료주의, 부정부패 행위를 밑뿌리째 들어내기 위한 투쟁을 강도 높이 벌려야 한다. 어머니당의 존엄 높은 모습에 먹칠하며 우리의 혁명 진지를 허물어뜨리는 행위를 저질렀을 때는 그게 누구이든 직위, 공로와 관계없이 비타협적인 투쟁을 벌여야 한다"라며 간부들의 일탈행위를 경계하였다.[44] 일주일 뒤 사설은 '일꾼들이 구현하여야 할 인민적 사업방법' 제하로 "세도와 관료주의, 부정부패행위는 우리 일꾼들에게 있어서 첫째가는 투쟁대상이며 그것을 철저히 뿌리 뽑는 것은 인민적 사업방법 확립의 필수적 요구이다. (중략) 당은 세도와 관료주의, 부정부패와의 투쟁을 인민의 존엄과 이익을 침해하는 온갖 반인민적인 것을 말끔히 쓸어버리기 위한 심각한 정치투쟁으로 보고 그와의 전쟁을 선포하였다."라고 하였다.[45]

김정은은 부정부패는 사회주의를 멸망시키는 원인이라고 인식하고 있다. "지난 세기 말엽 사회주의를 건설하던 동유럽의 여러 나라에서

---

[44] 로동신문(2018.12.10.) "조선로동당 중앙위원회 정치국 상무위원회 위원, 당중앙위원회 비서 김정일 조선로동당은 영광스러운 《ㅌ.ㄷ》의 전통을 계승한 주체형의 혁명적 당이다"
[45] 로동신문(2019.12.19.) "논설 일꾼들이 구현해야 할 인민적 사업방법"

피로써 쟁취한 혁명의 붉은 기를 내리게 된 것은 결코 군사력이 약하고 경제력이 약해서가 아니었다. 혁명 선배들이 이룩한 사상과 업적을 빛나게 계승해나가지 못한 데 있으며 제국주의자들의 사상문화적 침투책동으로부터 사람들의 건전한 도덕의식이 말살되고 사회가 온갖 부정부패와 패륜패덕의 난무장(亂舞場)으로 변한 데 그 원인이 있다"라고 말한 적도 있다.[46]

김정은은 "일꾼들은 높은 인민성을 지니고 인민을 위하여 멸사복무하여야 합니다"라며 관료들의 봉사정신을 강조해왔다.[47] 특히 제8차 당대회 이후에는 "전당의 당원들이 당대회가 제시한 과업 관철을 위한 투쟁에서 핵심적·선봉적 역할을 하여야 합니다"라는 말을 더해 당원들이 인민을 위한 봉사의 정신을 갖도록 강조하였다.[48] 김정은은 선대 수령들의 뜻을 이어 세도주의, 관료주의, 그리고 부정부패와의 전쟁을 선포하고 인민을 위해 멸사복무하는 지도자로 자신을 인식시키려 하고 있다. 그의 노작들이라고 주장하는 《위대한 김일성, 김정일동지 당의 위엄은 필승불패이다》, 《인민대중에 대한 멸사복무는 조선로동당의 존재방식이며 불패의 힘의 원천이다》를 소개하며 "백승만을 아로새겨온 위대한 김일성 김정일동지, 당의 영광스러운 70년 역사가 긍지 높이 정화되고 당의 영도 밑에 주체혁명위업을 끝까지 완성하는 데서 나서는 원칙

---

[46] 로동신문 (2020.2.20.) "우리 원수님 펼쳐가시는 도덕의리의 새 역사"
[47] 로동신문 (2015.11.22.) "인민에 대한 멸사복무정신을 지니고 상업봉사활동에서 전환을 일으켜나가겠다" 제하 기사에서 처음 언급된 이후 거의 보도되지 않다가 2020년부터 자주 인용되고 있다.
[48] 로동신문 (2021.1.27.) "노동자들이여, 시대가 부여한 중임을 솔선 떠메고 앞으로"

적 문제들이 밝혀져 있으며, 위대한 김일성-김정일주의의 본질을 인민대중제일주의로 정식화하시고 한평생 인민을 위하여 모든 것을 다 바치신 위대한 수령님과 장군님의 고귀한 뜻을 받들어 위대한 인민을 위하여 멸사복무하시려는 경애하는 최고영도자 동지의 숭고한 뜻이 응축되어 있다"라고 한 것이 대표 사례이다.[49]

2020년, 북한에 새로운 감찰조직이 창설됐다는 보도가 있었는데 8차 당대회 중 당 지도부 보도사진에서 오일정이 군정지도부장으로 식별되면서 사실로 확인되었다.[50] RFA는 군정지도부가 2020년 3월 창설되어 주로 군 권력기관에 대한 검열을 담당한다고 보도하였다.[51] 김일기와 김호홍은 "이와는 별도로 조선로동당 조직지도부 행정과를 확대하거나 새로운 정보조직을 만들어 대남 및 해외정보조직까지도 관장하게 될 것"이라며 김여정이 그 책임을 맡을 수도 있다고 분석했다.[52]

지역 당조직, 기업소와 군의 당조직 간부들, 그리고 중앙조직의 하급관리들에 대한 교육과 검열도 강화될 것으로 전망된다. 주민들과 직접 대면하는 하층 간부들의 부정부패가 매우 심각하기 때문이다. RFA는 2018년 김정일 8주기 추도행사에 참석했던 일부 주민들이 "만일 전쟁이 일어나

---

49 로동신문(2020.12.13.) "숭고한 혁명적 도덕의리의 정화"
50 로동신문(2011.1.11.) "당중앙위원회 정치국 위원들"
51 RFA(2020.4.3.) "김정은, 군부권력기관 검열 전담 '군정지도부' 신설." 2019년 당 군사부를 개편하여 창설되었다고 보도하였다.
52 김일기·김호홍, 『김정은시대 북한의 정보기구』(서울 : 국가안보전략연구원, 2020), pp. 86-91.

면 보위부, 보안서 간부들에게 먼저 총부리를 돌리겠다"라고 말하는 실정을 보도한 바 있고[53] "자녀의 결혼식 날은 간부가 한몫 챙기는 날," "결혼식 축의금 때문에 살림이 휘청거릴 정도"라는 불평들을 보도한 언론도 있다.[54] 돈주들이 직접 국영기업에까지 투자할 수 있게 되면서 당이나 공안기관의 간부들이 기업소 지배인 및 돈주들과 결탁하여 이권을 챙기는 일들도 많고,[55] 국경지대 간부들이 돈을 받고 탈북을 돕거나 반사회주의적 물건의 유통에 협조하고 있는 현실을 버려둘 수 없다.

4. 외교의 재개 가능성

많은 전문가는 김정은이 제8차 당대회 보고에서 제7차 당대회 이후 소형경량화, 규격화, 전술무기화, 그리고 수소탄 개발 등 핵기술 고도화와 화성-15형 대륙간탄도미사일 시험발사 성공 등 미사일 기술 개발의 사례를 군사부문 주요 성과로 제시하고 대회 후 열병식에서는 조선로동당 창건 75주년 기념 열병식(2020. 10. 10.) 이후 3개월여 만에 '북극성-5ㅅ(시옷)'이라는 새 SLBM을 공개한 사실을 두고 북한이 군사적 대결 시대로 돌아갈 수 있다고 전망했다. 그러나 북한이 2017년까지 핵과

---

[53] RFA(2018.12.17.) 김정일 7주기 행사 추도사에서 "쪽잠을 자고 주먹밥으로 끼니를 때웠다"라고 미화하자 주민들이 반감이 드러내며 이런 분위기도 조성됐다고 했다.

[54] 아시아경제(2018.12.13.) "北간부에게 '자녀 결혼식은 한몫 챙기는 날'"

[55] RFA(2018.5.18.)와 Daily N.K(2016.6.30.)는 시장의 돈주들을 둘러싸고 당 간부와 공장지배인 간 암투도 벌어지고 있다고 보도했다.

미사일 개발에 집중하다 2018년 돌변하여 남한 및 미국과 대화를 추진했던 것처럼 이번에도 외교의 길로 돌아올 가능성이 있다.

국가전략의 성공적인 수행이라는 목표를 가진 김정은에게 가장 시급하고 중요한 과제는 미국이 주도하는 국제사회의 제재를 해제하는 것이다. 김정은이 2018년 신년사를 기점으로 태도를 바꿔 대화에 나선 것은 2016년 제7차 당대회에서 경제전략을 '대안의 사업체계'에서 '사회주의 기업책임관리제'[56]로 바꾸고 '사회주의 경제건설 총력노선'[57]을 새 국가전략으로 준비하고 있던 사실과 관련이 있었다. 경제 중심의 새로운 전략을 추진하기 위해서는 묶인 손과 발을 먼저 풀어야 했기 때문이다. 트럼프와의 정상회담에서도 김정은은 이 문제에 가장 큰 관심을 보였다. 2020년 초 공개된 북한의 기록영화는 2019년 북미 정상의 판문점 회동 당시 김정은이 "제재로 인한 고통이 이제 분노로 바뀌었다. 약속은 안 지키고 일방적인 요구만 하는 미국식 대화법에 응할 수 없다"라고 말한 내용을 담고 있다. 북한이 정상회담 결렬 이후에도 미국에 대한 비난을 최대한 자제하고, 특별히 트럼프가 정한 한계선인 대륙간탄도미사일 발사를 꽤 오랫동안 하지 않았다는 점은 미국과 대화의 끈을 놓지 않고 있음을 의미한다.[58]

---

[56] 로동신문(2016.5.8.) "조선로동당 제7차 대회 당중앙위원회 사업총화 보고" 김정은의 보고 후 즉각 승인되었다.

[57] 로동신문(2018.4.20.) "민족의 안전과 번영을 담보하는 정당한 노선" 2018년 4월 당중앙위원회 제7기 제3차 전원회의에서 채택되었다.

[58] 연합뉴스(2020.9.13.) "김정은, 트럼프에게 '한 미 연합훈련 취소 믿었는데… 정말 불쾌'" 우드워드(Bob Woodward)는 『격노(Rage)』에서 트럼프 대통령은 김정은의 ICBM 발사에 대해 "그가 쏜다면 쏘는 것"이라면서도 "그리고 그는 큰 문제에 빠질 것이다. 누구도 생각한 적 없을 만큼 큰 문제일 것"이라고 단호한 발언을 했다고 썼다.

북한이 외교로 나온다고 해도 1:1 정상외교에서 실패한 경험 때문에 김정은이 직접 나서서 미국 대통령과 담판했던 방식은 피할 가능성이 있다. 전체주의 국가에서 지도자는 절대자이지만 그 권위는 '영원한 오류 불가능성' 아래에서 유지된다.[59] 북한에서 김정은은 그런 존재이며 그의 말 한마디 한마디는 어떤 형태로든 이루어져야만 한다. 그런데 트럼프와의 담판 실패는 그 권위에 금이 갈 수 있는 위험신호였다. 그래서 김정은이 처음부터 직접 나서는 하향식(Top-Down) 외교보다는 실속을 우선 챙기는 상향식(Buttom-Up) 외교로 전환할 가능성이 있다. 그렇다고 북한의 의사결정 구조에서 김정은을 대신하여 결정을 내릴 수 있는 사람은 없다. 다른 대안으로는 양자가 아닌 중국과 한국이 포함된 4자 정상회담을 추진하는 방안이 있을 수 있다. 김정은을 움직이기 위해서는 시진핑 중국 국가주석의 역할이 더욱 필요할 때이지만 험악해진 미·중 관계가 변수이다.

북한을 외교무대로 끌어내려면 북한의 국가전략 수행에 도움이 될만한 유인책이 제시되어야 한다. 북한은 경제부문 중심의 국가전략을 추진하려 하고 있으나 그것을 위해 내놓을 수 있는 것은 비교적 풍부하게 매장되어 있는 천연자원과 '인민대중'이라는 노동력뿐이다. 따라서 이 두 가지를 활용한 경제협력 방안이 또다시 추진될 수 있다. 그런 면에서 개성공단이나 금강산 관광은 좋은 협력사업들이었다. 그러나 이 두 사업의 중단을 가져온 사업구조를 먼저 개선하여야 사업의 재개나 새로

---

[59] Hannah Arendt, 이진우·박미애 옮김, 2006, pp. 82, 108.

운 사업의 추진이 가능한데 남북 양자의 합의만으로는 부족하다. 미국과 중국이 함께 참여하는 국제협력방식이 바람직한 대안이 될 수 있을 것이다. 김정은은 외교에서 또다시 실패한다면 자신의 위험부담을 줄이기 위해 마이클 만(Michael Mann)의 경고처럼 더 강한 폐쇄의 길로 돌아갈 가능성도 있다.[60]

---

[60] "20세기 전반 이후 이데올로기는 계속 쇠퇴해 왔으나 이데올로기가 끝난 것은 아니다. 이데올로기는 현존하는 제도적 이념 안에서는 해법을 찾을 수 없는 위기가 닥칠 때마다 재등장한다." Michael Mann, Power in the 21st Century Conversations With John A. Hall, Politypress(2013), 김희숙 역, 『사라진 권력 살아날 권력』(서울 : 생각의 길, 2014), pp. 102-103.

V. 결론

북한은 조선로동당 제8차 대회를 통해 '김일성-김정일주의'가 '인민대중제일주의'를 지향하는 국가목표임을 당의 규약에 공식적으로 명시하였다. 이는 김정은이 집권 초부터 추구해왔던 경제부문 중심의 새로운 국가전략 추진을 통해 김일성과 김정일 두 선대 수령의 유훈을 관철하고, 사상 정치 군사강국에 이어 경제강국에도 도달함으로써 우리식 사회주의를 완성하겠다는 국가전략을 공식화했다는 의미를 부여할 수 있다. 이 선언에 따라 인민대중은 천심(天心)을 가졌으므로 김정은이 떠받들어야 할 존재인 동시에 사회주의 혁명의 완성을 위해 동원하여야 할 '혁명의 주력군'이 되었다. 선군시대의 군인에 이어 일반 주민들을 동원할 명분이 생겼다.

김정은은 당 창건 75주년 기념식에 이어 제8차 당대회에서도 경제부문의 실패에 대해 인민 앞에 반성하고 지난 5년간 실패의 경험을 교훈 삼아 새로운 5년의 성공적인 전략 추진을 다짐했다. 제7기 체제에서 추진해온 「국가경제발전 5개년 전략」을 포함한 당 사업의 실패를 개선하기 위해 경제부문을 중심으로 당과 내각의 인물들을 대대적으로 교체했다. 당과 내각의 책임자들도 김정은의 뒤를 따라 계획의 허구성, 허술한 사업관리, 허위보고 등을 자아비판했다. 따라서 새로운 「국가경제발전 5개년 계획」

에는 매우 현실적인 목표와 추진계획들이 포함되었을 것이다.

　김정은은 경제발전의 성과를 분명히 보여줄 시간을 더 달라고 인민대중에게 호소하며 그 기한을 당 창건 80주년이 되는 2025년까지로 연장하였다. 획기적인 변화가 없다면 모든 환경을 바꾸기에는 충분하지 않은 시간이다. 이 시간 안에 새 계획의 성공적 추진을 위해서라면 북한이 도발을 최대한 억제하고 남한 및 미국과의 대화로 돌아오는 선택을 할 가능성이 커졌다. 국제제재의 완화와 기술 및 자본의 유입 없이는 계획의 추진이 현실적으로 불가능하기 때문이다. 북한을 대화로 유인하기 위해서는 '인민대중제일주의'라는 경제부문 중심의 국가전략을 먼저 이해하고 접근하여야 한다. 김정은은 인민들에게 5년의 기간을 약속했다. 남한과 미국의 신정부와의 관계를 개선하지 못한다면 그의 약속이 지켜질 가능성은 점차 희박해질 것이다.

남북한 제대로 알기 「민주시민교육총서」

08

남북한 제대로 알기 민주시민교육총서
남 북 협 력 개 론

두 개의 코리아
(Two Korea)

차동길 교수

08 두 개의 코리아
Two Korea

들어가며

국제법이든 국내법이든 법적인 문제를 떠나 현실적으로 한반도에는 두 개의 코리아가 있다. 대한민국(한국)이라는 국호를 가진 남쪽 코리아(South Korea)와 조선민주주의인민공화국(조선)이라는 국호를 가진 북쪽 코리아(North Korea)가 그것이다. 한국에서는 남쪽에 있는 한국을 남한, 북쪽에 있는 한국을 북한이라고 부른다. 북한에서는 남쪽에 있는 조선을 남조선, 북쪽에 있는 조선을 북조선이라고 부른다.

한국 사람들은 남조선, 북조선이라는 용어에 대해 북한에서 부르는 나라 이름 정도로 이해한다. 그러나 남한국, 북한국이라는 용어에는 어색함을 느낀다. 남한, 북한이라는 용어에 익숙해서일 것이다. 많은 사람은 남한이 남쪽 한국의 줄인 말이고 북한이 북쪽 한국의 줄인 말이라고 하면 처음 듣는다는 듯 놀라면서도 쉽게 이해한다. 남한과 북한, 남조선과 북조선의 또 다른 표현은 남측과 북측이다. 한국 사람들이 남조선이라는 용어를 받아들일 수 없고, 북한 사람들이 북한이라는

두 개의 코리아(Two Korea)

용어를 받아들일 수 없기에 중립적 표현으로 사용된 단어이다. 우리나라 언론이 남측, 북측이라는 표현을 본격적으로 쓰게 된 것은 2000년 6.15 남북공동선언 이후이다. 기자협회와 PD 연합회 등이 남한, 북한 대신 남측, 북측이라는 단어를 쓰기 시작한 것이다.

그러면 한반도에 왜 두 개의 코리아가 수립된 것일까. 먼저 한반도 역사의 흐름을 간략하게 알아볼 필요가 있겠다. 한반도에는 518년 동안 조선이라는 나라가 있었다. 1392년 7월 17일, 고려의 무관이었던 태조 이성계가 건국한 나라로 국호를 '조선'으로 정한 것은 1393년 2월 15일이었다. 조선의 공식 명칭은 대조선국(大朝鮮國) 또는 조선국(朝鮮國)이라 하였으며 흔히 조선(朝鮮) 또는 조선왕조(朝鮮王朝), 이씨조선(李氏朝鮮), 이왕조(李王朝), 이조(李朝), 이왕(李王)이라 부르기도 한다.

조선은 1897년 10월에 고종황제가 국호를 대한제국으로 선포하며 조선왕조를 계승하였으나 1910년 8월 29일 일본의 강압으로 한일합병조약이 체결됨에 따라 518년의 조선은 종식되고 일본 식민 지배를 받게 되었다. 그로부터 35년간 일본 통치하에 있던 한반도는 1945년 8월 15일 태평양 전쟁에서 일본이 패망함에 따라 독립이 되는 듯했으나 즉각적인 소련 제25군의 북한 진출과 이를 우려한 미국의 일본군 무장해제 책임 명분의 38도선 설정으로 한반도는 남북으로 분단되게 되었다. 한반도에 두 개의 코리아가 세워지게 된 동기이다.

본 장에서는 한반도에 세워진 두 개의 코리아 즉, 남한국(남조선)과 북한국(북조선)이 각각 어떻게 탄생하게 되었는지를 역사적 사실에 기초하여 알아보고, 향후 통일방안에 대한 현실적 고민을 다루고자 한다. 남한국(남조선)과 북한국(북조선)은 분명 한 민족이다. 그러나 서로 다른 체제로 수립되어 70년이 넘도록 유지하고 있다. 민족이라는 관점에서는 통일문제에 대한 접근이 어렵지 않지만, 체제라는 관점에서는 매우 어렵고 복잡하다.

1. 북한국(北韓國, 북조선) 어떻게 탄생했나?

키 – 포인트 key point

한반도 분단의 본질적 원인을 알아보고 그 과정에서 소련의 공산국가 건설을 위한 체제구축과 김일성의 역할에 대해 조명한다.

- ✓ 정치적·사회적·민족적 관점에서 한반도 분단의 원인
- ✓ 소련의 대일 선전포고와 북한 점령은 한반도에 공산국가 건설 의도
- ✓ 북한은 소련이 김일성을 이용, 인민위원회라는 소련식 정부수립으로 탄생

북한국(북조선)은 북쪽 한국으로 공식 국호는 조선민주주의인민공화국이다. 영어로는 Democratic People's Republic of Korea. 약자로 DPRK라 한다. 그러면 조선민주주의인민공화국은 어떻게 탄생했을까. 앞에서도 언급한 바와 같이 1945년 8월 15일 태평양 전쟁에서 일본이 항복을 선언하자 공산국가인 소련은 즉각적으로 제25군을 북한에 투입하였다. 이때 필리핀과 오키나와에 있던 미군은 한반도 공산화를 우려하지 않을 수 없었고, 뒤늦은 1945년 9월 8일에서야 제24군단이 인천으로 상륙했다.

미국의 트루먼 대통령은 소련의 스탈린에게 북위 38도선을 기준으로 북쪽은 소련군이, 남쪽은 미군이 일본군 무장해제를 책임지자는 제안을 하였다. 이에 동의한 소련군은 일본군 무장해제라는 명분으로 북한 공산화에 나섰다. 소련군은 미군이 한반도에 들어오기 전에 38도선을 연해

초소를 설치하고 남북 왕래는 물론 통신까지 차단하였다. 겉으로는 해방군이라고 했지만 사실상 점령군이었다. 이로써 38도선을 기준으로 남북에는 미군과 소련군이 주둔하게 되었고 군정 통치가 시작되었다.

 소련의 북한 공산화 과정을 설명할 때 김일성이라는 인물은 빼놓을 수 없다. 소련은 북한을 점령할 때 김일성을 앞세워 들어왔다. 김일성은 1912년 4월 15일 평안남도 대동군 고평면 남리 지금의 평양시 만경대에서 어머니 강반석(베드로)과 아버지 김형직 사이에 3형제 중 장남으로 태어났는데 당시 그의 이름은 김성주였다. 아버지가 기독교 무장 독립단체인 조선 국민회의를 결성했다는 이유로 투옥되었다가 풀려난 1919년, 김일성 나이 7살에 김일성 가족은 당시 만주, 지금의 중국 동북 지방 요녕성으로 이주하였다. 11살이 되던 해에 평양 외가댁으로 혼자 귀국해서 소학교(지금의 초등학교)에 입학하였다. 그러다 13살 되던 해에 다시 만주로 건너가서 소학교를 마치고 천도교도 최동오가 운영하는 민족주의 학교 화성의숙을 다녔다.

 김일성은 14살이 되던 해에 아버지(김형직)가 공산주의자들에 의해 학살당하자 학교를 자퇴하고 이듬해 길림성에 있는 위문 중학교에 입학하였는데 그곳에서 마르크스에 심취된 청년 문학가 샹유에라는 스승을 만나면서 공산주의자가 되었다. 참 아이러니한 것은 아버지가 공산주의자들에게 학살당했는데 아들이 공산주의자가 되었다는 것이다. 이후 조선

공산청년회에 가입하여 활동하다 투옥되면서 위문 중학교를 퇴학당하게 되고, 출옥 후 본격적인 항일무장투쟁에 나섰다. 김일성의 항일무장투쟁은 중국 공산 진영(동북항일연군)에서 이루어졌는데 이때부터 그의 이름이 김성주에서 김일성으로 개명한 것으로 알려진다.

 1938년 일본의 대토벌 작전으로 동북항일연군이 궤멸하게 되자 김일성은 소련으로 도피하였다. 김일성은 소련에서 88 특별저격여단 예하 4개 대대 중 조선인 중심으로 편성된 1대대장이었으며 조선으로 투입되기 위해 조직된 공산당 조선공작단장직을 겸하게 되었다. 1945년 8월 6일과 9일 일본에 원자폭탄이 투하되자 소련은 곧바로 대일 선전포고를 하고 북한지역으로 공격하였다. 이때 김일성은 소련군을 따라 1945년 9월 19일 푸가초프호를 타고 원산항을 통해 평양으로 입성했고 소련군의 하수인 역할을 하기 시작했다.

 소련 군정은 8월 하순 평양에 군사령부를 설치하고, 군정 실시 기관으로 민정 관리 총국을 설치하여 소련군 정치사령부의 통제를 받도록 했다. 그리고 9월 말까지 각 도에 소련식 인민위원회를 설치하여 사실상의 공산정부를 수립하기 시작했다. 그리고 10월 14일 평양시민 군중대회를 개최하여 33살의 소련군 대위 김일성을 평양시민 앞에 내세웠다. 김일성이 북한지역 주민들 앞에 최초로 나선 것이다.

 각 도에 인민위원회를 설치한 소련 군정은 1946년 2월 김일성을 위원장으로 하는 북조선 임시인민위원회를 출범시킨 뒤 1947년 2월 입법부인 북조선인민회의와 행정부인 북조선인민위원회를 출범시켰다. 그리고 그해 11월에 북조선인민회의는 조선임시헌법제정위원회를 출범시키면서 헌법제정과 함께 본격적으로 정부 수립에 나섰다.

이처럼 소련은 내부적으로 공산정권 수립을 진행하면서 미국과 공동위원회를 구성하여 한반도에 정부 수립을 위한 협상을 진행했다. 소련은 신탁통치 반대 세력을 정부 구성에 참여시킬 수 없다는 주장을 굽히지 않았고, 미국은 신탁통치 찬반과 관계없이 모든 세력이 참여할 수 있게 해야 한다고 주장했다. 소련의 주장은 남쪽 정치세력을 배제하는 것으로 이미 출범한 북조선인민위원회를 염두한 것이었다. 결국 미소 공동위원회가 합의를 이루지 못하게 되자 미국은 한반도에서의 정부 수립 문제를 유엔(UN)으로 넘겼다.

유엔(UN)은 감시단을 보내 총선거를 치를 계획이었으나 소련과 김일성의 반대로 남쪽에서만 1948년 5월 10 유엔(UN) 감시하에 자유 총선거를 치르고 제헌 국회의원 198명을 선출하였다. 그리고 그해 8월 15일 자유민주주의 체제의 대한민국을 수립하였다. 이 과정에서 김일성과 서울을 근거지로 하는 남쪽 공산 세력인 남로당은 유엔(UN) 감시하에 이루어지는 자유 총선거를 방해·저지하기 위해 대규모 반란을 획책하였다. 대표적인 것이 제주 4·3사건이다. 이 사건으로 제주도에서는 5·10선거를 치르지 못해 제헌 국회의원 전체 200명 중 198명만 선출하게 되었다. 그리고 1948년 4월 29일 북조선인민회의는 특별회의에서 만장일치로 헌법을 채택하였는데 국호를 '조선민주주의인민공화국'이라 하였다. 이 국호는 조선, 민주주의, 인민공화국이라는 세 단어로 이루어졌는데 여기서 민주주의는 인민이 인민위원회를 창건하는 것으로부터 시작된 이른바 민주개혁, 다시 말해 인민적 민주주의를 의미하는 것으로 자유민주주의 체제에서 말하는 절차적 민주주의와는 다른 개념이다.

이를 근거로 8월에 최고인민회의가 출범하였다. 최고인민회의는 조선임시헌법제정위원회가 제출한 헌법 초안에 대해 부분적인 수정작업을 거쳐 9월 8일 완전한 공산주의 헌법을 채택한 후 9월 9일 조선민주주의인민공화국이 수립된 것이다. 이것이 북쪽 한국이 탄생한 경과이다. 비록 대한민국 정부 수립보다 늦게 수립하여 분단의 책임을 남한에 있다고 주장하나 조선인민군을 1948년 2월 8일에 창건한 사실과 4월 29일 헌법 제정 및 국호 결정만 보아도 1947년 2월에 수립된 북조선인민위원회가 사실상의 정부였음을 알 수 있다.

지금까지 알아본바 남북 분단은 일본의 항복과 동시에 이루어진 소련군의 북한 진출로부터 시작되었다. 그러면 소련은 왜 신속하게 북한을 점령한 것일까? 또 미국과 소련은 왜 한반도에 진출하여 군정 통치를 했을까? 그 첫 번째 원인은 1943년 11월에 개최된 카이로 회담에서 찾을 수 있다. 카이로 회담은 미국(루즈벨트), 영국(처칠), 중화민국(장제스) 정상이 2차 세계대전에서 일본에 대한 연합국의 대응과 아시아 지역에 대한 전후 처리를 어떻게 할 것인지에 대해 협의한 회담이었다. 이 회담에서 "한국은 한국인이 처해 있는 노예 상태에 유의하여 적절한 절차를 거쳐 자유롭고 독립된 국가가 되도록 한다" 고 의결했던 것이다. 여기서 '적절한 절차'가 바로 신탁통치를 의미하는 것이다.

두 번째 원인은 얄타회담이다. 얄타회담은 1945년 2월 4일부터 2월 11일까지 소련 흑해 연안에 있는 크림반도의 얄타에서 미국(루즈벨트)·영국(처칠)·소련(스탈린)의 정상들이 모여 전후 나치 독일의 관리에 대하여 의견을 나눈 회담이었다. 이 회담에서 정상들은 소련이 대 일본전에 참전하는 대가로 러일전쟁에서 잃은 영토를 되찾고 외몽골의 독립을 인정한다는 비밀의정서가 채택되었으며 스탈린은 중국과 동맹 및 우호 조약을 체결하기로 합의했다. 그 후 소련은 연합국과 일본의 전쟁을 관망하다가 1945년 8월 6일 히로시마에, 8월 9일 나가사키에 원자폭탄이 투하되자 전세가 기운 것을 확인하고는 곧바로 대일 선전포고를 하고 만주를 거쳐 북한지역으로 공격을 감행한 것이다.

세 번째 원인은 모스크바에서 개최된 미국, 영국, 소련 외무상 회담이다. 우리는 이것을 모스크바 3상 회의라 부른다. 이 회담에서 한반도에 대한 신탁통치가 구체적으로 논의되었는데 미국, 영국, 소련, 중국 네 나라가 최장 5년 동안 신탁통치 하기로 의결한 것이다. 이에 대해 김일성을 중심으로 하는 북쪽 지역 공산 세력은 처음에는 신탁통치를 반대했으나 세계 공산화를 꿈꾸는 공산주의 대표국가 소련의 지령에 따라 신탁통치 찬성으로 돌아섰고 남쪽의 지도자들은 처음부터 신탁통치를 반대하였다.

이상에서 보는 바와 같이 북한국(북조선)은 소련의 세계 공산화 정책에 따라 처음부터 계획적으로 세워졌다. 한반도에 진출하자마자 인민위원회를 설치하여 사실상의 정부 기능을 수행하게 한 것도, 신탁통치 반대 세력의 정부 구성 참여를 반대한 것도, 유엔(UN) 감시하에 자유 총선거를 거부한 것도, 이후 6.25 남침을 감행한 것도, 한반도에 공산정권을 세우기 위한 소련의 계획이었다. 자유민주주의의 경험이 없었던 한반도에서 일본에 대한 민족적 저항 의식이 공산주의의 계급투쟁 이론을 쉽게 흡수하면서 38도선 이북 지역에서 소련에 의한 공산정권 수립은 신속하고도 순탄하였다.

2. 남한국(南韓國, 남조선) 어떻게 탄생했나?

> **키 - 포인트**
>
> 임시정부 수립으로부터 자유민주주의 체제의 대한민국 건설까지 이승만을 중심으로 한 정치 지도자들과 미국의 역할을 조명한다.
>
> ✓ 한반도 정부수립 문제가 유엔(UN)으로 넘겨진 이유는 소련의 야욕 때문
> ✓ 제헌국회에서 헌법을 제정하고 대한민국을 국호로 결정
> ✓ 유엔(UN)은 대한민국을 한반도에서 유일한 합법 정부로 인정

앞서 한반도 역사의 흐름에서 간략히 알아본 바와 같이 한반도에는 조선왕조에 이어 대한제국이 지배하다가 1910년 순종 때 한일병합조약 체결로 일본의 식민 지배를 받게 되었다. 1918년 독일의 항복으로 1차 세계대전이 끝나자 유럽 제국주의가 흔들리기 시작했고, 전 세계에 독립운동의 열기가 고조되기 시작했다. 이러한 열기는 우리 민족에게도 불어와 지각 있는 인사들의 독립을 위한 활동이 진행되기 시작했다.

1919년 1월 21일 고종이 일제에 의해 독살당했다는 소문이 돌자 반일 감정이 고조되면서 해외에서 활동 중인 독립운동가 39명이 만주 지린(吉林)에서 대한독립선언서를 발표하였다. 그리고 그해 3월 1일 고종황제의 장례식을 계기로 민족대표 33인이 3.1독립선언서를 발표함으로써 조선이 독립 국가임을 전 세계에 알렸고 독립운동이 전국으로 확산하는 계기

가 되었다.

3.1운동을 계기로 7개의 임시정부가 꾸려졌는데 제일 먼저 등장한 임시정부는 1919년 3월 17일 블라디보스토크에서 전로한족중앙총회를 개편하여 만든 대한국민의회였다. 4월 초에는 상하이에서 민족지도자 29명이 13도 대표자로 임시의정원을 구성하고 4월 11일 임시의정원에서 국호를 대한민국, 정치 체제를 민주 공화제로 하는 대한민국 임시헌장을 채택하였다. 그리고 워싱턴에 있는 이승만 박사를 행정 수반으로 추대하고 6개 부처 총장, 즉 임시정부 각료를 임명하였으며 1919년 4월 11일을 상해임시정부 수립일로 정했다.

1919년 4월 23일에는 서울에서 한성 임시정부가 수립되었다. 한성이라는 이름은 한양이라는 서울의 지명을 이성계가 수도를 개성에서 한양으로 천도하면서 한성부라 한데서 유래되었다. 일제 강점기에는 경성이라 했고, 해방 후 서울로 부르게 되었다. 한성 임시정부는 13도 대표자 23명의 이름으로 선포문을 발표하고 워싱턴에 있는 이승만 박사를 집정관 총재, 이동휘를 국무총리 총장으로 하는 민주 공화제 정부를 선언하였다. 그리고 상해 임시정부에 사람을 보내 독립운동을 협력했다.

이 외에도 실체가 확인되지는 않았으나 전단이나 보도기사 등을 통해 알려진 임시정부가 있었는데 조선 민국 임시정부, 고려공화국 임시정부, 간도 임시정부, 신한 민국 임시정부가 그것들이다.

두 개의 코리아(Two Korea)

　1919년 9월 11일 상하이를 거점으로 한성 임시정부를 계승하는 통합된 대한민국 임시정부가 수립되었다. 즉, 각료는 한성 임시정부에서 임명한 분들로 세우고 위치는 상해 임시정부로 통합한 것이다. 이로써 대한민국 임시정부는 4월 11일 상해 임시정부에서 제정한 임시헌장 초안을 대폭 수정하여 9월 11일 임시 헌법을 제정하였는데 국호는 대한민국, 정치 체제는 민주공화국으로 하고 대통령제 도입과 3권분립, 대한제국 영토 계승, 구 황실 우대 등의 내용을 담았다. 그리고 초대 대통령에는 이승만 박사를 추대하고, 대한민국 임시정부 수립일을 1919년 4월 11일로 정하였다.

　앞서 한반도 역사의 흐름에서 보았듯이 1945년 8월 15일 일본이 항복하면서 독립될 줄 알았던 한반도에는 38도선을 기준으로 북쪽에는 소련군이 남쪽에는 미군이 들어와 각각 군정 통치를 했다. 북쪽의 소련 군정은 정치사령부 지휘하에 시, 도 인민위원회의 일사분란한 지도 활동으로 정국이 빠르게 안정을 찾아가고 있었으나 남쪽의 미국 군정은 정당 난립과 공산주의자 및 빨치산의 준동으로 정국이 혼란 상태에 빠져들고 있었다.

　미국과 소련은 한반도에 임시정부를 수립하기 위해 미소 공동위원회를 구성하고 1년 7개월 동안 활동했다. 당시 김일성이 이끄는 좌익세력은 신탁통치를 찬성하였고, 이승만을 비롯한 우익세력은 신탁통치를 반대하는 상태였다. 임시정부 수립과 관련한 미국의 입장은 신탁통치 찬성, 반대와 관계없이 모든 정치세력이 임시정부 수립에 참여할 수 있어야 한다는 것이었고, 소련의 입장은 신탁통치에 반대하는 세력은 임시정부 수립에 참여할 수 없다는 것이었다. 결국 미국은 소련과 임시정부 수립에 합의를 이루지 못하자 한반도에서 임시정부 수립 문제를 유엔(UN)에 넘긴 것이다.

이에 따라 유엔(UN)은 한반도에서 공정한 선거를 통해 민주적 정부를 수립할 수 있도록 돕기 위해 8개국 대표로 한국 임시위원단을 구성하였다. 그러나 소련이 한국 임시위원단의 북한 진입을 거부함에 따라 유엔(UN)은 총회를 열어 남한만의 단독선거를 결정하고 1948년 5월 10일 제주도를 제외한 남한 전 지역에서 자유 선거를 치렀다. 이 선거는 제헌국회의원 200명을 선출하는 선거로 한민족 역사상 최초로 민주적으로 치러진 국민 주권 행사였다. 제주도가 제외된 이유는 좌익세력의 반란으로 발생한 4.3사건으로 선거를 치를 수 없었기 때문에 이듬해에 치렀다. 국회의원들은 5월 31일 중앙청에서 국회 개원식을 열고 초대 국회의장에 이승만, 부의장에 신익희, 김동원을 선출하였다.

제헌 국회는 1948년 6월 1일 각도별 1인씩 총 10명의 전형위원을 선출하여 이들에게 헌법 기초위원을 선출하게 하였는데 지역별 인구 비례에 의거 총 30명을 선임하여 6월 3일 본회의에서 확정되었다. 헌법기초위원회는 고려대학교 교수인 유진오 전문위원이 행정연구회와 공동으로 작성한 법안과 미국 군정청 사법부 차장인 권승렬 전문위원이 제출한 법안을 검토한 결과 유진오 안을 기본안으로, 권승렬 안을 참고안으로 결정했다. 유진오 안과 권승렬 안의 주요 차이점은 유진오 안에서는 국호를 한국이라 했고, 주권이 인민에게 있다고 했으며 권승렬 안에서는 국호를 대한민국이라 했고 주권이 국민에게 있다고 했다. 헌법기초위원회는 6월 7일부터 두 개의 헌법(안)을 놓고 심의에 착수하여 진통 끝에 완성한 헌법기초 위원회 헌법안을 6월 23일 국회 본회의에 상정했다.

헌법기초위원회 심의에서 가장 격론이 됐던 것은 역시, 국호 문제였다. 유진오, 권승렬 법안에서 상정한 한국, 대한민국 외에도 조선 공화국과 고려공화국이 다시 등장하며 논쟁이 심화 되었다. 결국, 헌법기초위원회는 격론 끝에 표결에 부쳐 대한민국 17표, 고려공화국 7표, 조선 공화국 2표, 한국 1표로 대한민국으로 결정하여 6월 23일 국회 본회의에 상정했다.

1948년 7월 1일 제22차 본회의부터 시작된 심의에서 찬성 168표, 반대 2표로 새 국가의 국호는 대한민국으로 결정되었다. 그리고 1948년 7월 12일 제28차 본회의에서 권력 구조를 대통령제로, 국회는 단원제로 하는 제헌헌법이 만장일치로 통과됨에 따라 대한민국이라는 국호가 최종 확정되었다.

1948년 7월 12일 헌법을 제정한 국회는 7월 20일, 이승만 대통령과 이시영 부통령을 선출하였다. 이승만 대통령은 8월 초에 내각을 구성하고 1948년 8월 15일 대한민국 정부가 수립되었음을 선포하였다. 미국은 정부 수립 선포 전인 8월 12일에 대한민국 정부를 인정하였으며 유엔(UN)은 1948년 12월 12일 파리 유엔 총회에서 찬성 48, 반대 6, 기권 1로 대한민국이 한반도에서 유일한 합법 정부임을 결의하였다. 북한이 남조선이라 부르는 대한민국은 이렇게 탄생했다.

3. 체제와 민족, 어떤 통일이어야 하나?

> **키 - 포인트**
>
> 통일을 위해서는 남북한이 정체성을 극복해야 하고, 한반도를 에워싼 주변 4 강국의 영향력 아래서의 생존전략을 고민해야 한다.
>
> ✓ 통일을 위한 선결 조건은 북한 인권
> ✓ 북한, 한미동맹으로 전쟁을 억지하고 변화를 유도
> ✓ 우리의 생존전략은 미국과 동맹하고 일본, 중국, 러시아와 친교

남한국(南韓國, 남조선)과 북한국(北韓國, 북조선)의 공통된 인식 중 하나는 하나의 민족이라는 것이다. 같은 민족이니 '통일'해야 한다고 하는 것이다. 그럼에도 통일을 이루지 못하는 이유는 무엇일까? 남북은 그동안 민족의 가치보다 체제의 가치를 더 중요하게 여겼다. 어느 쪽이든 체제의 변화가 없는 한 앞으로도 그럴 것이다. 통일은 어느 한쪽이 자기의 체제를 포기해야 가능하다. 그러나 자유민주주의 체제에서 번영된 삶을 영위해 온 남한국(南韓國, 남조선) 국민은 통일을 위해 자유민주주의 체제를 포기할 수 없을 것이다.

역사가들은 20세기에 가장 중요한 역사적 사건으로 두 가지를 꼽는다. 하나는 구소련(공산주의 체제)이 전쟁 없이 무너졌다는 것이고, 다른 하나는 2차 세계대전에서 패망한 일본이 일어섰다는 것이다. 이 두 가지가 20세기 가장 중요한 역사적 사건으로 꼽는 이유는 그만큼 기대할 수

두 개의 코리아(Two Korea)

없는 일이 일어났기 때문이다.

 구소련이 무너진 사건은 곧 공산주의가 무너진 사건이다. 그 원인은 정치, 경제, 사회, 문화 등 여러 분야에서 찾을 수 있겠지만 한마디로 공산주의가 민주주의에 패망한 사건이라고 할 수 있다. 제1차 세계대전이 한창이던 1917년 볼셰비키 혁명과 내전을 겪던 러시아는 1922년 세계 최초의 공산주의 국가 소련(소비에트 연방)으로 탄생하게 되었다.

 공산주의 종주국으로 미국과 양대 축을 이루었던 소련은 1991년 12월 25일 크리스마스에 미하일 고르바초프 대통령이 사임하고 정부가 해체되었으며 핵 통제권이 러시아의 보리스 옐친 대통령에게 인계되었다. 그리고 그날 저녁 7시 32분, 크렘린궁에 소련 국기가 하기 되고 러시아기가 계양되었다. 다음 날인 12월 26일 소련 법정 최고 의결 기구인 최고평의회의에서 각 공화국의 독립을 인정하는 142-H 선언을 함으로써 소련은 이 땅에서 완전히 사라지게 되었다.

 또 하나의 20세기 중요한 역사적 사건은 2차 세계대전에서 패망한 일본이 다시 일어섰다는 것이다. 일본은 일찍이 서양 문물을 받아들인 동양의 작은 섬나라이다. 1868년 메이지 유신을 통해 서양 문물을 받아들이면서 왕이 통치하는 일본 제국주의와 식민사관의 출발점이 되었다. 부국강병을 통해 1895년 청나라와 전쟁을 하여 승리하고, 1904년에는 서양 국가인 러시아와 전쟁을 하여 승리하였으며, 여세를 몰아 인접 국가들을 점령하며 식민지를 개척하던 중 미국과의 태평양 전쟁에서 히로시마와 나가사키에 원자폭탄을 맞고 항복함으로써 패망한 전범 국가가 되었다. 그런 일본이 지금은 세계 3위의 경제 대국으로 성장한 것이다. 이것이 역사가들이 본 20세기 가장 중요한 역사적 사건 두 번째 이야기다.

그러면 21세기에는 어떤 역사적 사건이 역사가들의 눈을 사로잡을까? 중국 공산당 정권이 무너져 민주화가 이루어지는 것과 한반도에서 남북이 통일되어 세계 강대국이 되는 사건을 상상해 볼 수 있지 않을까. 남북통일만으로는 안 되고, 세계를 움직이는 강대국이 되어야 가장 중요한 역사적 사건이 될 것이다. 이 정도면 역사가들이 21세기 가장 중요한 역사적 사건으로 보지 않을 수 없을 것이다.

미국에 Foreign Policy라는 외교 안보 전문잡지가 있다. Foreign Policy는 2010년 1월호에서 아주 의미 있는 발표를 했다. 그것은 2040년 세계를 주도할 네 나라를 발표한 것인데 바로 GUTS라는 것이다. Germany, United States, Turkiye, South Korea의 첫 글자를 쓴 것인데 독일, 미국, 튀르키예(과거 터키), 남한국(대한민국)이라는 것이다. 그런데 이 발표대로라면 아쉬움이 남으면서 동시에 더 큰 희망이 보인다. 통일한국이 아니라는 점에서 아쉬움이 남고, 통일한국이 된다면 세계를 움직이는 강대국이 될 수 있다는 희망이 보인다는 것이다.

희망을 실현하기 위해서는 우리 앞에 놓인 강을 건너야 한다. 우리 앞에 놓인 강은 바로 정체성 극복이다. 남한국(南韓國, 남조선)과 북한국(北韓國, 북조선)의 정체성은 어떻게 형성된 것일까. 1945년 일본으로부터 해방이 되기 전까지는 민족의 이름으로 일본 제국주의에 저항했다. 당시에는 민주 진영이든 공산 진영이든 일본이라는 공동의 목표를 대상으로 투쟁했다.

태평양 전쟁에서 연합국이 승리하면서 우리 민족은 해방을 맞이했다. 우리 민족의 항일무장투쟁도 기여 하였지만, 결정적인 것은 연합국의 승리가 가져다준 결과였다. 그러나 힘이 없었던 우리 민족은 미국과 소련의 군정 통치를 거치면서 한반도는 지리적 분단뿐만 아니라 자유민주주의와 공산주의라는 정치적, 이념적, 체제적 분단을 맞아야 했다.

그리고 1950년 6월 25일 북한국(北韓國, 북조선)은 한반도 적화통일을 목표로 남한국(南韓國, 남조선)을 침공했다. 그들의 의도는 지리적, 물리적 통일뿐만 아니라 공산주의 체제로의 이념적, 정치적 통일을 이루려는 것이었다.

유엔 안전보장 이사회의 결의에 따라 16개 나라가 전투부대를 보내왔고 6개 나라가 의료지원을 했으며, 39개 나라가 물자를 지원하는 등 총 61개국이 우리나라를 도왔다. 당시 유엔 회원국이 총 57개국임을 고려할 때 전 세계 대부분의 나라가 우리나라를 도운 것이다.

3년간의 전쟁은 1953년 7월 27일 정전협정을 체결함으로써 새로운 휴전선을 만들었고 오늘에 이르고 있다. 여기서 잠깐 정전과 휴전에 대해 알아보자. 정전은 전쟁 중인 나라들이 전투를 일시적으로 멈추는 것으로 교전 당사국들이 정치적 합의를 이룰 수 없어 국제 사회가 개입하는 경우가 일반적이다. 교전 당사국이라면 남한국(南韓國, 남조선)과 북한국(北韓國, 북조선)을 말한다.

 휴전은 국제법상 여전히 전쟁 상태이지만 당사국 간 협상을 통해 전투를 잠시 멈춘 상태를 의미한다. 올해가 2022년이니까 정전협정을 맺은 지 69년의 세월이 흘렀다. 그 결과 남한국(南韓國, 남조선)에는 자유민주주의가, 북한국(北韓國, 북조선)에는 전체주의적 독재체제가 정체성으로 자리 잡게 되었다. 북한국(北韓國, 북조선)은 부인하겠지만 국제 사회의 일반적 시각은 북한국(北韓國, 북조선)을 전체주의적 1인 독재체제로 보고 있다.

 이러한 정체성을 근간으로 남한국(南韓國, 남조선)과 북한국(北韓國, 북조선)의 적대적 관계는 휴전선 이남으로 자유민주주의 체제를 기반으로 한·미·일 삼각 동맹체제가, 휴전선 이북으로는 공산주의 체제를 기반으로 하는 북·중·러 삼각 동맹체제가 힘의 균형을 이루고 대치하게 되었다.

 그리고 최근 친북 성향의 문재인 정부가 집권하는 5년 동안 북한이 핵·미사일 개발을 고도화하고, 미·중 패권 다툼이 심화하면서 한·미·일 삼각 동맹체제에 균열의 조짐이 드러나고, 힘의 균형이 흔들리고 있는 듯하였다. 다행히 윤석열 정부가 들어서면서 동맹 우선 정책을 추구함에

두 개의 코리아(Two Korea)

따라 한·미·일 삼각 동맹체제를 복원할 것으로 기대하고 있다.

마치 4 강국이 있는 죽음의 조에 편성된 월드컵 대표팀과 같은 상황에 우리의 생존전략은 무엇일까? 남북 관계에서 생존전략과 죽음의 조에서의 생존전략이 요구된다. 남북 관계에서 먼저 생각해야 할 것은 우리가 절대 지켜야 할 가치와 북한국(北韓國, 북조선)이 절대 포기하지 않는 가치이다.

우리는 자유민주주의와 인권의 가치를 반드시 지키기를 원한다. 그것이 우리의 정체성이고 국가 생존이익이기 때문이다. 다시 말해 아무리 같은 민족이라 할지라도 자유민주주의와 인권이 보장되지 않는 민족통일은 절대 받아들일 수 없다는 것이다.

그런데 북한국(北韓國, 북조선)이 절대 포기하지 않는 가치가 있다. 그것은 김정은 체제이고 어렵게 어렵게 개발한 핵·미사일 등 군사력이다. 이러한 남북 간 가치 충돌이 통일의 길을 어렵게 만들고 있다. 따라서 우리는 전쟁을 억제하면서 북한의 인권을 개선하기 위해 다양한 접근 노력이 필요하다. 인권이 통일의 선결 요건이기 때문이다. 북한 인권 문제가 해결될 때까지 남북 관계를 안정적으로 관리하는 것이 매우 중요하다.

죽음의 조 4강 틈바구니에서의 생존전략은 과거 청나라 외교관이었던 황준헌의 조선책략을 참고할 필요가 있다. 그는 조선이 생존하기 위해서는 청나라와 화친하고, 일본과 관계를 맺고, 미국과 연합하여 러시아를 견제할 수 있어야 한다고 했다. 이는 당시의 상황이 러시아의 한반도 간섭이 심할 때였음을 짐작할 수 있다.

그렇다면 지금 시대에는 어떻게 하면 좋을까? 미국과 동맹을 맺고, 중국, 일본, 러시아와 친교를 맺는 것이다. 미국과 동맹을 맺는 것은, 동맹의 원칙에 부합한다. 즉 동맹은 지리적으로 먼 나라이면서, 공유할 수 있는 가치가 있어야 하고, 그 가치를 위해 사용할 수 있는 막강한 군사력을 보유한 나라와 맺어야 하는 것이 원칙이다. 이러한 원칙을 기준으로 볼 때, 주변 4강국 중 미국은 지리적으로 가장 먼 곳에 있고, 우리와 자유민주주의라는 가치를 공유하고 있으며, 자유민주주의를 지키기 위해 사용할 수 있는 막강한 군사력을 보유하고 있는 나라이기 때문에 동맹국으로서 적합하다.

반면 중국과 일본, 러시아는 우리와 지리적으로 가까운 이웃이나 독도, 이어도 등 영토 분쟁의 가능성이 있으며 역사적으로 이미 우리의 영토를 침범했던 전례가 있다. 따라서 남북이 통일된다 해도 동맹전략은 생존전략 차원에서 최우선 고려해야 할 것이다.

지금까지 남한국(南韓國, 남조선)과 북한국(北韓國, 북조선) 즉, 두 개의 코리아(Two Korea)에 대해 알아보았다. 현실적으로 북한국(北韓國, 북조선)은 경계의 대상이자 협력의 대상이다. 튼튼한 국방력으로 전쟁을 억제한 가운데 교류 협력을 통해 북한국(北韓國, 북조선)을 안정적으로 관리하고, 북한국(北韓國, 북조선)의 인권개선과 체제변화가 이루어질 때까지 기다려야 할 것이다. 죽음의 조 4강과의 관계는 미국과 동맹하여 버팀목으로 삼고, 중국, 일본, 러시아와 친교 하는 생존전략이 필요하다.

남북한 체제로 읽기 「민주시민교육총서」

남북한 제대로 알기 민주시민교육총서
남 북 협 력 개 론

북한과 로마 제국의
정치 체제 비교

이호곤 교수

09 북한과 로마제국의 정치체제 비교

1. 북한과 로마정치체제 특징

> **키 – 포인트** key point
>
> 북한의 정치체제 특징과 로마 정치체제 특징을 비교하여 로마 정권 지속성의 비밀을 이해해야 함
>
> ✓ **북한 정치체제 특징**
> - 김일성 가문 권력 승계 체제
> - 노동당 중심의 사회통제 시스템
> - 군수산업 우선 정책 장기화
>
> ✓ **로마 정치체제 특징**
> - 구조 조정의 달인
> - 인간행동원리의 규범을 법률에서 찾음
> - 전무후무한 보편 제국 추구

본인은 '북한과 로마의 정치 체제를 비교해 본다는 깜찍한 발상을 어쩌다가 하게 되었던가?'라고 생각하게 된다. '북한이 로마 제국처럼 훌륭한 국가가 되었으면 하는 바램이 있어서 인가?' 아니면, '북한은 2천 년 넘는 로마 제국과 너무나 반하는 정치 체제를 유지하고 있기에 조만간에 망해

북한과 로마 제국의 정치 체제 비교

버려야 된다.'라는 애국심?의 발로라고 할 것인가를 의심하게 한다. 북한이 안정되고 정상 국가화하여 동등한 자격에서 한반도 통일이 이루어진다면 최상이겠지만 이상에 가깝다고 할 수 있을 것이다.

　로마는 최초 왕정, 공화정, 제정의 형태로 변신하면서 2천 2백 여년의 세월을 제국으로서의 위상을 유지했었다. 지금의 조선민주주의인민공화국이라고 하는 북한과는 명목상으로는 공화정이라고 하지만 왕정이나 제정에 가까운데, 그렇다고 시민회에서 선출하면서 혈족 자동승계를 금했던 왕정과도 전혀 다르고, 시민회와 원로원의 신임을 받아 승인받고 정복국가에서도 황제를 배출하였던 제정과도 너무나 다른 북한의 김씨 왕조를 비교해 보면, 로마 제국이 얼마나 훌륭한 정치 체제를 갖추고 운영을 효율적으로 했는지를 알 수 있을 것이다. 그러나 아이러니하게도 희대의 정치 체제로 3대에 걸쳐 성공적?으로 정권을 유지하고 있는 북한은 가히 대단하다고 볼 수 있을 것이다.

　북한 정치 체제의 특징은 김일성 가문 권력 승계라는 특징을 갖고 있다. 또한, 노동당 중심의 사회 통제 시스템을 유지하고 있으며, 군수 산업 우선 정책을 장기화하고 있다는 것이다. 이러한 세 가지 정도의 특징을 통해 어떻게 정권을 유지해 왔는지를 살펴보자. 북한은 당·국가 체제로 수령 체제를 통해 정권을 장악하고 있는데, 북한 사회의 수령은 "북한이라는 사회주의 대가정의 사회 정치적 생명체의 뇌수로서 생명 활동을 통일적으로 조직하고 지휘하는 영도의 중심"이라고 하여 신적인 존재로 절대적 지위를 부여하고 있다.

　첫 번째 특징은 북한이 김일성 가문 1인이 권력을 장악하고 승계하는 봉건 전제주의 국가를 유지하고 있다는 것이며, 세계 유일의 당-국가 유일 영도 체제로 신정 정치와 유사하며, 정부 기구의 최고 수장직과 군 최고 사령관직을 모두 겸직하는 현대 사회에서 찾아 보기 힘든 정치 체제를 갖추고 있다는 것이다. 현재 김정은만 해도 조선 로동당 위원장, 국무위원회 위원장, 조선 인민군 최고 사령관, 당중앙위원회 정치국 상무위원, 당 중앙 군사 위원회 위원장, 공화국 원수의 직책을 겸하고 있다.

　김정은은 김정일의 선군 정치를 이어 받아 김일성-김정일을 교주로 하는 신정 체제를 유지하고 있다고 볼 수 있다. 3대 세습을 이루면서 김정은은 최고 영도자로서의 이미지 강화를 위해 젊은 시절 김일성의 모습을 연상시키도록 노력했으며, 당 규약을 개정하여 "김일성-김정일주의를 유일 지도 사상으로 하고 온 사회의 김일성-김정일 주의화를 당의 최고 강령으로 한다."고 하여 세습을 정당화시켰다.

두 번째 특징은 노동당 중심의 사회 통제 시스템으로 간부에 대한 철저한 장악 통제가 가능한 체계를 갖추고 있으며, 반체제 세력 형성 가능성을 원천 차단하고, 노동당이 최고 권력 조직으로 체제 전반 장악 및 통제가 가능한 체제이다. 조선 노동당의 위상은 거의 절대적이다고 볼 수 있으며, 북한 헌법에 "조선민주주의인민공화국은 조선 노동당의 령도 밑에 모든 활동을 진행한다."고 명시되어 있다. 조선 노동당은 사회주의 체제에서의 공산당과 그 위상 및 성격이 너무나도 다르다고 볼 수 있다. 북한의 노동당은 대중의 이익을 대변하는 공당이 아니라 김씨 왕조 정권을 유지하기 위한 사당으로서의 위상과 성격을 지니고 있다.

아울러 노동당의 위상은 겉으로는 최고의 정치 조직으로 보이나 실제로는 김씨 왕조의 전위대 조직에 불과하다고 볼 수 있다. 정치, 경제, 군사, 문화를 총괄하는 정치 조직으로 규정하고 있다. 당규약 서문에 "조선 로동당은 위대한 김일성 동지와 김정일 동지를 영원히 높이 모시고 경애하는 김정은 동지를 중심으로 하여 조직 사상적으로 공고하게 결합된 로동계급과 근로 인민 대중의 핵심 부대, 전위 부대이다."라고 쓰여져 있다. 이렇듯 근로 대중을 위한 공당의 역할 보다 김씨 왕조 사당화 된 것은 세계적 추세에 역행하고 있다고 볼 수 있다. 현재 당 위원장인 김정은은 당의 핵심기능인 '당 생활 지도권'을 장악하여 간부 동향을 파악, 통제함으로써 독재체제 확립을 위한 기반 조성을 하고 있다.

세 번째 특징은 군수 산업 우선의 국가 계획 경제 시스템으로 군사 중시 정책 장기화로 경제 불균형이 가속화되고 국가 경제 활성화와 주민 생활 향상 등은 거의 불가능한 체제라 할 수 있다. 김일성 시대에는 사회주의 공업화 3대 경제 건설 노선을 내세워서 추진했다. 즉, '자립적 민족 경제 건설 노선', '중공업 우선 발전 노선', '경제·국방 건설 병진 노선' 등을 경제 발전 전략으로 추진했다. 특히 북한의 산업을 군산 복합형으로 조성하고 군수 산업을 우선 정책으로 발전시키는 계기가 되었다. 김정일은 이 노선의 연장선상에서 '선군 경제 건설 노선'으로, 김정은도 '경제 건설 및 핵 무력 건설 병진 노선'으로 계승하고 있는 실정이다.

김정은의 주장은 경제 건설 및 핵 무력 병진 노선이 "국방비를 추가적으로 들이지 않고도 전쟁 억지력과 방위력의 효과를 결정적으로 높임으로써 경제 건설과 인민 생활에 보다 힘을 집중할 수 있게 되었다."라고 주장하고 있다. 또한, "새로운 병진 로선은 급변하는 정세에 대한 일시적인 대응책이 아니라 항구적으로 틀어쥐고 나가야 할 전략적 로선"이라고 주장하고 있는 것이다. 아울러, "핵 무기는 결코 미국의 딸라와 바꾸려는 상품도, 정치적 흥정물이나 경제적 거래물이 아니며, 제국주의와 핵 위협이 존재하는 한 절대로 포기할 수 없는 민족의 생명이며 통일 조선의 국보"라고 강조하고 있다. 북한의 정치 체제의 독특함이 권력 지속성에 도움이 되었는지를 생각해 보면 아이러니하다고 할 수 있을 것이다. 민주주의 체제라는 자유롭고 개방적인 시스템이 존재하고 있는 세상에서 과거 절대왕정 시대를 유지하고 있는 북한은 우리들의 연구대상이기도 하다.

'팍스 로마나'를 구가했던 로마와 정치 체제 용어는 비슷하다고 볼 수 있으나 실상은 전혀 다르기 때문에 더욱 연구 대상이라고 볼 수 있을 것이다. 그런 의미에서 북한과 로마와의 비교를 통해 깨우침을 얻고자 한다. 그러면, 로마는 어떠한 정치 체제로 2천 년의 역사를 유지할 수 있었는지를 알아보자.

로마는 기원전 753년 로물루스가 건국하여 1453년 동로마가 멸망하기까지 2천 년이 넘는 세월 동안 244년간의 왕정, 482년간의 공화정, 1,480년간의 제정이라는 정치 체제를 통하여 혁신에 혁신을 거듭하여 성공적인 제국을 유지했었다. 그 비결은 어디에 있었을까를 생각해 보고 북한도 이를 참고해서 빛나는 국가로 도약해서 한국과 통합된 통일 국가로 함께 할 수 있기를 기대해 본다.

로마 제국의 정치 체제는 시민 회의에서 왕을 선발하는 삼권분립 제도로 왕, 원로원, 시민회의가 서로 견제하면서 절대권력자의 횡포를 막을 수 있도록 설계하였으나 5대 왕의 아들이 7대 왕으로 등극하면서 제도의 생명을 다하게 된다. 기원전 509년에 부루투스가 임기 1년인 집정관 2명이 원로원과 협조하여 정치하는 공화정 제도를 창시했다. 크라수스, 폼페이우스, 카이사르 등의 1차 삼두 정치, 레피두스, 안토니우스, 옥타비아누스 등의 2차 삼두 정치처럼 예외적인 사례가 발생되고 결국, 종신 집정관을 노리던 카이사르의 시도가 또 다른 부루투스에게 제지를 당하면서 공화정은 생명을 다하고, 원로원에서 1인자로 임명해서 전군 최고 사령관으로 의결한 후 시민들의 통치 승인이 이루어지는 방식의 제정이라는 정치 체제가 탄생하게 된다.

 로마 제국의 특징은 구조 조정의 달인이었다는 것, 인간 행동 원리의 규범을 법률에서 찾았다는 것과 전무후무한 보편 제국을 추구했다는 것이다. 이러한 세가지 특징이 로마 제국의 2천 년 역사를 유지하게 한 원동력이었다고 볼 수 있다.

 첫 번째 특징인 구조 조정의 달인이었다는 것을 구체적으로 알아 보면, 시민 회의에서 왕을 선출하는 왕정 제도가 생명을 다했다고 판단되었을 때 집정관 2명이 상호 견제를 통해 균형을 이룰 수 있도록 제도적 장치를 변화시켰으며, 기원전 390년 켈트족 습격 충격으로 정부 요직을 평민에게 개방하는 내부 개혁을 추진하였다. 앞에서 설명했지만 1차, 2차 삼두 정치 처럼 권력의 향배에 혼선이 발생되고 종신 집정관을 꿈꾸는 현상들이 발생함을 우려한 세력들이 새로운 형태의 제정이라는 정치 체제를 통해 구조 조정을 함으로써 라이프 싸이클을 늘려 가는 현명함이 있었다는 것이다. 로마인들은 '아무리 뛰어난 시스템이라도 인간이 만드는 것은 결함이 숨겨져 있다'는 현실적인 감각을 지니고 있었다고 보아야 할 것 같다.

 두 번째 특징으로는 선악의 판단 기준 즉 인간 행동 원리의 규범을 법으로 통제하고자 했다는 것이다. 패자도 동화시켜서 법으로 통제함으로써 로마 시민으로 합류하고 자 하는 주변 부족들이 많아지는 계기가 되기도 했다. 인접 국가였던 그리스는 추상적인 사고를 이해하고 공유하는 철학을 인간 행동 원리의 규범으로 정했던 경우와 비교될 수 있으며, 아울러 유대인은 같은 종교를 가진 사람으로 한정하여 종교로 규범화하였던 경우와도 구분된다.

　세 번째 특징으로는 보편 제국을 꿈꾸며 개방적 사고를 했다는 것이다. 지적 수준, 종교가 달라도 법규로 같이 살아간다는 특징과 더불어 로마 시민권을 확대하고 속국 출신 황제도 배출하고 상속세 및 속 주민 세금 제도를 시행함으로써 '모든 길은 로마로 통한다'는 개방적 사고가 팍스 로마나를 실현하는 결정적 계기가 되었다고 볼 수 있다. 상대적으로 같은 시대의 중국인은 북방 오랑캐 침입 대비 차원에서 만리장성을 축조하는 폐쇄적 사고를 하였다는 점에서 비교된다고 볼 수 있다. 종교, 인종, 민족과 무관하게 로마 시민권을 부여하고 사유재산 및 인권을 보장하고 스페인, 프랑스, 아프리카, 시리아 등의 속국 출신 황제를 배출할 수 있고, 수입의 10%를 속 주민 세금으로 받아서 보편 제국 화했던 로마는 우리에게 시사하는 바가 매우 크다.

2. 김씨 왕조와 로마 왕정 차이점

> **키 – 포인트** key point
>
> 왕정 체제라고 다 같은 왕정 체제가 아님을 인식하는 계기가 되어야 함
>
> - ✓ 로물루스의 삼권분립(왕, 원로원, 시민회의)
> - ✓ 놀랄만한 화평 제안으로 패자마저도 동화시킴
> - ✓ '직접세'였던 병역의 의무

김씨 왕조 초대 김일성은 1945년 8월 15일에 구 소련 군에 의한 북한 지역 해방이라는 이름으로 정권을 잡았다. 그 이후 1945년 10월에 노동당을 창당하고 1948년 9월에는 공화국을 수립하였다. 1950년에는 6.25 남침 시 박헌영 등의 국내파를 숙청, 1953년 8월에는 '8월 종파사건'으로 연안파와 소련파에 대한 대대적인 숙청을 가함으로써 10년간 지속되어 온 파벌 투쟁을 종식하고 김일성 유일 체제의 완성을 이룩한다.

1980년 10월 제6차 당 대회에서는 당 규약을 고쳐 과거의 마르크스-레닌주의를 버리고 "조선노동당은 오직 위대한 수령 김일성 동지의 주체사상, 혁명사상에 이해 지도된다."라고 규정했다. 김정일의 출생을 신화화하기위해 민족의 영산이며 독립운동의 상징인 백두산 밑에 귀틀집을 만들어 구호나무를 만들었다고 선전했다. 이렇듯 각종 파벌을 제거하고 김정일로의 후계 체제를 완성하였다.

유일사상 체계 확립의 10대 원칙은

첫　째, 김일성 사상으로 온 사회를 일색화하기 위해 몸 바쳐 투쟁해야 한다.
둘　째, 김일성을 충심으로 높이 우러러 모셔야 한다.
셋　째, 김일성의 권위를 절대화해야 한다.
넷　째, 김일성 사상을 신념으로 삼고 김일성 교시를 신조화해야 한다.
다섯째, 김일성 교시 집행에서 무조건성의 원칙을 철저히 지켜야 한다.
여섯째, 김일성을 유일 중심으로 전 당의 사상 의지적 통일과 단결을 강화해야 한다.
일곱째, 김일성을 따라 배워 공산주의적 풍모와 혁명적 사업방법, 인민적 사업작품을 소유해야 한다.
여덟째, 김일성이 준 정치적 생명을 귀중히 간직하고 정치적 신임과 배려에 높은 정치적 자각과 충성으로 보답해야 한다.
아홉째, 김일성의 유일적 영도 밑에 전당, 전군, 전인민이 한결같이 움직이는 강한 조직규율을 세워야 한다.
열　째, 김일성이 개척한 혁명 위업을 대를 이어 끝까지 계승 완성해야 한다. 이렇듯 김일성 사망 이전에 김정일 권력체계를 확고하게 갖추게 된다.

2대 김정일은 김일성 사망으로 곧바로 최고 권력에 공식적으로 취임할 수 있었으나 3년 동안 유훈 통치를 하였다. 1997년에는 '조선 노동당 총비서'에 추대되고 1998년에는 사실상 국가 수반인 '국방위원회 위원장'에 취임한다. 김일성 사상을 주체 사상화하였으며, 노동당 중심의 강력한 통제 체제를 구축하고 선군 사상에 의한 선군 정치를 주창하였다. 김일성 후광으로 노동당을 매개로 수령 중심의 강력한 유일 독재 체제를 구축할 수 있었다. 김일성이 김정일로의 전환일 뿐 신정성을 띤 유일 지배 체제를 유지했으며, 그 특징을 알아 보면 다음과 같다.

첫　째, 김정일은 최고 사령관과 당 총비서 및 국방위원장으로서 실질 권력인 당과 군을 장악했다는 점이다.
둘　째, 김정일 시대의 실천 이데올로기로서 선군 사상을 주체 사상과 함께 당의 지도 지침으로 내세웠다는 것이다.
셋　째, 김정일은 최초 괴팍하고 과격한 성격의 소유자로 인식되어 있었으며, 즉흥적인 정책 수립자로도 알려져 있었으나 실제로는 조직관리 능력도 뛰어나고 통 큰 정치인으로 알려지게 된다.
넷　째, 김정일은 '칼' 못지않게 '붓'도 잘 사용했다고 한다. 삼성의 이건희 회장과 비슷하게 영화광으로 평가될 정도로 문학과 예술 분야에 관심을 많이 표명했다.
다섯째, 경제난에도 불구하고 핵무기와 미사일 개발에 집중했다. 김정일 집권 후 수백만 명이 죽어 나가는 끔찍한 고난의 행군을 겪으면서도 김씨 정권 유지를 위한 핵 및 미사일 개발은 멈추지 않았다.

김정일은 예상치 못하게 2008년부터 건강이 약화 되어 김정은으로의 후계 체제 확립을 위해 매진해 간다. 2010년 9월 '제 3차 당 대표자회'에서 김정은을 당중앙위원회 위원이자 신설된 당 중앙군사위원회 부위원으로 등장시킴으로써 명실상부하게 김정은으로의 후계 체제를 확립하게 되는 결실을 이룩하게 된다.

3대 김정은은 재일 북송 교포인 무용수 출신 고영희 사이에서 차남으로 태어났으며, 출생지도 김정일과 같은 백두산 자락인 양강도 삼지연군이라고 홍보하고 있다. 김정은은 16세 시절 스위스 베른의 공립중학교로 유학했으며, 김일성 군사종합대학을 졸업했다. 김정은은 김정일 사후 유훈 통치를 내세우면서도 김정일이 세습 안착을 위해 보좌하도록 임명한 고위간부를 숙청하는 등 정권장악을 위한 '공포정치'를 통해 정권을 안정화시켰다.

즉, 집권 초기 후견인이었던 장성택을 처형하고 인민무력부장이던 현영철을 처형하였으며, 최룡해마저도 혁명화 교육을 받게 했으며, 국가 보위상 김원홍도 조사를 받고 소장으로 강등되었다가 다시 대장으로 복귀했다. 노동당과 행정부 간부를 대폭 갈아 치우는 독단적 조치를 통해 자기만의 독특한 리더십을 발휘하고 있다. 아울러, 경제 건설 및 핵 무력 병진 노선을 추구하고, 김일성 시대 사회주의 기본 정치 체제로 복귀했다. 남북 및 미북 정상회담으로 체제 생존 돌파구를 모색한 바 있으며, 미국의 트럼프 대통령과의 2회에 걸친 회담으로도 소기의 성과를 이룩하지 못한 채 새로운 바이든 정부와의 외교 전략 구상에 골몰하고 있는 듯하다. 이러한 북한 김씨 왕조과 2,700년 전의 로마 왕정과는 어떤 차이점을 보이는지를 자세히 살펴 보자.

 기원전 753년에 로마 왕정 초대 로물루스는 왕과 원로원 그리고 시민 회의가 함께하는 삼권분립 원칙을 통하여 시민 회의에서 왕을 선출하는 그 시대에서는 찾아보기 어려운 방식으로 통치 체제를 구축하였다. 왕은 종신제로 하되 혈족 자동승계는 금지하였다. 미국의 워싱턴 대통령이 3선 금지 불문율을 만들었던 경우와 유사하다고 볼 수 있을 것이다.

 2대 누마 폼필리우스는 로마로 이주하지 않았던 사비니족으로 높은 덕망과 깊은 교양을 갖춘 인물로 외부에서 스카우트하는 방식으로 왕을 선발하였다. 당시에는 라틴족과 사비니족간의 내부 항쟁이 있던 시절이기에 더욱 의미있는 결정이기도 했다. 따라서 폼필리우스는 국내 질서를 바로 잡는 일에 중점을 둔 정책을 추진하고자 노력했다.

 3대 툴루스 호스틸리우스는 로물루스와 같은 라틴계 로마인으로 로마를 확대 노선으로 바꾼 인물로 알바롱가를 정복 후 알바인을 로마에 동화시켰다. 2대 폼필리우스는 내부 단결을 다졌다면, 호스틸리우스는 외부로 확장하는 노력을 통해 로마의 영역을 넓혀 가고자 노력했다고 볼 수 있다.

 4대 앙쿠스 마르키우스는 로마에 귀화한 사비니족으로 테베레강 건너편 기슭에 요새를 구축했다. 이후 테베레 하구 오스티아를 로마의 외항으로 만드는 등 외연 확대에 힘쓰면서도 사비니족과 라틴족의 화합을 위해서도 노력하였다.

5대 타르퀴니우스 프리스쿠스는 그리스인과 에트루리아인을 부모로 둔 혼혈아로 스스로 운명을 개척해서 스스로 입후보하여 왕으로 선발되었다. 그 정도로 적극적인 성향을 로마 발전에 투사하여 나름 성공적인 왕으로 인정받고자 노력했다. 즉, 적극적인 공공 공사로 사회 기반 시설 정비를 통해 국가 기간산업을 발전시키고자 노력하였다.

6대 세리비우스 툴리우스는 에트루리아인으로 노예의 아들이었다. 선왕이 암살당하자, 원로원 의결로 취임하게 되었으며, 세제 정비와 로마 전법 확립에 적극 기여하여 로마군이 연전 연승함에 크게 기여하였던 왕이었다. 노예의 아들이 왕이 되는 보기 드문 경우처럼 향후 제정 시대에도 정복국가에서도 황제가 탄생했던 사례를 만들 수 있지 않았을까 유추할 수 있을 것이다.

7대 타르퀴니우스 수페르부스는 선왕을 살해하고 왕좌를 차지했으며, 시민 회의 의결과 원로원 승인을 받지도 않았다. 오만왕이라는 별칭을 들을 정도로 교만할 수 있었던 이유는 5대 타르퀴니우스 프리스쿠스의 아들이었다는 것이다. 아울러, 6대 왕을 살해한 실행범은 다름 아닌 6대 왕의 친딸 툴리아로 시동생 타르퀴니우스를 유혹하여 왕비가 되었다. 이는 에트루리아계 시민 몰락과도 연관성이 있다. 라틴계와 대등하거나 우위에 있을 만큼 성장했던 에트루리아계 시민의 기반이 서서히 무너져 가고 있던 시기였기에 더더욱 이 사건은 힘의 기반을 잃게 되는 계기되는 것이다.

이 와중에 7대 왕 타르퀴니우스의 외아들 섹스투스가 친족 코라티누스의 아내인 루크레티아를 겁탈하는 사건이 발생하게 되는데, 아버지 루크레티우스, 아버지 친구 발레리우스, 남편 콜라티누스, 남편 친구 브루투스가 보는 앞에서 단검으로 자살하게 된다. 이로 인해 기원전 509년 브루투스에 의한 타르퀴니우스 추방극으로 244년 동안 7대까지 이어진 왕정은 끝이 나고 공화정 시대가 시작된다.

이러한 로마 왕정의 특징은 로물루스의 삼권 분립, 놀랄만한 화평 제안, 직접세였던 병역의 의무 등을 들 수 있다. 민주주의가 발달 된 현대 정치사에서도 구현하기 쉽지 않은 이러한 특징에 대하여 구체적으로 알아보자.

첫 번째, 초대 왕 로물루스가 완성한 삼권 분립은 국정을 왕, 원로원, 시민회의 등의 3개 기관에 의해 운영되게 하고 왕은 시민회의 투표에 의해 결정되면서, 자동 왕위 승계 제재 장치를 해 놓았다는 점이 대단하다고 볼 수 있다. 아울러 왕의 새로운 정책은 반드시 시민 회의에 찬반을 물어야 했고, 하물며 전쟁을 시작하고 끝내는 때에도 시민회의 승인이 필요할 정도였다.

두 번째, 놀랄 만한 화평의 제안은 사비니족 여인을 강탈한 로물루스 정권이 두 부족을 하나로 합치자고 제안하면서 시작되었다. 즉 로마의 일곱 개 언덕 중 한 곳인 퀴리날리스에 사비니족을 거주시키는 정책을 실행함으로써 '로마는 패자마저도 자신들에게 동화시킨다'는 방식의 시발점이 되게 된다.

세 번째, '직접세'였던 병역의 의무는 국방비를 자신의 몸으로 지불하고, 용병을 고용하지 않고 자신들이 직접 맡는다는 자세를 실천하는 면에서는 귀족과 평민이 동일하였다. 즉, 시민회의 투표권이라는 권리와 병역이라는 의무에는 귀족과 평민의 구별이 없었다는 것을 보여주는 실례라 할 수 있다.

이 시점에서 로마인의 보편성을 생각해 봐야 한다. 시오노 나나미 여사가 집필한 '로마인 이야기 1권'에 나오는 글을 인용해 보자. "지식은 헬라인 보다 못하고, 체력은 켈트인이나 게르만인 보다 못하며, 기술력은 에트루리아인 보다 못하다. 경제력에서는 카르타고인 보다 못한 것이 로마인이다. 그리고 그 사실을 로마인 스스로 알고 있다. 그런데 왜 그들이 마지막 승자로 남아 번영할 수 있었을까?" 이렇듯 로마인은 보편성과 개방성을 통해 세계적인 보편제국을 이룰 수 있었다고 볼 수 있다. "모든 길은 로마로 통한다."는 유명한 말을 기억하지 못하는 사람들은 많지 않을 듯 하다.

3. 조선민주주의 인민공화국과 로마 공화정 비교

> **키 - 포인트** key point
>
> 북한의 공화국 이름과 로마 공화정과의 비교로 많은 차이점을 느끼고 이해하도록 해야함
>
> ✓ **인민 민주주의 공화국**
> - 수령에 의한 조선 노동당 통제
> - 노동당이 최고 권력 기구
> - 정(내각)이 행정기구의 정점 조직
>
> ✓ **로마 공화정의 특징**
> - 집정관 2명에 의한 권력 분산
> - 평민계층 불만해소를 위한 호민관 제도의 신설
> - 전시 지휘 일원화를 위한 독재관 신설
> - 기회의 평등을 위한 리키니우스 섹스티우스 법 제정

조선민주주의인민공화국 북한은 수령에 의한 조선 노동당 통제, 노동당이 최고 권력 기구, 정(내각)이 행정 기구의 정점 조직이라는 특징을 갖고 있다. 이러한 특성들을 구체적으로 알아보기로 한다.

첫째로 수령에 의한 조선 노동당 통제는 김일성 주체 사상과 선군 사상 그리고 김일성 가문의 교시와 말씀에 의한 통제, 아울러 수령에 의한 노동당 통제 시스템으로 체제를 완성했다고 볼 수 있다.

둘째로 노동당이 최고 권력 기구가 되어 통제하는 시스템을 구축하고

있다는 것이다. 노동당 중심의 강력한 사회 통제 시스템이며, 중앙으로부터 하부 말단에 까지 당 조직이 상존하며, 반체제 형성 가능성을 원천적으로 차단할 수 있는 시스템을 구축하였다.

셋째로 정(내각)이 행정 기구의 정점 조직으로 노동당의 정책적 지도하에 계획을 수립하고 인민 경제 각 분야에 대한 생산 계획을 수립하며, 군수 산업 우선의 국가 계획 시스템과 군사 중시 정책이 장기화되어 국민 경제는 소홀히 되고 있는 실정이다.

이러한 세가지 특징을 갖춘 조선민주주의인민공화국은 공화국이라는 허울만 있을 뿐 실질적인 정치 체제는 절대 군주 체제에 가깝다고 볼 수 있을 것이다. 상대적으로 로마 공화정은 전혀 다른 정치 체제를 갖추고 있다는 것을 느낄 수 있다. 비교 대상의 오류를 느낄 수 있을 정도로 너무나 다른 모습이다.

로마 공화정은 국정 자문기구인 원로원(세나투스)은 300명으로 구성되어 있었으며, 귀족층에서 선발하여 종신제로 운영되었으며, 집행 기관은 정무관(마기스트라투스)으로 집정관(콘술), 법무관, 안찰관, 회계 감사관 등이 있으며, 필요시 임기 6개월의 1인 독재관을 임명하였으며, 평민 대표로 2~10명 규모로 호민관을 두었다. 의결 기관은 민회(코미티아)로 로마 시민(귀족, 평민)으로 구성하여 운영하였다.

의결 기관인 시민회에서는 원로원 의원의 승인 권고로 국정 및 군사 사령관 임무를 수행하는 집정관 2명에 대한 선출로부터 사법 당당 법무관(1명→2명→16명) 선출, 국고 관리 담당 회계감사관(2명→40명) 선출, 재무관(2명) 선출, 안찰관(4명) 선출 등의 역할을 수행하였으며, 필요시에 집정관(2명)이 독재관(1명, 6개월)을 지명하고 독재관은 기병장관(1명)을 임명하는 방식으로 운영되었다. 아울러, 평민집회에서 평민의 대표 호민관(2명→10명)을 선출하는 권한을 갖고 있었다.

이러한 로마 공화정 정치 체제의 특징을 알아보자. 네 가지 정도의 특징이 있는데, 권력을 분산시키고, 평민을 고려하고, 전쟁 지휘체제를 강화하고, 화합을 위한 법을 제정하는 등이 있는데, 구체적으로 알아보기로 한다.

첫째로 집정관을 2명으로 임명하여 권력을 분산시켰다는 것이다. 시민회에서 집정관 2명을 선출하였으며, 임기는 1년으로 재선은 가능했다. 집정관끼리는 상하 관계가 없고, 각각 거부권 행사가 가능했으며, 1년 간의 임기를 마친 집정관은 종신제인 원로원으로 복귀하였다. 원로원은 인재의 총 집합체로 100명에서 300명으로 증원하기도 하였다.

둘째로 호민관 제도의 신설(기원전 494년)이다. 국정을 집정관과 원로원, 시민회 2개기관으로 운영하는 듯한 느낌을 해소하기 위한 대책으로 평민 계층의 불만을 해소하는 차원에서 신설하게 된다. 호민관은 평민 계급 출신자로만 한정하여 평민회에서 선출하였다. 집정관이 내린 결정에 거부권을 행사할 수 있었으며, 육체의 불가침권을 부여 받았다. 단, 호민관의 거부권 행사는 전시에는 불가했다.

셋째로 전시 지휘 일원화를 위한 독재관을 신설했다는 것이다. 지휘 이원화에 대비한 특례 조치로 독재관을 신설하였고, 두명의 집정관이 지명하는 임시직으로 임기는 6개월이었다. 킹킨나티스 독재관의 경우는 괭이 농사꾼이었다가 전쟁이 조기에 끝나자 임기를 마치고 다시 농사꾼으로 환원하는 노블레스 오블리주를 실천한 대표적인 케이스로 회자되고 있다. 이러한 독재관 제도가 평민과 귀족의 대립이 결정적인 국면까지 가지 않게 하는 계기가 되기도 했다.

넷째로 리키니우스 섹스티우스 법 제정으로 귀족과 평민의 대립 해소 차원에서 집정관 1명은 귀족 출신, 1명은 평민 출신으로 선출하도록 하였으며, 결과의 평등이 아닌 기회의 평등을 추구하였다. 평민의 대표인 호민관도 임기 종료 후 원로원 의원으로 편입시키는 조치를 통해 귀족 중심의 정치 판도를 균형 있게 유지하고자 노력했다.

이러한 로마 공화정의 네 가지 특징은 '균형 감각', '상호 견제' 등의 단어를 연상하게 하는 조치들을 지속적으로 추진해 왔다는 교훈을 주고 있다. 즉, 끊임없이 개혁적 조치를 통해 귀족과 평민들간의 융합을 이루고자 노력했기에 500년이 넘는 공화정 정치 체제를 유지할 수 있었을 것이다.

이 대목에서 인류 역사상 가장 유명한 정치인 중의 한 명인 카이사르가 남긴 어록을 살펴보자.

기원전 49년 갈리아 지역에서 전투 중이던 카이사르는 원로원의 호출로 귀국해야 하는 상황에서 이탈리아 반도 동북부 루비콘강을 넘으면서 "주사위는 던져졌다."라고 했고, 기원전 48년에는 폼페이우스 군대에게 승리한 후 "왔노라, 보았노라, 이겼노라"라고 했으며, 기원전 44년 원로원 출석 요구에 응하다가 암살 현장에서 "브루투스 너마져도…"라고 했던 말은 아직까지도 많은 세계인들에게 인용되고 있다. 향후 르네상스를 주창하던 시절 단테가 쓴 신곡에서 배신의 아이콘으로 브루투스를 지목한 것도 카이사르의 존재감을 일깨우게 하는 대목이기도 하다.

카이사르가 유럽을 만들었다고 주장하는 학자 및 정치가 들이 많다. 사실 현대 서유럽 도시의 상당수는 카이사르 정복시 군단 기지나 식민도시를 기원으로 하고 있는데, 프랑스 리옹, 스트라스부르, 독일의 쾰른, 본, 영국의 요크, 체스터, 오스트리아의 빈, 헝가리의 부다페스트, 세르비아의 베오그라드 등 유럽 곳곳에 그 흔적이 남아 있는 것이다.

영국 수상이었던 윈스턴 처칠은 "대영 제국의 역사는 기원전 55년 8월 26일에 시작되었다."라고 말했다. 카이사르와 그 군단이 브리타니아, 즉 현재의 영국에 상륙한 날부터 영국사가 시작된다는 이야기다.

갈리아 원정을 구상한 카이사르는 브리타니아를 타도하지 않고서 갈리아의 안정은 있을 수 없다고 생각하고 직접 원정길에 나선다. 당시 브리타니아는 저항 운동을 지원하는 거점이 되어 있었기 때문이다.

로마 공화정 말기에 빼 놓을 수 없는 또 다른 인물이 있다면, 이집트의 클레오파트라일 것이다. 이집트 프톨레마이오스 왕조는 기원전 4세기에 마케도니아 알렉산더 대왕의 예하 장수였던 프톨레마이오스 장군이 세운 정권이며, 클레오파트라 남동생 프톨레마이오스 13세와의 이집트 공동 통제를 1인 통제로 바꾸고자 노력하던 과정에서 카이사르의 권력을 활용하였다고 볼 수 있다. 카이사르의 아들인 카이사리온은 프톨레마이오스 15세가 된다.

클레오파트라가 이집트 권력의 제1인자의 삶으로 변신해 보고자 로마 집정관 카이사르를 전략적 선택 대상으로 삼았다고 할 수 있지만, 또 다른 로마 집정관 안토니우스 마저도 정권 유지의 도구로 전략적 선택을 하지 않았을까? 라고 생각된다. 물론 사랑의 결실일 수도 있겠지만 말이다.

로마 집정관 안토니우스와의 만남은 로마의 파르티아 원정 자금조달을 위해 알렉산드리아 방문이 계기가 되는데, 두 사람 사이에는 쌍둥이 아들과 딸 막내까지 2남 1녀의 자녀를 두게 된다. 결국, 악티움 해전에서 옥타비아누스에게 패배하고 코브라 독살로 자살이라는 극단적인 선택으로 일생을 마무리하고 만다.

북한의 조선민주주의인민공화국 정치 체제는 로마 공화정과 더불어 로마 제정까지 설명되어야 비교가 될 수 있을 듯하다. 로마 정치 체제가 선출 왕정 체제와 2인 집정관 체제인 공화정 체제에서 전군 최고 사령관 황제 체제로의 변신은 옥타비아누스가 이룩한 노력의 결과물이라 볼 수 있다. 카이사르가 종신 독재관이라는 비상시의 지위를 확보함으로써 비극으로 종결되었던 반면 아우구스투스는 완전히 합법적으로 호민관 특권까지 획득함으로써 아우구스투스는 로마 초대 황제가 될 수 있었다.

창조적 천재라고 하면 카이사르의 탁월함을 따를 수는 없어도 아우구스투스 옥타비아누스 역시 질은 달라도 천재였음에 틀림이 없다. 그의 사후에 로마 제국은 300년에 걸쳐 아우구스투스가 정한 기본 노선에 따라 계속 운영되어 팍스 로마나를 유지해 나갔기 때문이다.

그가 말년에 나폴리 만을 배로 돌고 있을 때 우연히 정박하고 있던 이집트에서 출발한 상선의 승객과 선원들이 로마 초대 황제를 보고 다음과 같이 외쳤다고 한다.

" 당신 덕분입니다. 우리의 생활이 유지되는 것도.
 당신 덕분입니다. 우리가 안전하게 여행을 할 수 있는 것도.
 당신 덕분입니다. 우리가 자유로이 평화롭게 살아갈 수 있는 것도."

로마 초대 황제였던 옥타비아누스는 아직도 살아 있다고 볼 수 있다. 우리가 쓰고 있는 달력에서 10월은 영어로 '옥토버'라고 한다. 그 말은 옥타비아누스를 의미한다고 한다.

아울러, 8월은 영어로 '오거스트'라고 한다. 그말은 아우구스투스를 의미한다고 한다. 또한, 그가 가장 존경했던 카이사르를 살아 있게 만들었다. 7월은 영어로 '쥴라이'라고 한다. 그 말은 율리우스 케사르를 의미한다고 볼 수 있다.

로마 황제는 중국의 황제처럼 천명을 받들어 되는 것이 아니라, 사람들의 승인을 얻어야만 비로소 존재 이유를 획득할 수 있는 지위이다. 즉, 황제가 되려면 시민이나 원로원의 평판을 항상 신경 써야 했다. 그렇다고 시민이나 원로원에 아첨만 해서는 황제로서의 직무를 성공시킬 수 없었다. 원로원이나 시민을 내세우는 척하면서도 스스로가 이루어야 할 일이라면 과감하게 실행해야만 비로소 로마의 황제로 인정받을 수 있었다.

'로마 제정의 황제와 북한의 김씨 왕조의 수령과 비교될 수 있을까?'를 생각해 보자. 권력 구조상 유사점이 많을 수 있겠지만, 고대 로마 제국은 민주주의 국가는 아니였기 때문에 황제를 해고하려고 해도 선거로 떨어뜨릴 수는 없다. 그래서 이루어진 것이 암살이었다.

그 대표적인 예가 제3대 황제 칼리굴라였다. 전임자가 저지른 실수의 전철을 밟는 것이 싫어 원로원이나 시민의 인기를 얻으려는 행동이나 정책으로만 치우쳐 버렸고, 처음에는 평판이 좋았으나 향후 국고를 거덜 내어 버렸다. 결국, 그가 살해당한 이유는 유권자인 로마 시민이 그를 불신임한 것에 지나지 않는다.

또한, 제5대 네로 황제도 황제라는 직위가 '섬세한 픽션' 위에 성립된다는 것을 잊고 자신이 가진 권력에 심취해버린다. 그도 역시 시민들의 신임을 잃어 자살한다. 이렇듯 로마 황제 직위를 계속 이어 가는 것은 실로 어려운 곡예와 같았다.

그만큼 황제의 지위가 불안정하기에 로마 제국이 오래갔다고도 할 수 있으므로 역사는 아이러니하다고 할 수 있을 것이다. 만약 로마 황제가 절대 권력을 가지고 있었다면 '권력은 부패한다. 절대 권력은 반드시 부패한다.'는 말대로 로마 제국은 일찍이 멸망하고 말았을지도 모른다.

'과연 북한의 김씨 왕조와 로마 제국의 3가지 정치형태와 비교될 수 있을 것인가'를 생각해 보면 '비교 대상의 오류'라는 생각으로 귀결된다. 시민회에서 선출하는 왕정 시대의 왕이나, 시민이나 원로원에 승인을 득해야 되는 제정 시대의 황제와 김씨 왕조와 비교하기 어려울 듯하다.

로마에 의한 평화라고 하는 팍스 로마나는 쉽게 얻어지는 것이 아니었다. 북한 정권이 지속되기 위해서는 지금까지 설명했던 로마의 세 가지 정치 체제에서 보여 준 여러 가지 특징들을 곱씹어 보면서 이를 참고해서 개혁하지 않는다면 정권을 오랫 동안 유지하기 어려울 것이다.

역사가 에드워드 기번은 "로마 제국이 왜 멸망했는지를 배우기보다 왜 로마 제국이 그만큼이나 오래 지속되었는지에 관심을 가져야 한다."

는 말을 남겼다.

남북한 제대로 알기 「민주시민교육총서」

남북한 제대로 알기 민주시민교육총서
남 북 협 력 개 론

북 비핵화 교착상태에서 할 수 있는 통일노력은?

문근식 박사

10. 북 비핵화 교착상태에서 할 수 있는 통일노력은?

들어가며

2022년 7월 현재, 정전협정 69년째이다. 동족상잔의 후유증을 감내하며 "우리의 소원은 통일"이라는 한 맺힌 노래를 불러온지 너무 오랜 세월이 흘렀다. 이제는 이런 노래가사 내용 마저 양치기 소년처럼 누구도 신뢰하려 하지 않는다. 그러나 우리 한 민족이 외세에 의하여 갈라지고, 골육상쟁을 치르고 아직도 헤어져서 살아야 한다는 생각을 할 때는 화가 치밀고 통일은 결코 포기할 수 없는 숙제임을 고백하지 않을 수 없다. 우리는 그동안 통일을 위하여 수많은 노력을 해왔다. 그러나 지금도 우리는 분단상태이며 남북 대화마저 단절되었고 겉으로 드러난 가장 큰 장애물은 북한의 핵 문제이다. 이시점에 지난날 우리의 통일노력이 어느 정도였는지, 북한 핵문제는 결코 해결될 수 없는 장애물인지를 살펴보고 한 때 분단국가였던 독일 통일의 교훈을 바탕으로 북한의 비핵화 협상 교착상태에서 우리가 할 수 있는 통일 노력에는 어떤 것들이 있는지 정리해보고자 한다.

북 비핵화 교착상태에서 할 수 있는 통일노력은?

1. 남북관계의 이중성과 특수성

> **기 - 포인트** key point
>
> 북한의 비핵화 교착상태에서 우리가 추진할 수 있는 통일 노력은 무엇인지 파악
>
> - ✓ 남북한 역대정권의 통일관련 정책 비교
> - ✓ 남북관계 단절의 원인 북한의 핵·미사일 현황
> - ✓ 독일 통일 교훈을 바탕으로 우리가 추진할 수 있는 통일노력

1) 남북관계의 이중성

(1) 북한은 우리의 안보를 위협하는 경계의 대상이면서 함께 평화통일을 만들어 나가야 할 협력의 상대

(2) 남과 북은 협력적인 관계인 동시에 적대적인 관계라는 서로 모순적인 이중적인 관계
(3) 북한은 우리와 공통의 역사, 전통과 문화, 언어를 공유하고 있는 한 민족이며, 함께 통일의 기반을 만들어 가야 하는 교류협력의 상대
(4) 국가간 관계와 민족 내부 관계라는 두가지 성격을 동시에 가지고 있는 관계

2) 남북관계의 특수성

(1) 통일을 지향하는 과정에서 잠정적으로 형성되는 특수성
남북관계는 국가 간 관계와 민족내부 관계라는 두 가지 성격을 동시에 가지고 있음. 1991년 체결된 남북기본합의서에 나타나 있는 것처럼 "나라와 나라 사이의 관계가 아닌 통일을 지향하는 과정에서 잠정적으로 형성되는 특수관계"라 할 수 있음

(2) 남북관계에 있어 법적인 특수성
① 국제법상으로는 1991년 9월 17일 UN에 동시 가입한 이후 주권국가로서 유엔 헌장 제4조 제1항을 근거로 개별적 국가로 인정받고 있음
② 국내 실정법상으로는 특수성을 반영하여 관련법에서의 북한에 대한 규정 역시 다양하게 정의되고 있음

북 비핵화 교착상태에서 할 수 있는 통일노력은?

주요 관련법	북한에 대한 규정
헌법 제3조 영토조항 (1948년 7월 제정)	'대한민국 영토의 일부'로 '일시적으로 통치권의 행사가 유보된 지역'
국가보안법 제2조 1항 (1948년 11월 제정)	'정부를 참칭하고 있는 반국가단체'
남북교류협력에 관한 법률 (1990년 8월 제정)	정부의 승인에 따른 '인적 물적 교류 협력의 상대방'으로서 민간차원의 교류협력의 대상
남북관계발전에 관한 법률 제3조 (2005년 12월 제정)	남북관계를 '국가 간의 관계가 아닌 통일을 지향하는 과정에서 잠정적으로 형성되는 특수관계'이며 '남한과 북한 간의 거래는 국가 간의 거래가 아닌 민족내부의 거래'로 규정

자료출처 : 통일교육원,정부의 대북정책과 남북관계, 권숙도

⇒ "헌법,법률상 북한은 대한민국영토의 일부이며 민족 내부의 거래 대상"
"통일장애물은 식별하여 타파, 통일 노력은 중단없이 지속되어야 함"

2. 역대 정권의 통일관련 정책비교

> **키 - 포인트** key point
>
> 남북 역대정권의 통일관련 정책을 비교하고 그동안 우리가 추진했던 통일노력에는 어떤 것들이 있는지 파악
>
> - ✓ 남북 역대정권 모두 통일에 관한 정책을 추진했으나 일관성, 지속성부족
> - ✓ 북한은 통일정책에 우선하여 체제유지를 위한 핵·미사일 개발 선택
> - ✓ 남북관계 파탄의 주된 이유는 북한의 핵·미사일 개발

1) 남한 정부

(1) 박정희정부(1961~1979) : 유신헌법으로 장기집권

박정희 정부의 기본적인 대북정책 방향은 체제경쟁과 적대적 의존관계에 있으며, 크게 두 시기로 구분할 수 있음

① 1960년대 : 1960년대에는 '선 건설 후 통일' 노선을 지향하였으며, 1969년 7월 "아시아인의 방위는 아시아인에게 맡겨야 하고 종래의 대결 위주의대 공산권 전략은 대화위주로 전환해야 한다"는 '닉슨 독트린'이 선언되면서 남한에서 통일논의가 더욱 활발히 진전되는 시기

② 1970년대 : 1970년대에는 데탕트로 동서간 화해무드가 이루어지는 국제환경의 변화 속에서 신장된 국력을 바탕으로 한 '선 평화 후 통일' 노선을 지향하였고 1971년 8월에는 남북적십자회담이 개최되었으며, 여러 차례의 남북고위 당국자들의 비밀접촉

결과 1972년에는 '7.4 남북공동성명'을 발표하기에 이르렀던 시기

〈 7.4 남북공동성명(1972년)의 의미 〉

가. 남북 분단 이후 최초의 남북 당국 간 공식문서

나. 통일의 세 가지 원칙, 즉 자주, 평화, 민족대단결에 대한 남북간 합의

다. 1974년 8월 15일 남북 간의 평화공존과 평화통일을 위한 '평화통일 3대 기본원칙' 제안(남북간 불가침협정 체결, 남북대화의 성실한 진행과 문호개방, 토착인구에 의한 자유총선거 실시)

(2) 전두환정부(1981~1988) : 민족화합 민주통일방안

① 남북한 당국 최고 책임자 상호방문 제의 : 전두환 정부는 부족한 정통성을 만회하고자 경제적 효율성 제고와 남북문제 해결을 위한 대북정책에 수력하였으며, 1981년 1월 12일 새해 국정연설을 통해 '남북한 당국 최고 책임자 상호방문'을 제의

② 남북한당국최고책임자간 직접회담 제의 : 1981년 6월 5일에는 '남북한당국최고책임자간 직접회담'을 제의하였으나 북한의 호응을 별로 얻지 못했음

③ 민족화합민주통일방안 : 1982년 1월 22일 북한의 '고려민주연방공화국 창립방안'에 대응하여 우리 정부의 첫 통일방안인 '민족화합민주통일방안'을 발표. 1982년 2월 1일 '민족화합민주통일방안'의 실천차원에서 민족화합을 이루기 위해 당시 상황에서는 획기적인 내용인 20개항의 시범사업을 제의하였음

(3) 노태우정부(1987~1993) : 1992 남북기본합의서

노태우 정부는 탈냉전·민주화 흐름 속에서 북방정책을 추진하고,

'7.7선언'과 '한민족공동체 통일방안'을 발표
① 1988년 7월 7일 '민족자존과 통일번영을 위한 특별선언(7·7선언)'을 하였으며, 국내외의 상황 변화에 맞춰 북한을 국제사회로부터의 고립에서 탈피할 수 있도록 지원하고 개혁·개방을 유도. 북한을 대립과 대결의 대상에서 '선의의 동반자'로서 남북 공동 번영을 통해 민족공동체관계로 발전시켜 통일의 길로 가겠다는 의미 선언

〈 7.7선언(1988년)의 주요 내용 〉

가. 남북 동포 간 상호 교류 및 해외 동포의 자유로운 왕래를 위한 문호 개방
나. 이산가족 문제의 생사, 주소확인, 서신왕래, 상호방문 등 적극 주선 지원
다. 남북 간 교역의 문호를 개방하고 남북간 교역을 민족 내부 교역으로 간주
라. 민족경제의 균형발전을 희망하며 우방국의 대북 교육을 반대하지 않음
마. 남북 간 대결 외교 지양 및 국제 무대에서의 협력과 지원
바. 북한과 한국 우방(미국, 일본)과의 관계개선, 한국과 사회주의 국가(소련, 중국)와의 관계개선 추구

② 1991년 남북한 유엔 동시가입, 남·북 고위급회담 추진, 남북기본합의서 및 '한반도의 비핵화에 관한 공동선언' 등 추진
③ 1989년는 7.7선언을 구체화한 '한민족공동체 통일방안'을 발표
④ 1991년 9월 17일 남북한 UN 동시가입
⑤ 1991년 남북기본합의서 '남북 사이의 화해와 불가침 및 교류·협력

에 관한 합의서': 1991년 12월 남북한은 남북기본합의서에 합의하면서 '정전상태'를 '공고한 평화상태'로 만들 때까지 정전협정을 준수할 것을 약속. 남북한은 '한반도 비핵화 공동선언'에도 합의, 남북한 간 군비통제에 관한 구체적인 합의가 처음 이루어짐. 내용적으로 운용적·구조적 군비통제를 포괄할 뿐 아니라 실행을 위한 협의체의 구성까지 약속한 역사적 합의 그러나 북한은 비밀리에 핵무기 개발을 진행시키면서 1992년 9월 남북 고위급회담을 일방적으로 중단

(4) 김영삼정부(1993~1998): 1994년 '민족공동체 통일방안' 제시

① 김영삼 정부는 월등한 경제력과 민주화, 유리한 국제환경을 기반으로 적극적인 대북·통일정책을 펼침. 1994년 '민족공동체 통일방안'(한민족공동체 건설을 위한 3단계 통일방안) 제시하였는데 이 통일방안은 '화해·협력단계 → 남북연합단계 → 통일국가 완성단계'라는 점진적이면서 단계적인 실천과정을 강조였고 현재 대한민국의 통일방안으로 계승, 발전되고 있음

② 북핵문제로 대북정책 및 남북관계는 한계에 봉착
1993년 3월 북한이 핵확산방지조약(NPT)을 탈퇴하면서 북핵문제는 국제문제로 부각되었고 북한은 강경한 반응으로 일관. 북한은 대남협상에서 '서울 불바다' 등 의도적인 긴장을 조성했고, 이에 김영삼 정부는 북핵문제 협상 초기과정에서 '핵무기를 갖고 있는 상대와는 결코 악수할 수 없다'며 북한을 압박하였음.

③ 이에 북한은 미국과의 직접대화를 추구하는 '통미봉남(通美封南)'의 전략을 취함으로서 김영삼 정부 시기는 남북관계가 냉온탕을 오가는 혼란한 시기로 전락되었음.

(5) 김대중 정부(1998~2003) : 대북포용정책을 통한 화해협력으로의 대북정책 전환
  ① 김대중 정부의 대북정책은 화해협력으로의 정책 전환이 이루어진 시기임. 이는 '평화·화해·협력 실현을 통한 남북관계 개선'은 기본적으로 역대 정부의 대북·통일정책 목표와 연계된 것이며, 1998년 2월 김대중 대통령은 취임사에서 자신의 대북정책을 '대북화해협력정책'(햇볕정책)으로 규정했고 임기내 일관된 정책을 추진하였음.
  ② 형식적 통일방안 논의보다는 실질적 남북관계를 중시했으며, 당장의 통일보다는 '한반도 평화정착'을 우선과제로 인식하였으며, 2000년 6월 남북정상회담을 통해 '6·15공동선언'을 채택하여 5개항에 합의하였음.

(6) 노무현정부(2003~2009) : 햇볕정책 계승, 핵문제의 평화적 해결을 기초로 한 평화번영정책 추진
  ① 북한을 화해·협력의 동반자로 규정하고, 금강산관광·개성관광 사업과 개성공단추진 등 남북교류와 쌀·비료 지원 등을 통해 개혁·개방과 국제화의 길을 걷게 하겠다는 대북정책기조
  ② '평화번영정책'으로 경제적 번영을 만들어 갈 파트너로서 북한의 존재를 구체화하였으며, 한반도에 평화를 증진시키고 남북 공동번영을 추구함으로써 평화통일의 기반과 동북아 경제중심 국가로의 발전 토대를 마련하고자 하였음.
  ③ '동북아 균형자'론 제시 : 우리 외교는 동북아 질서를 평화와 번영의 질서로 만들기 위해 역내 갈등과 충돌이 재연되지 않도록 균형자 역할을 수행할 것을 강조하였음.
  ④ 노무현 정부 시기에는 북핵문제의 진행에 따라 남북관계는

전진과 후퇴를 반복하였으며, 북한의 미사일 발사, 핵보유 선언, 핵실험 등 군사적 도발이 있었으나 2005년 '9.19공동선언'을 통한 북핵문제 해결도 시도하였음.

⑤ 2007년 10월 제2차 남북정상회담을 통해 '10.4공동선언' 채택

(7) 이명박정부(2008~2013) : 비핵·개방·3000구상

① 이명박 정부는 '상생공영의 대북정책'과 그 구체적인 추진전략으로서의 '비핵·개방·3000 구상'을 제시하였음.

② 엄격한 상호주의를 표방하였으며, 북한이 먼저 핵을 포기하면 개방정책의 추진을 도와 10년 이내에 북한 주민들의 국민소득 3천달러로 높이겠다는 입장을 견지

③ '통일 준비'(통일세, 통일비용)라는 담론을 통해 우리 사회의 부정적 통일인식(통일부담)이 확산되었음.

(8) 박근혜정부(2013~2017) : 한반도 신뢰프로세스

① '상생과 공영', '통일대박론'을 통해 통일의 미래상을 보여 주려 했으나, 2016년 북핵· 미사일 실험의 대응으로 개성공단을 폐쇄하고 국제사회의 대북제재 흐름에 남북관계를 완전히 단절하는 정책을 추진하였음.

② 과거 남북대화·교류 중심의 포용정책과 원칙 중심의 대북정책이 핵개발 및 도발 저지에 한계를 드러낸 점에 주목하여, 남북 간 신뢰형성을 핵심으로 하는 '한반도 신뢰프로세스'를 제시였으나 북한의 호응이 없어 남북관계 발전으로 이어지지는 못하였음.

(9) 문재인정부(2017~2022) : 평화공존과 공동번영의 한반도정책

① 한반도 정책의 3대 목표 : 한반도정책의 3대 목표는 북핵문제 해결과 항구적 평화정착, 지속가능한 남북관계 발전, 한반도 신경제공동체 구현으로 추진하였음.

② 2018 남북정상회담과 4.27 판문점 선언 : 문재인 대통령과 김정은 국무위원장은 2018년 4월 27일 정상회담을 갖고 '4.27판문점 선언'을 통해 남북관계 개선과 평화체제 구축에 합의하였고, 판문점 선언은 김정은 위원장이 직접 비핵화를 언급한 문서에 서명하였으며, '완전한 비핵화'라는 표현이 담겼다는 점에서 일단 한반도 비핵화 여정의 첫걸음을 내딛었다고 평가할 수 있었음.

③ 2018년 9월 평양공동선언 : 평양공동선언을 통해 비핵화 선행방안에 대한 첫 합의가 이루어졌으며, 영변 핵시설 영구 폐기 및 국제적 검증하였고 군사·경제·사회·문화 등 전방위 분야에서 '판문점 선언' 구체화하였지만 2020년 북한의 남북공동연락사무소 파괴로 남북관계가 다시 단절되었음.

⇒ 남한의 역대정부는 나름대로 통일정책을 추진하여 남북관계 개선을 시도하였지만 독일처럼 전정부의 통일정책을 계승발전시키지 못하고 혼선을 일으켜 북한의 반발을 일으켰고, 통일노력의 결정적인 장애물은 북한의 핵무장 정책이었음

2) 북한 정권

(1) 김일성 정권(1945~1994)

① 통일정책으로 무력,적화통일(고려민주연방제 통일 방안 : 1민족 1국가 2제도 2정부 기초연방제)을 주장하였음.

② 체제유지정책으로 주체사상을 강화하였으며 '90년대에는 경제난 심화로 주체사상보다 '붉은기사상', '강성 대국론' '선군정치론'으로 체제안정을 도모하는 경향을보였음

③ 80년 후반부터는 통일정책에 우선하여 체제안정 위한 핵미사일 개발 시작하였음

(2) 김정일 정권(1997~2011)

① 통일정책으로 무력,적화통일(낮은단계연방제 : 1민족, 1국가, 2제도, 2정부)을 주장하였는데 이는 남한이 현재의 기능과 권한을 유지하는 방안이었음.

② 체제유지정책은 김일성 사망 이후 지속된 경제난, 사회주의권 붕괴로 외교 고립과 대외적 안보위협에 대비하여 선군정치를 주장하였고, 핵과 미사일에 관한 군사 협상과정에서 군대 역할과 사회 위상을 강조하였는데 이는 루마니아 차우세스쿠처형 등의 영향이 있었기 때문.

③ 차후 선군 정치에 의한 군사 독재화, 체제유지를 위하여 핵미사일 개발을 본격화하게 되었음.

(3) 김정은 정권(2011~)

① 통일정책으로 무력, 적화통일(조국통일 3대헌장 : 조국통일 3대 원칙, 고려 민주연방공화국 창립방안,전민족대단결10대강령)을 표방하고 있음.

② 체제유지정책으로 주체사상 및 선군사상을 주장하였지만 최근에는 김일성-김정일 주의-김정은 주의로 선회하였음. 경제악화로 선군 정치를 배격하고 선핵 정치로 회귀하였으며 핵무장 완성 및 고수를 선언함으로서 남북통일 제1의 장벽으로 부상되었음.

⇒ 북한은 3대에 걸쳐 통일정책에 우선하여 체제유지를 위한 핵·미사일 개발을 선택하였고 김정은 시대에 들어서는 핵·미사일이 체제유지의 핵심 수단으로 자리잡고 있음

3. 북한은 핵·미사일을 포기할 것인가?

> **키 – 포인트** key point
>
> 북한은 체제유지의 핵심 수단으로 핵·미사일을 개발하였으며 이는 남북간 통일노력의 최대 장애요인으로 작용
>
> ✓ 북한의 핵·미사일 개발현황 파악
> ✓ 북한 핵·미사일에 대한 주변국의 평가
> ✓ 북한은 체제유지를 위해 절대 핵·미사일을 포기하지 않을 것임

1) 북한 핵·미사일 개발현황
  (1) 김일성시대 핵·미사일개발
   ① 핵개발
   핵개발은 김일성의 꿈이었으며 주체사상 중 '국방에서의 자위'의 핵심사상으로 핵개발의 시동을 걸었으며, 김일성은 1965년 함흥 군사학원개원 연설에서 "제2의 조선전쟁발발 시 미제국주의와 일본제국주의 개입을 막기 위해 장거리 로켓을 가져야 한다"고 강조하였음. 주요 핵 활동으로는 1954년 인민 무력부 산하에 핵무기 방위부설치, 1956년 핵 과학자 30여명 소련 두브나 핵 연구소 파견, 1963년 6월 2MWth 규모 IRT-2000 연구용 핵 반응로 및 1979년 영변 5MWe 원자로 착공 등을 들 수 있음.
   ② 미사일개발
   미사일 개발은 구소련의 대전차, 지대공, 대함미사일, 스커드미사일 등을 도입·역설계하여 자체 생산하면서 시작하였음. 주요

활동으로는 1980년대 이집트로부터 구 소련제 스커드(Scud)-B 탄도미사일, 이동식 발사대 발사차량도입,1984년 4월 스커드-B(화성 5호) 미사일 첫 시험발사 성공(탄두중량770KG, 사거리500KM), 1990년대 중거리 탄도미사일인 노동미사일(화성7호 : 탄두 중량 700KG이상, 사거리1000~1300KM,1단 액체추진)개발 및 이란과 파키스탄에 기술이전 등

(2) 김정일시대 핵·미사일개발

① 핵개발

김정일 시대에는 핵무기 소형화기술 개발에 집중하였으며, 80년대 초반부터 2009년까지 고폭실험(핵 기폭장치개발)에 주력하였고, 주요활동으로는 외무성을 통해 핵 보유를 공식 선언하였고 2회의 핵실험을 실시했음.

구분	규모	위력(kt)
1차 (2006년 10월 9일)	3.9	1미만
2차 (2009년 5월 25일)	4.5	1미만

② 미사일개발

미사일 개발은 노동, 무수단 등 중거리탄도미사일 개발과 이동식발사차량자체생산에 주력하였으며, 주요활동으로는 1998년 8월31일 인공 위성이라 주장한 광명성 1호발사 성공(1단 로켓 253KM, 2단 로켓은 1,646KM비행(최대 사거리 2,500KM 추정), 2006년 7월 대포동 2호 미사일의 시험발사 실패(최대 사거리 6,700KM추정) 등

(3) 김정은시대 핵·미사일개발

① 핵개발

김정은 시대에는 6차 핵실험 까지 4차례의 핵실험을 추가로 실시했음.

구분	규모	위력(kt)
3차 (2013년 2월 12일)	4.9	6~7이상
4차 (2016년 1월 6일)	4.8	6
5차 (2016년 9월 9일)	5.0	10이상
6차 (2017년 9월 3일)	6.3	150이상

② 미사일개발

김정은 시대에는 각종미사일 개발의 완성을 이룩했으며 주요 내용은 다음과 같음

가. 화성 14형 ICBM 급 미사일 (2017년 7월 발사성공)

7월 28일 2차 발사시 기적적 승리로 표현하며 개발 성공을 과시(정점 고도 3,725km, 이동식 발사대 없이 지상 거치식으로 발사)

나. 화성 15형 ICBM 급 미사일 (2017년 11월 발사성공)

9축 신형 이동식 발사차량개발하여 발사하였으며 北 탄도미사일 중 가장 높은 고도인 4,475km 도달하였고 사거리는 13,000km로 美 전역 타격 가능하다고 주장(비행거리 950 km , 단분리 재진입, 엔진 등 발사 성공)

다. 신형 KN-23 단거리 탄도미사일 (2018년 북한군 70주년 열병식에서 첫 공개)

러시아 SS-26 이스칸데르와유사(외형/이동식 발사대 2발 탑재 등)하며, 고도 50km, 비행거리 280~500km로 저고도로 비행하여 PAC-3 등 미사일 방어망을 회피할 수 있다고 주장

라. 화성 17형 ICBM 급 미사일 (2022년 3월 발사성공)

2022년3월 24일 시험발사성공(고도 : 6,248㎞ ,사거리 : 1,092㎞ 거리/67분간 비행)하였으며 김정은이 직접 현장을 참관하여… "국가 안전 침해하려 들면 반드시 처절한 대가를 치를 것이다"라고 선언

마. 핵·미사일 개발의 마지막단계, SLBM(잠수함발사 탄도 미사일) 개발 역사

2016년 8월 최초로 SLBM을 발사하여 500KM까지 비행에 성공한 이후 2022년 5월에는 미니 SLBM발사를 성공시켰음(고도 : 60KM, 사거리 : 600KM)

일시/차수	시험내용
2015. 05. 08(1차)	북극성 1호 수중 사출시험, 200미터 상승후 낙하
2015. 11. 28(2차)	수중 사출시험 초기 비행시험
2015. 12. 13(3차)	수중 사출시험 초기 비행시험
2016. 04. 23(4차)	수중 사출시험 초기 비행 30KM
2016. 07. 09(5차)	수중 사출시험 초기 비행 10KM
2016. 08. 24(6차)	북극성 1호 500KM 비행, 개발 성공 평가
2019. 10. 02(KN26)	북극성 3호 발사(고도 910KM, 비행거리 460KM)
2021. 10. 19(KN23)	단거리 SLBM발사(고도 60KM, 비행거리 590KM)
2022. 5. 7(미니SLBM)	단거리 미니 SLBM발사(고도60KM, 비행거리600KM)

2) 북한 핵·미사일에 대한 주변국의 평가

(1) 미국 : 비공식 핵·미사일 개발 성공 평가, 완전한 비핵화요구

① 1차 싱가폴 정상회담추진 및 비핵화 추진합의 내용 (2018. 06. 12)

가. 조선민주주의인민공화국과 미합중국은 평화와 번영을 바라는 두 나라 인민들의 염원에 맞게 새로운 조미관계를 수립

해나가기로 하였다.

나. 조선민주주의인민공화국과 미합중국은 조선반도에서 항구적이며 공고한 평화체제를 구축하기 위하여 공동으로 노력할 것이다.

다. 조선민주주의인민공화국은 2018년 4월 27일에 채택된 판문점 선언을 재확인하면서 조선 반도의 완전한 비핵화를 향하여 노력할 것을 확약하였다.

라. 조선민주주의인민공화국과 미합중국은 전쟁포로 및 행방불명자들 유골 발굴을 진행하며 이미 발굴 확인된 유골들을 즉시 송환할 것을 확약하였다.

② 하노이 2차 북미 정상회담 추진 내용(2019. 2. 27-28)

가. 최종합의에서 북한은 영변 비핵화를 조건으로 한 대북제재 완전 해제를 제안

나. 미국은 영변 외 지역의 다른 핵시설까지도 완전히 비핵화 것을 조건으로 제시

다. 양국 의견 상충하면서 채택 결렬 : 선언문은 미리 준비되어 있었으나, 양국 의견이 상충하면서 채택 결렬, 북한의 비핵화 이행 없이는 북미대화 진전 불가 재확인

라. 2차례 북미회담에도 불구 비핵화 협상 실패, 비핵화 이행 없이는 통일 여건 조성에 진전 없음을 확인

(2) 중국, 러시아 : 국제 제재 동참 소홀, 묵시적 핵보유 인정하는 분위기

(3) 북한 : 핵실험 6회(핵무력완성), 선 보상 후 핵폐기 주장

3) 북한은 핵·미사일을 포기할 것인가?

(1) 북한의 의도 : 체제유지를 위한 핵심 수단

① 대미 ICBM 카드 (2017년 발사성공)

미 본토 타격 가능한 ICBM을 지렛대로 파키스탄과 같이 핵무장을 기정 사실화 수소폭탄으로 워싱턴을 공격할 수 있는 능력 보유, 미북또는 남북미중 평화 협정체결, 경제지원을 대가로 '핵 없는 세상'을 위해 미국과 핵군축 협상 하겠다는입장

② 미 본토 위협 핵역량(핵탄두 장착 ICBM, 핵무기 이전)포기해주는 대가로 기존 핵전력 기정 사실화 또는 사실 상 묵인 요구, 북한의 비핵화 진전이 없는 상태에서 가능한 통일 노력 추진 필요

4. 북한 비핵화 교착상태에서 할 수 있는 통일노력은?

> **키 – 포인트** key point
>
> 독일통일 교훈과 비교해 볼때 '통일은 큰 담론보다 작은 실천부터가 중요'함을 인식
>
> ✅ 정부·민간교류 2채널유지 및 민간교류의 점진적 확대
> ✅ 방북절차 간소화 등 통일관련 활동 법제화
> ✅ 과거정부 남북간 성명/선언 등 국회비준

1) 독일과 한국의 분단·통일 환경 비교

구분	독일	한국	비고
차이점	– 동족간 전쟁이 없었음 • 동족간 불신과 적대감이 없었음 – 소프트한분단 (Soft Division) • 베를린 장벽 (1961) • 통행증 협정체결 (1963) • 여행제한 완화 및 방송청취 허용 – 통일도우미국가 (결정적 영향력을 보유한 소련) – 통일은 모스크바에서 시작된다 (에곤바) – 핵무기가 없었음	– 동족간 전쟁으로 상처 • 동족간 불신과 적대감이 팽배함 – 하드한분단 (Hard Division) • 비무장지대 • 북한은 남한 및 국경 인접국 여행제한 • 방송청취불허 – 통일도우미국가 (미, 중, 러, 일 등 열강의 이권속 대립) • 소련처럼 통일에 결정적 영향을 미칠 국가가 없음 – 북한은 강력한 핵으로 무장	– 북한의 핵무장이 가장 큰 차이

북 비핵화 교착상태에서 할 수 있는 통일노력은?

| 유사점 | - 통일정책의 일관성
• 41년간 일관된 통일
  정책유지
  (아데나워 → 헬무트콜)
- 서방정책:프랑스, 영국,
  베네룩스 3국 등 설득
- 동방정책 :
  소련, 폴란드 등 설득
- 종교,언론계의역할
  (개신교연합회 역할 많음)
• 동독정치범석방 : 33만
  5천명
  (가족25만명)서독 이주
- 언론의 관대한 보도 | - 정권마다변경(김대중
  → 노무현 정권만
  햇볕정책 일관성유지
• 서방정책 : 미국, 일본
• 동방정책 : 중국, 러시아
- 한국교회의 간헐적 북한
  주민 인도적 지원
- 북한 지원에 대한 언론의
  비판은 장애물 | - 통일정책
  지속성 측면에서
  큰 차이
- 한국은
  주변국설득 실패
- 북한은
  종교활동
  자유 제한 |

⇒ 북한의 핵무장으로 통일여건조성에 애로. 국제제제에 영향을 받지않는 분야를 중심으로 통일노력 지속 필요

2) 독일통일 교훈을 바탕으로 추진할 수 있는 것

(1) 독일 통일 관련 어록을 타산지석으로 삼아야

① 아데나워, 브란트, 콜 : 통일은 준비하되 말하지 않는다. 통일 추진과정에서 통일은 떠들수록 멀어진다.

② 에곤 바 : 통일은 큰 담론보다 작은 실천이 중요하다. 통행증 협정체결

③ 브란트 : 평화를 건너뛴 통일은 있을 수 없다. 평화가 전부는 아니다. 그러나 평화가 없으면 아무것도 할 수 없다. : 한반도 평화정착+남북 대화, 화해, 협력 축적, 정부-민간의 지속적인 교류 중요

⇒ 아데나워 총리부터 헬무트콜 총리까지 41년간 통일정책을 일관되게 계승발전

(2) 독일 정부별 대외적 통일정책
  ① 콘나트 아데나워의 서방정책 : 프랑스, 이탈리아, 베네룩스 3국과의 화해정책
    가. 자를란트관리권프랑스 이관
    나. 루르의석탄 & 철강생산, 판매를 프랑스, 이탈리아, 베네룩스 3국과 공유
    다. 1870~1871, 1914, 1939년 3회 프랑스침략에 대한 사죄
  ② 브란트의 동방정책
    가. 소련과의 관계 개선(헬싱키프로세스 + 동유럽무혈시민혁명)
    나. 에곤바의 권고 시행 "독일통일의 열쇠를 모스크바가 쥐고 있다"
  ③ 헬무트콜의 통일외교정책
    가. 프랑스 + 영국 + 미국 + 폴란드(오데르-나이세 국경문제양보)지속 설득

⇒ 독일 통일은 아데나워의 서방정책과 브란트의 동방정책 그리고 콜의 통일 외교와 대외정책이 지속적으로 적용되어 통일여건 기반이 마련되었으며 국내 통일여건조성은 조용히 추진함으로서 동서독 통일 협상의 결정체가 되었음

(3) 우리도 독일처럼 대외적, 대내적 정책으로 구분하여 투트랙으로 추진
　① 대외적 통일정책 : 정부주도 서방정책, 동방정책, 통일외교정책 시행
　　가. 서방정책(미국, 일본), 동방정책(중국, 러시아), 통일외교정책(EU, 아세안 등)
　　나. 이산가족상봉, 금강산관광, 개성공단 재가동, 군사적 긴장 완화, 산림녹화 지원, 김치 합작 생산판매, 농어업기술지원 등
　　다. 북한 비핵화 협상 실패 이후 대외적 통일정책은 사실상 추진 중단되어 현 상황에서는 대내적인 통일정책에 치중할 수 밖에 없음
　　라. 정부간 계승발전 시킬 수 있는 법적 제도적 장치마련 시급

⇒ 북한 핵으로 대외적 통일정책을 추진하기란 사실상 불가능하므로 대내적 통일정책에 집중 필요

　② 대내적 통일정책 : 비핵화 협상단계에서 추진 가능한 분야는 민간단체 주도로 추진
　　가. 종교단체활동증대 : 서독 교회 동독의 정치범석방 주도 후 33,755명 서독으로 이주지원
　　나. 지자체 교류로 풀뿌리 교류확대 : 독일통일 전 98개 도시, 통일 후 854개 도시 교류
　　다. 언론의 통일 여건 조성 선도 : 서독의 막대한 민간 주도 경제적 지원에도 언론의 함구는 통일에 대한 여건조성에 지대한 역할
　　라. 인도적 지원분야 확대 : 비료식량지원 의약품, 의료기기지원 등
　　마. 스포츠 단체 활용 : 평창올림픽 시 경평축구대회 역할
　　바. 탈북민단체 적극활용 : 비공식 정보교류를 통한 문화 통합 시도

5. 맺음말

　2018년 4월 27일 판문점 선언, 2019년 6월30일 남북미 정상의 판문점 회동은 한민족에게 통일이 거의 실현될 것 같은 희망을 주었지만, 2020년 6월16일 북한의 남북공동연락사무소 폭파와 더불어 그 희망이 다시금 사라지게 되었다. 이 모든 것이 북한의 체제유지를 위한 핵개발이라 장벽을 극복하지 못했기 때문임을 살펴보았다. 북한의 핵 포기는 참으로 기대하기 어렵지만 우리가 통일까지 포기하기란 너무나 한이 많기에 북한의 핵포기를 유도하면서 독일 통일의 교훈을 토대로 할수 있는 것부터 통일노력을 추진해야한다. 독일 통일의 산파역할을 했던 서독의 초대 외무장관 에곤바의 "통일은 큰 담론보다 작은 실천부터가 중요하다"는 금언을 되새기며 우리가 할 수 있는 작은 실천들을 정리해보면 다음과 같이 요약할 수 있다.

① 정부 민간교류 2채널유지 : 정부 간 외교 채널을 가동하되 불통에 대비하여 상시 민간 채널을 가동하는 것 (종교단체, 지자체, 스포츠 단체교류 등)

② 탈북민 적극활용 : 평창 올림픽 시 남북축구 교류가 북한의 참가를 유도했던 경험을 살려 지속적인 교류 유지

③ 대북신뢰회복 및 갈등해소 : 남한의 정부가 바뀌어도 정책이 지속될 수 있도록 통일관련 활동 법제화 및 방북절차 간소화

④ 과거 정부 남북 정상간 성명 / 선언 국회 비준 등

남북한 제대로 알기 민주시민교육총서
남 북 협 력 개 론

북한 음식문화 기행

위영금 박사

11. 북한 음식문화 기행

1강. 술

키 - 포인트 key point

1) 술이란
- 소주의 대명사로 전통주(傳統酒)인 삼해주(三亥酒)가 있다.
- 문배주는 고려시대 평양 근교 대동강변의 주암산 샘물로 빚은 토속주이다. 실향민들이 비법을 지키다가 1986년 국가 중요 무형문화재로 지정되었다.

2) 북한 술의 분류 및 종류
- 지역 특산으로 수출되는 고급술과 일반인이 소비하는 공장주, 개인이 만드는 밀주(密酒)가 있다.
- 유명한 술로 들쭉술과 평양 소주, 대동강맥주가 있다.

3) 북한의 술 문화
- 술잔을 부딪치며 '위하여'라는 건배를 하지 않는다.
- 도수가 높을수록 고급주에 속하며 대중적인 술은 25도 이하이다.

북한 음식문화 기행

1) 술이란

술이란? 알코올 성분이 1%이상 들어간 음료이다. 불을 사용하시 않아도 발효되어 알아서 술술 끓는다고 술이라는 어원도 있다. 에탄올을 생성시킨다는 의미에서 주 재료는 곡물과 과일 이다.

술은 인류가 생겨난 때로부터 가장 긴 역사를 가지고 있다. 술에 대해 고려시대 문인인 이규보는 '맛 좋은 술은 신부와 같아, 마주하고 있으면 피곤한 줄도 모른다'고 했고 조선학자 서거정은 '삼해주가 없다면 극락이라도 가고 싶지 않다'고 했다. 당나라 시인 이백은 술 한말이면 시 백편을 짓는다고 했다. 술은 귀한 곡식으로 만들었으므로 시간과 정성을 들여야 했고 신(神)께 올리는 제물이었다. 술이 유명한 곳에 맛좋은 음식이 있고 유명한 성인들이 있었으니 술은 긴장을 완화시켜주고 사람의 관계를 개선시켜주는 역할을 한다.

술이 만들어지는 과정을 보면[01]
① 양조주는 효모가 당분을 알콜로 발효시킨 것
② 증류주는 양조주를 증류시켜 알콜 순도를 높인 것
③ 희석식 소주가 있다.

전통주(傳統酒)는 전통적으로 내려오는 제조방법으로 만드는 민속주이다. 대표적으로 삼해주(三亥酒)가 있다. 삼해주는 고려시대부터 빚어져 여러 가지 방법이 전해지는데 조선중엽 이후에는 소주의 술덧으로 쓰이는 예가 많아지면서 소주의 대명사로 되기도 했다. 삼해주는 세 번에 걸쳐 빚어지는 것으로 술 맛이나 향취 등이 빼어나지만 부유층이 아니면 마시기 힘들었다. 삼해주를 증류하여 소주를 만들려면 그 양이 30%에 그쳐 고급 소주가 나온다. '한겨울에 빚어 버들가지 피어날 때쯤에 봄이면 술이 익는다'해서 '유서주(柳絮酒)'라는 낭만적인 술 이름을 얻었다.

문배주는 평안도 지방의 토속주로 고려시대부터 임금에게 진상하는 술이었으며, 평양 대동강변에서 빚었다. 문배주는 남북정상회담 때마다 어김없이 연회상에 오른다. 문배주는 고려시대 평양 근교 대동강변의 주암산 샘물로 빚은 토속주이다. 문배라는 독특한 과일향이 난다고 해서 문배주이다. 증류식 소주로 도수는 40%이다. 6.25전쟁으로 전수자

---

[01] 마야자키 마사카츠, 『(처음읽은) 술의 세계사』, 탐나는책, 2020년, p.7

들이 월남하면서 북한에서는 문배주가 사라지고 남한에서 명맥이 끊길 뻔했으나 전수자들이 조금씩 몰래 만들며 30년간 비법을 지키다가 1986년 국가 중요 무형문화재로 지정되었다.

2) 북한 술 분류 및 종류

술의 분류

① 지역 특산으로 수출되는 고급술
② 일반인이 소비하는 공장주
③ 개인이 만드는 밀주(密酒)

수출되는 고급술로 개성 고려인삼술, 정상들의 건배주로 들쭉술, 2018년 국주로 된 평양소주, 강계포도주, 강계 인풍술, 맥주에는 대동강맥주, 룡성맥주, 봉학맥주, 금강맥주가 등 있다.

공장주(酒는) 지역특산은 지역과 재료에 따라 이름이 있다. 명절용으로 공급되며 다량으로 공급되는 식용 에틸알콜과, 화학공장에서 생산되는 공업용 메틸알콜이 있다. 밀주(密酒)에는 개인이 만든 농태기와 맥주가 있다.

- 재료 : 쌀, 옥수수 등을 이용한 곡주와 산열매인 도토리, 머루, 다래, 돌배, 들쭉을 이용한 과실주가 있다.

- 공급체계 : 술은 다량의 곡식이 소비되기 때문에 국가가 관리한다. 위에서 아래로 하향식 조직체계를 가지고 움직이는데, 상업성에서 도, 도에서 군으로 군에서 시, 또는 지역별로 생산에서 소비까지 계획을 가지고 있다.
- 공장술은 일반인이 소비하기 어렵기 때문에 밀주를 많이 한다. 술은 도수에 따라 높을수록 고급술에 속하며 25도가 가장 많이 소비된다. 맥주가 낮은 도수로 5~7도의 주정을 가지고 있다.

북한 술의 종류

유명한 술로 들쭉술과 평양 소주가 있다. 2000년 역사적인 남북 정상 만남의 자리에 북쪽에서는 들쭉술을 남쪽에서는 문배주를 각각 선물했다. 들쭉술은 백두산 고산지대에서 자생하는 들쭉을 원료로 한다. 들쭉은 북한의 천연기념물로 고구려시대의 유명한 장수가 사냥을 나왔다가 동료와 부하를 잃고 10여일을 헤매다가 배고픔을 못 이겨 아사지경에 이르게 되었는데 들쭉을 따 먹으면서 원기를 회복하게 되었다고 해서 '들에서 나는 죽'이라 하여 '들쭉'이라 한다.

백두산들쭉가공공장은 혜산시에 위치하며 혜산들쭉가공공장 3직장에서 갈라져 나왔다. 정상들의 건배주로 유명한 백두산들쭉술은 도수가 40도 이상으로 고급주이다. 들쭉은 수확량이 적고 채취도 어려워 희소가치가 있으며 약효과로 시력을 높이고 피를 맑게 하고 체중조절을 하며 남자가 마시면 신선이 되고 여자가 마시면 선녀가 된다하여 약술로 통한다고 선전한다.

평양소주는 주정이 25%로 원료로 옥수수와 쌀 및 기타 잡곡을 사용한다. 2018년 평양소주를 국주로 지정했다. 평양소주는 알콜함량과 용량을 소비자에 맞춤으로서 판매 전략을 가지고 생산하는 술이라고 할 수 있다.

북한의 대표적인 술 공장으로 개성고려인삼가공공장은 1958년 세워졌다. 개성특산인 인삼으로 생산을 꾸준히 이어왔다, 술 뿐아니라 약품과 화장품까지 인삼으로 만든 제품을 만들면서 생산시설도 현대화하고 있다. 개성고려인삼술은 원료로 인삼추출물, 쌀, 옥수수이며 용량은 650㎖이며 30%~52%로 6년근 인삼을 넣기도 한다. 곡식이 들어가므로 일반인이 소비하기는 어려운 고급주이다.

강계포도술공장은 자강도 강계시에 위치해 있다, 1956년 강계식료공장에서 한개 작업반을 분리하여 강계포도주공장으로 되었다. 강계포도주공장은 원료처리공장, 발효직장, 제품을 저장하는 공간과 실험실을 갖추고 있고, 원료기지인 포도원을 가지고 지속적으로 생산할 수 있는 생산기지도 있다. 강계에는 지역특산으로 포도주와 배술, 딸기술, 인풍술, 머루술, 돌배술을 생산한다. 강계포도술공장에서 생산되는 인풍술, 백로술은 주정이 40도인 고급술이며 지하암반수를 이용해 만든다. 강계산 머루술은 머루향이 강한 좋은 술로 알려져 있다. 북쪽에서는 강계포도술공장을 지속적으로 확장해 술의 질을 높여 수출을 고려한 생산을 목표로 하고 있다.

대동강맥주는 알콜 농도가 5~5.7%로 용량이 500ml와 640ml가 있으며 원료는 북한산 맥아 호프이다. 호프는 량강도에 호프농장이 있어 생산을 촉진하는 기사를 볼 수 있다. 대동강 맥주공장은 2002년 김정일 국방위원장이 세계적인 수준에 버금가는 맥주를 만들라는 지시로 시작되어 영국에서 공장 설비를 구매해서 평양 인근에 대동강맥주공장을 설립했다. 평양맥주는 일제시기부터 생산되었는데 북한에서 가장 오래된 맥주공장이다.

룡성맥주는 룡성특수식료공장에서 생산된다. 여기서 술을 전용으로 생산하는 술공장으로 감홍로, 장수주, 불로주, 만수술, 개미술, 룡성소주 등 수십종에 해당되는 술이 생산된다. 룡성맥주는 호프를 원료로 알콜도수 4.5% 640ml 용양으로 캔 맥주도 생산되며 대동강맥주 이상으로 인기가 있다. 국가연회상이나 중국베이징과 심양 북한식당에도 판매되고 있다. 술 뿐아니라 딸기사탕, 코코아사탕, 룡성생과자 등 고급당과류와 과일단물(쥬스) 룡성사이다 등 고급음료들이 생산된다. 술에 생산되는 기본 원료는 쌀, 찹쌀, 등 오곡들과 산삼, 인삼, 도라지, 영지, 각종 버섯, 녹용, 웅담, 산열매를 주 원료로 하고 있다. 술 생산에 사용되는 물은 신덕생물, 양덕온천수, 배천온천수, 주을온천수, 옥호동샘물 온천수 등이다.[02]

북한의 밀주

밀주가 성행한 시기는 '고난의 행군'인 1990년대 이다. 식량이 부족함에도 사람들이 밀주를 만들어 팔아서 생계를 이어갔는데 재료는 강냉이, 도토리로 만든다. 술 약을 사서 누룩을 만드는데 효모균을 가루에 넣어

---

02 김정민, '북한의 술문화', 『北韓』, 1995년 6월호

키우는 것이다. 며칠 지나면 뽀얗게 균이 자라게 되고 이것을 가루와 함께 독에 넣는다. 보름정도 지나면 발효되는데 벌렁 벌렁 끓는 술 죽을 가마에 넣어 오르는 김을 냉각하면 관으로 술이 내려온다. 처음 내려오는 것이 도수가 70도가 넘고 그다음은 점점 낮아지는데 낮은 것과 높은 것을 섞어서 24~25도로 맞추면 소주가 된다. 특유의 냄새가 심하기 때문에 눈에 즐겁게 맛과 향이 나도록 오미자나 세신뿌리를 넣으면 훨씬 부드럽다.

술에 대한 수요자가 많았기에 그것으로 밀주를 만들어 팔아 이윤을 얻어 생계를 유지하려는 사람들이 많다. 지역에서만 소비하는 것이 아니라 농촌이나 어촌으로 물물교환을 한다. 술은 병으로 넣지 않고 고무주머니에 넣고 배낭으로 지고 다니면서 파는데 잘 하면 곱으로 떨어지기 때문에 살 되는 장사다. 그러나 술이 쉬어져서 망칠 때도 있으니 손해도 감수해야한다. 밀주가 성행하면서 술 만드는 기계도 발전했다. 처음에는 어설프게 가마뚜껑을 올려놓고 그 위에 그릇을 얹어 랭각시키는 방식이었는데 차츰 아주 정교하게 만들었다. 먹을 식량도 없는데 밀주를 하니 단속도 심했다. 그럴수록 감추면서까지 술을 만드는데 이윤도 좋지만 술을 만들고 나머지 술지게미로 끼니를 해결할 수 있었기 때문에 온 마을이 밀주를 만들었다. 소주가 아니라 맥주까지 개인이 제조할 수 있다는 것이다. 맥주를 선호하지 않아 많지 않았는데 지금은 맥주도 술처럼 아주 맛있게 잘 만든다고 한다.

3) 북한의 술 문화

술은 일상적으로 먹고 싶으면 사먹을 수 있는 대중 식품이 아니다. 밥이 귀하면 술도 귀하다. 술의 원료는 곡식과 과일이기 때문에 밀주가 성행하는 이유이기도 하다.

개인 식당이 늘어나고 골목과 장마당에서 술이 거래되니 자연스레 식당에서 마시기도 한다. 평양이나 대도시에서는 대동강 맥주가 유명하여 사람들이 맥주를 마시며 즐기기도 하겠지만 지방도시는 그렇지 못하다. 술을 마시는 이유는 다양하다. 즐거워서 마시고, 스트레스를 해소하려고 마시고, 고통을 잊으려 마신다. 여자보다 남자들이 주로 마시며 낮은 것보다 높은 도수의 것을 선호하며 대중적인 술은 25도 이하이다.

고급술은 구하기가 쉽지 않아서 뇌물로 통한다. 그것을 얻을 수 있는 사람은 직위가 있고 관련 업무를 하는 사람이다. 특정생산직에 있는 사람들에게 따로 공급되는데 일반사람들에게 명절용으로 공급된다. 일명 카바이드술이라는 이것은 에틸알콜을 물에 희석시킨 것이다. 공장에서 에틸알콜과 메틸알콜을 구분하지 못하고 변을 당한 사람도 있다.

북한의 술은 남한소주에 비해 주정이 높다. 주량이 도량이라고 남자들은 배포가 있어야 하는 것으로 무엇이나 부족할 때일수록 술의 수요가 높아지는 이유다. 그럴수록 밀주가 많아지며 단속하려는 사람도 많아진다. 식량이 부족할수록 밀주 단속은 심해지며, 생활이 어려울수록 사람들은 고통을 잊으려고 술을 찾는다. 문화수준이 높아갈수록 맛과 질의 수준도 높아진다. 이전에는 취하려고 마셨다면 지금은 즐기려고 마시고, 거기에 휴식과 함께 문화생활을 누리려 한다.

술을 마실 때 술잔을 부딪치며 '위하여'라는 건배를 하지 않는다. 필요한 장소에서는 하겠지만 일반적으로 술은 직장에서 동료들끼리, 또는 가정에서 마시게 되는데 우렁차고 높은 건배사는 보기 드물다. 상대에게 '쭉 냅시다'가 전부이다. 건배사를 하더라도 멋진 말이나 건배사를 외워두지 않아도 되고 잔을 부딪치려고 자세를 바로잡을 필요도 없다. 폭탄주도 없다. 아직 소주와 맥주의 비율을 가려가면서 섞어 먹는 술 문화는 없다. 식단이 소박한 만큼 술자리도 요란하지 않다. 맥주 거품을 내는 멋진 풍경도 없고, 폭탄주에 취해서 갈 데 까지 가는 음주 문화는 아니다. 남쪽처럼 풍족하게 마실 술이 부족하기 때문이다.

생활수준이 높은 사람은 고급술 마시고 서민은 농태기(밀주)를 마시는데, 밀주와 공장술의 맛에도 구별이 있다. 공장에서 생산된 술은 맑으면서도 알콜향이 진한것도 있는데, 밀주는 대부분 곡물로 하기 때문에 달콤한 맛이 있다. 여기에 약간 향료까지 가미하면 술술 넘어가는 술이 된다. 밀주는 전통적 방식으로 만들어 지는데 공장주를 마신사람은 공장주만 좋다고 한다. 한 번 맛에 고정되면 그것으로 맛을 인지하기 때문에 농태기를 좋아하는 사람은 그것만 좋아한다. 맛의 구별에 따라 고급술은 여전히 상류층의 전유물이고 서민들은 농태기, 밀주를 소비하고 있다.

2강. 국수

키 – 포인트 key point

✓ **1) 국수란**
- 국수(掬水)는 물에서 건져 올린다는 뜻을 가지고 있으며 결혼식에는 백년해로 하고, 생일에는 건강과 장수를 기원한다.
- 예로부터 북쪽지방에서 메밀을 이용한 국수음식과 냉면이 발달했다.

✓ **2) 국수의 종류 및 지역별 분류**
- 감자가 많은 지역에서는 녹말(감자전분)으로 국수를 누르고, 강냉이가 많은 지역은 강냉이 국수를 누른다.
- 평양냉면의 재료는 메밀이고 함흥냉면의 재료는 녹마(농마)이다.

✓ **3) 북한 국수 문화**
- 북쪽 사람들은 국수를 가위로 뭉텅 잘라먹지 않는다.
- 함흥에는 신흥관, 평양에는 옥류관처럼 지역마다 유명한 국수집이 있다.

    술은 물과 원료가 중요하다. 북한은 지리적 이점을 살려 지역에 술 공장을 만들어 놓고 브랜드 가치를 만들려고 한다. 평양이라는 이름으로 평양소주, 들쭉이라는 과일 들쭉술, 산과일이 많이 나는 강계의 특징으로 강계술공장, 개성인삼가공공장을 비롯한 술의 수요와 소비 시장의 진출을 목표로 한다. 자립이라는 경제체제의 특성으로 맥주의 원료인 호프를 량강도에서 재배한다. 대동강 맥주를 비롯한 북한 맥주의 맛은 유명세프들도 인정하고 있다. 그럼에도 북한의 고급주와 유명한 맥주가 상품화되어 대중화되기 까지는 시간이 걸릴 것이다.

1) 국수란?

언제부터 국수를 먹었을 까. 조선후기 서유구(徐有溝 1764-1845)는 『옹희잡지』에는 '건(乾)한 것은 병(餠)이라하여 시루에 쪘으며, 습(濕)한 것은 면(麵)이라하여 끓는 물에 삶거나 물에 넣은 것이다'로 기록한다.

조선시대 문헌에 기록되어 있는 국수는 총 50여종으로 메밀가루 밀가루, 녹두가루를 주재료로 사용했다. 북쪽지방에서는 메밀을 이용한 국수음식과 냉면이 발달했다. 남쪽지방에서는 밀 재배가 잘되어 칼국수가 발달할 수 있었으나 그래도 밀가루는 매우 귀한 식품이었고 메밀을 이용한 국수가 발달했다.[03]

국수(掬水)는 물에서 건져 올린다는 뜻을 가지고 있다. 가늘고 길다는 특징을 가지고 있어 결혼식에는 백년해로 하고, 생일에는 건강과 장수를 기원한다. 국수와 국시의 차이는 국수는 밀가루로 만들고 국시는 밀가리로 만든다. 밀가루와 밀가리의 차이는 밀가루는 봉지에 들어있고 밀가리는 봉다리에 들어있다.

---

03 정혜경, 『고려의 맛과 멋이 담긴 통일식당 개성밥상』, 2021, p.224

아, 이 반가운 것은 무엇인가

이 히수무레하고도 부드럽고 수수하고 심심한 것은 무엇인가. 겨울밤 쩡하니 익은 동치미국을 좋아하고 얼얼한 고춧가루를 좋아하고 싱싱한 산꿩의 고기를 좋아하고 ... 백석시인

북쪽에서는 남한보다 국수문화가 발달했다. 지리적으로 산이 많은 지역으로 메밀과 감자, 녹말가루, 강냉이(옥수수) 재배를 했다. 재료를 활용해 국수를 만들었으므로 일찍부터 북쪽지역은 국수문화가 있었다. 냉면이라고 하면 평양냉면, 함흥냉면을 떠올리게 되는데, 2018년에는 정상들의 만찬에도 평양냉면을 직접 현지에서 만들어 화제가 되었다.

국수의 이름은 국물에 따라 냉면, 온면, 회국수, 비빔국수, 칼국수 등으로 구분한다. 재료에 따라 농마국수, 귀밀국수, 칡국수, 도토리국수로 부른다. 지역의 이름으로 평양냉면, 함흥냉면, 그릇의 형태로 쟁반국수 등 이름을 붙이기도 한다. 조선후기에 쓰인 〈동국세시기〉에도 무김치나 배추김치에 말아 먹는 음식을 냉면이라고 했으니 국수는 김치국물에 말아먹어야 제 맛이다.

2) 북한 국수 종류 및 지역별 분류

국수 누르는 방법

① 기계에 열을 가해 뽑은 것
② 분틀에서 압착하여 누른 것
③ 손으로 가락을 만든 것

국수는 가락을 뽑아서 수공업적으로 만드는 수타면, 공장에서 기계로 뽑는 국수, 분틀에 압착해서 누르는 면, 반죽해서 칼로 밀어서 만드는 칼국수가 있다. 재료는 메밀가루 또는 농마가루, 강냉이가루(옥수수)이다. 거기에 도토리를 섞으면 도토리국수가 되는 것이고, 칡을 넣으면 칡 국수가 되는 것이다. 종류에는 국수국물에 따라 온면과 냉면이 된다. 남쪽에서 냉면이라고 하면 평양냉면과 함흥냉면을 말하는데 이는 실향민들이 남쪽으로 와서 고향음식을 재현하면서 상품으로 만들었다. 북쪽에는 산열매를 가공한 도토리국수와 올챙이국수가 있다.

기계에 열을 가해 뽑은 국수는 지방식료공장에서 생산한다. 지방식료공장이 정상가동 될 때 국수를 1kg씩 묶어 배급했다. 지금 라면형식의 즉석국수도 매점에 등장하고 있다. 농마국수는 공장에서 기계로 뽑을 수 없다. 끓는 가마에서 눌러야 한다. 북부지역에서는 국수 누르는 분틀은 마치 가정에 전기밥솥이 있듯이 가지고 있다. 반죽한 면을 분틀에 넣어 압착해서 누르는 과정이 번가롭기 때문에 느릅쟁이국수 같은 경우 위탁을 받는 집이 있다. 수고비를 받는 것이란 고작 반죽하면서 나오는 씻김물로 집집

승을 키우는 것이다.

> **지역별국수 종류**

- 감자가 많이 나는 북부 지역

량강도, 자강도, 함경북도 지역에서는 농마(녹말)로 만든 국수이다. 육수에 따라 온면과 냉면의 차이가 있다. 감자를 갈아서 얻은 농마는 색깔이 희다. 반죽을 만들어 분틀에 누른다. 분틀의 구멍도 가늘다. 농마로 만든 국수는 갓 김치 국물에 먹기도 하지만 온면이면 더운 국물에 깻가루나 돼지고기 육수를 만들기도 한다.

화산재에 심어진 갓 김치에 감자국수를 먹으면 맛과 멋 그대로 느낄 수 있다. 함흥에서 서쪽으로 가면 랑림산맥아래 장진군, 부전군, 신흥군이 있다. 이곳에서 나오는 감자로 함흥냉면이 만들어진다. 함흥냉면은 동치미대신 고기육수를 낸다. 면발이 가늘고 국물은 고기육수로, 고명으로는 사과, 배를 얹는다. 농마국수는 지역에서 나오는 특산이다. 함흥냉면은 랑림산줄기를 넘어 농마가 전해질수 있는 신흥군(郡)과 신흥관에 있는 것이고, 함경남도는 북쪽의 중부지역에 속하기 때문에 강냉이 국수를 더 많이 소비한다.

- 메밀로 만든 평양냉면

평양냉면의 원조는 어디일까? 주 원료인 메밀은 산지가 많은 서북지역과 강원도 이북지역이 특히 발달했다. 북쪽에서는 평양냉면의 유래로 고려시대 평양 찬 샘골마을(현 동대원구 냉천동)으로 한다. 달세라는 사위가 메밀국수를 끓는 물에 삶아 찬물에 헹군 뒤 물기를 짜내 동치미 국물에 말아 먹었는데 그 맛이 일품이었다고 한다. 그 소문이 평양성에 퍼져 훗날 평양냉면이 되었고 고려 중기의 한 왕이 평양냉면은 '천하에 으뜸가는 음식'이라고 칭찬했다고 한다.[04] 평양냉면의 주 재료는 메밀이다. 메밀 70%와 감자녹말 30% 섞어 뜨거운 물에 반죽해서 분틀에 누른다. 평양냉면의 맛은 동치미 국물에 있다. 평양지역은 메밀을 심었던 지역으로 평양냉면이면 동치미 국물에 메밀로 만든 냉면이다.

- 강냉이(옥수수) 국수

북한에는 80% 산지로 강냉이(옥수수)를 많이 심는다. 옥수수가 '밭곡식의 왕'이라고 강냉이 심는 것을 장려했는데, 이러한 이유로 옥수수 가공한 음식이 많다. 옥수수쌀도 있는데 국수를 말려서 쌀알처럼 자른 것인데 한때는 그것을 배급으로 주었다. 옥수수는 옥과 같은 수수라는 의미이다. 쌀보다는 거칠어서 밥으로 먹기보다는 가루를 내여 국수로 먹기 안성맞춤이다. 하루 세끼 중 국수를 먹다보니 국수 천국이라고 할 수 있을 정도로 국수의 역사가 길다.

강냉이 국수는 농마처럼 글루텐성분이 적어 분틀에 내리기에 적합하지 않다. 기계에 열을 가해 내려야 하는데 여기에 도토리나, 칡을 넣으면 이름도 도토리국수, 칡국수가 된다. 반죽해서 수작업으로 분틀에 내리려면 느릅나무껍질을 말려서 가루낸것을 섞으면 느릅쟁이국수가 된다.

---

04 김양희, 『평양랭면, 멀리서 왔다고 하면 안 되갔구나』, 폭스코너, 2019, p.91

농마국수는 질긴 맛에, 옥수수국수는 구수한 맛에 먹는다. 강냉이 국수의 육수는 온면인 경우 까나리 육수와 양파 볶은 것을 고명으로 올리고, 여름에는 제철 김치국물에 먹는다.

남쪽에는 강원도에 유일하게 올챙이국수가 있다. 강냉이가 익어가는 시점을 잘 잡아야 맛좋은 재료를 얻을 수 있다. 강냉이가 완전 여물면 안되고 점차 익어가는 시점에 수확해서 강냉이알을 발라 망에 갈아 가마에 묵을 쓰듯이 저어가며 익히고 구멍난 틀에 넣으면 올챙이모양으로 떨어진다. 찬물에 담그어 먹을 때 조리로 건져서 양념장과 같이 먹는다. 풋 강냉이의 달짝지근한 맛과 입안에 씹히지도 않고 요리저리 그냥 쿡 넘어가는 맛에 먹는다. 제철에 나는 김치 국물에 먹기도 한다.

- 도토리 국수

북쪽의 산에는 도토리가 많다. 도토리는 곡식만큼 중요한 음식이다. 가을에 수확해서 술도 만들고 식량대용으로 한다. 남쪽의 도토리에 비해 향이 진하다. 가을이면 모두 도토리 주으러 다닌다. 도토리를 채집해서 말렸다가 식량이 부족한 시기 시장에 팔기도하고 강냉이가루와 섞어 국수를 누르기도 한다. 도토리 국수는 윤기 흐르는 까만 갈색이다. 도토리국수는 향이 맛을 결정한다. 아무리 맛있는 육수라도 떫음을 감추지 못하면 먹기 힘들다. 도토리를 물에 많이 우려내야 한다. 도토리 국수는 온면보다는 냉면이 좋다. 도토리를 수확하면 가마에 쪄내 햇볕에 바짝 말린다. 말린 도토리 껍질을 벗기고 도토리 쌀을 만든다. 곡식처럼 저장했다가 여름에 옥수수와 함께 제분소 기계에 가득히 눌러 놓는다. 말린

밀가루 면처럼 필요할 때마다 삶아 김치국물과 함께 먹는다.

- 칼국수

칼국수는 찬칼국수, 더운 칼국수로 구분한다. 찬 칼국수는 반죽한 가루를 썰어 끓는 물에 삶아 건져 물기를 없애고 사리를 만들어 그릇에 담아 차거운 육수에 고명을 얹어 먹는다. 더운 칼국수도 같은 방법으로 육수를 넣는다. 이러한 방법은 별식이어서 특별한 손님이 왔을 때 하는 방법으로 대중화 되지 않은 음식이다. 1990년대 이전까지 밀가루가 흔하지 않았다. 고난의 행군을 겪으면서 국경으로 밀가루가 쏟아져 들어왔다. 수입 통밀은 가루 내어 칼국수, 또는 만두를 빚거나 강냉이 가루에 밀가루를 섞어 국수를 만든다. 밀가루는 글루텐 성분이 많아 칼국수 만들기에 적합하다. 칼국수는 남쪽에서 만들기 시작한 역사도 길고, 해산물을 넣어 만든 바지락 칼국수 등 칼국수 맛에는 일가견이 있다.

- 명태회국수

감자농마국수에 명태회를 올려놓고 고기국물을 부어서 만드는 국수이다. 명태는 1980년대 까지 북한의 동해안에서 많이 잡혔던 물고기이다. 비린내도 없고 살도 통통한 명태를 새콤달콤하게 회로 만들어 감자농마국수에 고명으로 먹는 명태회국수가 유명했다. 함흥냉면집에는 명태회국수가 들어가 있는데 이는 실향민들이 고향의 음식을 재현한 것이다. 동해안에 명태는 지구 온난화로 점점 사라져가고 있다.

3) 북한 국수 문화

　냉면을 먹을 때 남쪽의 사람들은 가위를 뭉텅 잘라먹는데 북쪽에서는 가위로 잘라먹지 않는다. 잔치국수는 오래 길게 살라는 의미에서 국수는 길게 먹어야 하는 것으로 생각한다. 밀가루는 중국에서 들어오지 않으면 국내에서의 생산은 아주 적기 때문에 대체로 강냉이 국수를 먹는다. 감자가 많이 나오는 지역은 감자녹말로 여러 가지 국수를 만든다. 육수에 따라 온면과 냉면의 차이가 있다. 육수는 남쪽에서처럼 멸치나 다시다 국물을 내지않고, 지역마다 개인마다 차이는 있겠지만 기름에 파와 마늘 고춧가루를 볶으면 향과 색깔을 낸다. 돼지고기 육수나 동치미를 넣는 방법도 있고, 온면에는 고기국물을 넣는다.

　1990년대 '고난의 행군' 이전에는 국수를 배급받았다. 국수를 만드는 공장에서 대량생산해서 주민들에게 공급한다. 고난의 행군이 모든 것을 바꾸어 놓았는데, 공급되지 못하니 방앗간 같은 곳에서 강냉이를 맡겨서 기계에 국수를 누른다. 그 시기 국수도 다양화 되었는데 바다풀로 만든 국수도 생겨났고, 흔히 접할 수 없는 국수들이 장마당에 나왔다. 국수를 팔아 생계를 유지하는 가정이 생겨나면서 국수가 싸고 잘 팔리는 음식 중 하나가 되었다.

　지역마다 특색 있는 국수집이 있다. 함흥에는 신흥관, 평양에 옥류관, 회령에 남문국수집이 유명하듯이 각 지역에 잘하는 명인 국수집이 있다. 국영, 개인이 운영하는 국수집도 있는데 국정가격, 야매가격으로 되어 있다. 길거리 음식으로 재래시장에 가면 볼 수 있는 싸고 맛있는 국수집이 있다. 결혼식에는 국수를 대접 하는 것으로 '국수 언제 먹을래'가 언제 결혼하냐는 은어이다. 가늘게 길게 살겠다는 것도 국수를 빗댄 것으로 이리저리 치우치지도 않고 막힘없이 넘어가는 인생을 살겠다는 것이다. 국수는 국물에 말아서 훌훌 넘기며 먹는 것으로 비빔국수보다는 육수를 넣은 온면, 냉면을 선호한다.

현재 김정은시기 지방산업공장의 활성화를 주문한다. 이에 따라 북한에도 남한의 라면처럼 식료공장에서 즉석라면도 만들고, 국수도 생산하고 있다는 기사도 보인다. 꼬부랑 국수라고 있었는데 보편적으로 모두가 먹을 수 있는 것은 아니다. 그런데 지금은 매점에도 볼 수 있고, 아마도 남쪽의 신(新)라면이 북쪽으로 가면 인기가 대단할 것이다. 김정은 시기 경공업에 주력하더니 공장에서 국수를 생산하고, 이전보다는 지방산업공장이 활성화 된 것을 볼 수 있다.

음식에는 전통음식과 대중음식이 있다. 평양냉면이나 함흥냉면은 지역에서 오래된 전통으로 내려온 것이지, 대중화된 음식은 아니다. 동치미 육수에 메밀을 재료로 한 평양국수보다는 밀가루, 또는 옥수수로 만든 국수가 대중에게 익숙할 것이다.

3강. 김치

> **키 – 포인트**
>
> ✅ **1) 김치란**
> - 김치의 어원은 침채(沈菜)가 변형이 되어 오늘날의 김치가 되었다.
> - 김치는 발효식품으로 세계5대건강식품에 속한다.
>
> ✅ **2) 북한 김치 종류 및 지역별 분류**
> - 북부지역에서는 영채김치, 갓 나물김치, 함경남도에는 명태김치, 명태식혜, 개성지역에서는 보쌈김치, 황해도는 고수김치, 호박김치, 평안도는 동치미가 유명하다.
> - 함경도가재미식혜는 생선을 발효시킨 것이다.
>
> ✅ **3) 북한의 김장문화**
> - 반년 식량인 김장을 하기 때문에 여럿이 모여서 품앗이처럼 담근다.
> - 2017년 류경김치공장을 시작으로 신의주, 평성, 송림, 청진, 강계, 남포, 혜산, 함흥, 원산 등 각 도(都)마다 김치공장을 건설했다.

1) 김치란?

평시에는 몰랐다가도 외국에만 나가면 없어서는 안되는 시원하고 쩡한 맛~ 때문에 사람들은 김치를 여행가방에 가지고 다닌다. 김치는 언제 생겼을까? 아마도 문자가 생기 전부터 있지 않았나 생각한다. 김치의 어원은 침채(沈菜)가 변형이 되어 오늘날의 김치가 되었다. '沈菜'라는 한자어는 한반도에서 만들어 진 것이어서 중국 고문헌에 전혀 나타나지

않는다고 하는데, 딤채가 점차 김치로 되었다고 기록하고 있다.[05]

장을 곁들이면 한여름에 먹기 좋고 소금에 절이면 긴 겨울을 넘긴다. 이규보(1168-1241)

김치는 밥과 함께 매일 식탁에 오른다. 김치 없이 밥을 먹는 한국 사람은 없다.(Urquhart, 1923)

한국 사람에게 김치 없는 식탁은 생각할 수 없다. 주재료인 배추와 무, 고춧가루와 소금은 어디나 같지만 배추를 담그는 방법은 다양하다.(Uuderwood, Lillias Horton, 1905)[06]

김치는 채소가 발효된 세계5대건강식품에 속한다. 김치는 채소와 소금으로 1차와 2차 발효를 한다. 식물성과 동물성 재료가 섞여 발효되면 풍부한 맛을 내면서 완벽한 발효 김치로 탄생한다. 김치에는 카로틴, 식이섬유, 페놀성 화합물과 같은 여러 가지 생리활성 물질들이 함유되어 있고 잘 발효된 김치 1kg에 젖산균 약 1억 마리가 있다. 비타민 A와 C, 칼슘, 철, 인 등 무기질이 풍부하여 식이섬유는 변비와 대장암 예방에 좋다.

---

05 백두현, "'김치'의 어원연구", 『김치, 한민족의 흥(興)과 한(恨)』, 세계김치연구소, 2016, p.390
06 출처 박채린외, 『김치에 대한 인지, 정서 그리고 변화』, 세계김치연구소, 2015

김치의 원재료는 배추와 무, 나물과 채소류이다. 김치는 배추, 무, 오이 등 채소를 절여 젓갈과 양념을 버무려 만든다. 이전에는 김치냄새가 난다고 멸시를 받은 적도 있었으나, 지금은 서양 사람들도 김치 만드는 방법을 배워가고 있다. 추운지역인 북쪽에서는 김치를 '쩡~ 하다'고 표현한다. 남쪽 사람들은 시원하다고 말한다. 오래된 전통으로 남한에서는 2013년, 북한에서는 2015년 유네스코인류무형문화재로 등록이 되었다.

김치의 우수성을 알리기 위해 2020년 11월 22일(11월 모여 22가지의 효능을 나타낸다는 의미) '김치의 날'로 제정했다.

2) 북한 김치 종류 및 지역별 분류

북한의 김치 종류

김치의 주 재료 (소금, 배추, 무, 고추, 마늘, 생강, 파, 젓갈, 고춧가루 등)
배추 : 배추, 겉절이, 얼갈이
무　 : 깍두기, 동치미, 나박김치, 열무김치, 물김치
채소 : 갓 김치, 영채김치, 가지김치, 미나리김치, 오이소박이, 콩나물
　　　김치, 쪽파

계절 김치

봄 : 나박김치, 시금치김치, 갓김치, 부추김치, 달래김치, 돌나물김치
여름 : 오이소박이, 가지김치, 열무김치, 미나리김치, 콩나물김치,

　　　　양배추김치
가을 : 석박김치, 파김치, 겉절이
겨울 : 통김치, 백김치, 동치미, 갓김치, 영채김치

　지역 환경에 따라 봄, 여름, 가을, 겨울에 담그는 김치가 있다. 북부 고산지대와 중부지역, 남부지역에 따라 젓갈과 양념이 다르게 쓰인다. 북부지역에서는 영채, 갓 나물이 있고, 함경남도에는 명태김치, 식혜, 등이 있고, 개성지역에서는 보쌈김치, 황해도는 고수김치, 호박김치가 있다.

〈 표-1 지역별 김치 종류 〉[07]

구분	지역	김치 종류
고산지대 (백두산맥)	량강도 자강도 함경북도	영채김치, 갓김치, 양배추김치, 참나물김치, 감자깍두기 영채김치, 갓김치, 양배추김치, 미나리김치, 두릅김치 영채김치, 갓김치, 명태김치, 통김치, 미나리김치
동해안	함경도 강원도	명태김치, 명태식혜, 명태깍두기, 미나리김치, 콩나물김치 동치미, 열무김치, 해물김치, 창란젓 깍두기
서해안	평안도 황해도 개성	평양백김치, 나박김치, 양배추김치, 동치미, 통김치 열무부추김치, 호박김치, 고수김치, 오이소박이, 갓 김치 개성보쌈김치, 호박김치, 고수김치

07　옥류관, 『조선의 지방요리』, 평양, 2000년/필자 작성

북한의 김치의 지역별 분류

- 고산지대 김치

영채김치 : '산갓' 또는 '영채'라고 한다. 북부고산지대(백두산맥)에서 화산재서 자란 냉이과 나물이다. 고추가 한반도에 들어오기전까지 향신료를 대신한 것으로 신토불이 민속음식이다. 임금님 수라상에 오른 것으로 지금도 국가연회상에 오른다. 하늘이 낸 영험한 물건으로 옛 시에도 기록되어 있다.[08] 영채는 10월 중순에 수확하며, 첫눈이 내린 오후에 캐는 경우도 간혹 있다. 영채는 보통 오후에 캐는데 오전에 캐면 이슬을 머금고 있기 때문에 변질의 우려가 있다. 수확한 영채는 잘 띄우는 것이 기술이다. 이삼일이 지나면 파랗던 영채가 샛노랗게 변하면 물에 깨끗하게 씻어 절인다. 이틀정도 지난 뒤에 숨이 죽으면 양념해 그릇에 넣어 익힌다. 양념을 하지 않고 독에 담았다가 시기마다 꺼내 양념해서 먹기도 한다. 알싸하고 맵고 독특한향으로 중독성 있는 음식이다.

갓 김치 : 북쪽의 갓은 야생 적색갓에 가깝다. 백두산 화산재에 심어진 적색갓은 보랏빛 가는 줄기에 연한 가시를 가지고 있고 가을에 수확해서 짜게 절였다가 이듬해 여름까지 먹는다. 절인 갓을 고춧가루, 다진 마늘을 넣고 버무려 한돌기 넣으면서 오미자 줄기를 잘라 넣는다. 갓을 초절

---

[08] "젠치, 영채, 갓은 모두 조선족들이 이주 당시 함경도에서 씨앗을 가져와 연변지역에 보급했다. 조선족들이 먹는 젠치의 경우 1970년대까지 한족이 먹는 향채와 맛이 많이 달랐다. 조선족과 한족이 모여 사는 마을에서는 이때까지 젠치와 향채를 서로 구별하여 심었으며 한족은 젠치와 향이 너무 강하다고 했고 조선족은 향채가 향이 약하다고 하면서 서로 달리 선택해 먹었다...영채는 한족들 원래 먹지 않았기 때문에 당연히 함경도에서 전파된것임을 알 수 있다. 갓 역시 한족들이 먹는것과 많이 달랐다. 조선족이 먹는 갓은 줄기가 가늘고 향이 강하지만 한족이 먹는 갓은 줄기가 두껍고 향이 약하다. 후자는 볶음채에 적합하다.", 출처 : "김치, 한민족의 흥(興)과 한(恨)" 세계김치연구소, 2016년. p.184

임 했을 때 생긴 소금물을 붓고 옥수수 껍질을 위에 덮고 싸리가지로 얼기설기 놓고 갓 김치가 푹 잠길 정도로 누름돌을 놓는다. 갓 김치는 약간의 매운 맛과 독특한 향취가 있는데 이는 지역의 감자음식과 먹어야 맛을 제대로 느낄 수 있다. 뽀얀 김이 오르는 부엌에 북적이며 사람들이 분틀에 매달려 국수를 누르고, 움에서 건져온 차고 시린 보랏빛 갓 김치 국물을 면발위에 내린다. 삼수갑산에서 얼기설기 얽힌 갓 김치 국물에 감자 막갈이국수를 먹어봐야 갓 김치 맛을 안다고 할 수 있다.

- 동해안 김치

함경도명태김치 : 함경도는 동해안에 위치해 있으며 예로부터 이름난 어장이 많다. 흥남, 신포, 청진 이곳은 명태가 자리기 좋은 서식환경을 가지고 있다. 80년대까지 명태가 산처럼 밀려오던 때가 있었다. 함경도 명태김치는 함경남북도, 량강도, 자강도, 평안도 지역까지 명태 김치를 담았다. 동해바다에서 잡은 명태는 북부지역인 량강도, 자강도, 서해안인 평안도, 황해도까지 실려가 밟히는 것이 명태였다. 매일 같이 명태밸 따러 나오라는 소리가 귀따갑게 들리고, 산간오지인 고향에도 그냥 문앞에 두고가는 바람에 명태를 간식으로 들고 다녔다. 겨울의 반년 식량인 김치에는 신선한 명태가 김치의 절반은 들어갔다. 어획량이 줄어들면서 토막나기 시작했다. 명태를 깨끗이 손질해서 지느러미를 잘라내고 보기 좋게 썰어 몇 칠 재워놓는다. 시큼하게 식혜 맛이 날 때 배추와 같이 버무려 김장독에 넣는다. 며칠지나 소금물이나, 육수를 만들어 김치가 잠길 정도로 붓는다. 북쪽의 김치는 싱겁게 하며 무를 많이 넣는다. 국물에 이산화탄소가 녹아있어서 연탄불에 중독되었을 때 이것을 마시면 회복된다.

공기가 들어가지 않게 아구리를 봉한다. 2월~3월에 눈오는날 개봉한다.

함경도가자미식혜 : 식혜라고 하면 쌀을 발효시킨 식혜를 떠올리지만 여기서 식혜는 생선을 발효시킨 식혜이다. 가자미식혜는 좁쌀밥에 길금가루 섞은 것을 버무려 만든다. 가재미의 내장을 제거하고 깨끗이 씻은 다음 대가리와 지느러미를 제거하고 3cm로 엇썰어 토막 내고 소금을 뿌려 놓아 하루 재워 놓아 물기를 찌운다. 무는 길이 4~5cm로 썰어 절였다가 고춧가루에 버무려 놓는다. 좁쌀밥에 길금가루를 넣고 잘 섞는다. 하루 절여진 가재미에 준비한 무, 좁쌀밥, 파, 마늘, 생강, 소금을 넣고 고루 섞은 다음 단지를 덮고 5~10일 익힌다. 가자미 식혜는 명태와 함께 많이 잡혔던 생선중 하나이다. 가재미에는 비타민 D, B군과 칼시움, 철, 아연 등 광물질과 미량원소들이 많아 입맛을 돋우고 소화를 촉진시킨다. 새콤한 가자미 식혜는 식욕을 높여준다.

– 서해안 김치

평안도나박김치 : 무를 나박모양으로 썰어서 양념하여 담그는 김치다. 봄에 담그는 나박김치는 생기를 얻고자 싹이 돋아난 것으로 골라서 담근다. 바로 먹어야 하기에 얄팍하게 네모지게 나박나박 썰어서 고춧가루를 비벼 색깔을 낸다. 주변의 밭이랑에서 봄기운에 자라는 달래를 한 옹큼 캐서 넣고 미나리도 넣고 마늘과 생강을 넣고 소금물을 슴슴히 가득히 부어 익혀 먹는다. 입맛을 잃고 저승의 문턱에 갔던 처녀가 사랑하는 사람이 만들어준 나박김치를 먹고 살아났다는 설화도 있다. 동치미처럼 국물을 많이 부어 만드는 것이 특징이다. 나박김치는 김치국물이

많아 물김치라고도 한다. 봄, 가을에 저장용 김치가 없을 때 만들어 먹는다. 나박김치는 무를 기본 재료로 하지만 배추를 조금 넣기도 한다. 고춧가루나 양념을 보에 싸서 넣으면 국물을 곱게 우려낼 수 있다.

평안도동치미 : 동치미는 '겨울에 담그는 김치'가 '치미'로 변화되여 동치미가 되었다. 평양지방에서 만드는 동치미는 준치젓, 마늘, 생강, 실고추, 배, 밤 등으로 양념을 잘하여 만든 김치국을 부어서 익힌 것으로 감칠맛이 있다. 평양냉면이 유명한 것은 동치미국물 맛이다. 재료로 무, 생강, 파, 고추, 마늘, 배, 사과, 소금, 물이다. 흠 없는 무를 깨끗이 씻는다. 통고추는 꼭지를 따고, 파는 껍질을 벗기고 뿌리를 자르고, 배는 쪼갠다. 독 밑바닥에 소금을 뿌리고 무를 깔고 위에 통고추, 파, 마늘, 생강, 사과, 배를 놓고 소금을 뿌리고, 무를 놓고 반복한다. 독의 절반이 채워지면 파뿌리를 씻어 무 잎이나 배추 잎으로 덮고 소금을 뿌린다. 2~3일지나 식힌 소금물을 붓는다. 동치미는 발효과정에 젖산, 사과산을 비롯한 유기산들이 생긴다. 이것들은 소화를 촉진시키고 동맥경화증과 피로회복에 좋다.

3) 북한의 김장문화

김장은 여럿이 담그는 문화이다. 반년의 식량인 김장을 하기 때문에 여럿이 모여서 품앗이처럼 담근다. 한번 담근 소금물은 버리지 않고 재차 절임한다. 수돗가에 모여 앉아 김치를 담그고 겨울에는 누구네

김치가 맛있나 채점하며 다니기도 한다. 양념은 개인 취향에 따라, 형편에 따라 조미료를 구매한다. 장갑도 없이 언손을 녹여가며 김치를 담그는 일은 보통 힘든 작업이 아니다. 지금은 그러한 문화가 많이 무너졌다. 누구나 공급받던 배추도 돈을 많이 가진 사람일수록 좋은 배추와 좋은 재료로 김장을 할 수 있다.

북한에도 손 맛보다는 공장에서 생산하는 포장김치가 등장했다. 김정은 시기 2017년 류경김치공장을 시작으로 신의주, 평성, 송림, 청진, 강계, 남포, 혜산, 함흥, 원산 2021년 5월까지 9곳에 김치공장을 건설했다. 류경김치공장은 김치종류 26가지에 각종 절임만 70여가지를 생산하고 있다. 김치에 관심을 가지는 이유는 세계5대건강식품으로된 위상 때문이다. 채소발효식품으로 김치의 위상이 높아지자 김치산업화로 다량생산하여 세계시장에 진출하려는 것이다.

김정은 시기 경공업을 강조하면서부터 식료공장들에서 생산하는 식품들이 매점에서 판매되는 것을 보면 김치산업화는 어느정도 성과는 있는 것으로 보여진다.

용인시에 있는 내고향만들기공동체는 돌아갈 고향이 없는 사람들이 이웃을 알고 소통하기 위해 지역주민들과 함께 2020년 만들어진 비영리단체이다. 고향음식을 만들고 나누면서 봉사활동을 비롯한 여러 사회활동을 활발히 하고 있다.

북한 음식문화 기행

내고향만들기공동체에서 진행한 행사 사진

- 2021년 5월 8일 영채김치 만들기 -

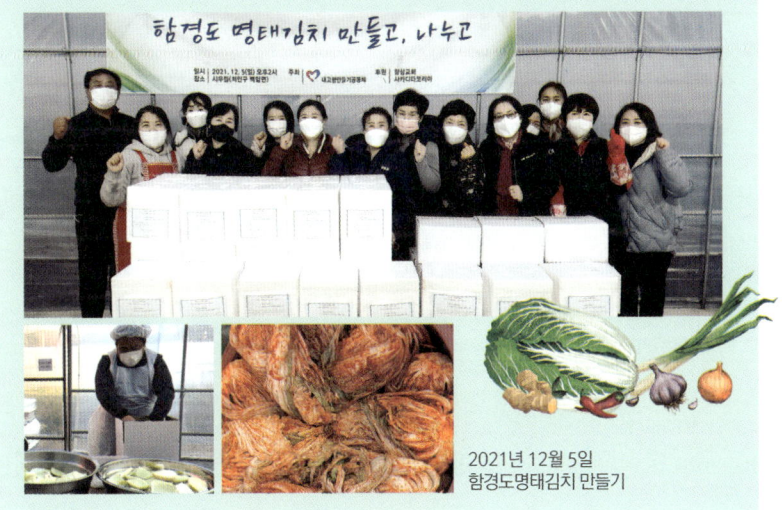

2021년 12월 5일
함경도명태김치 만들기

남북한 체제로 읽기 「민주시민교육총서」

12

남북한 제대로 알기 민주시민교육총서
남 북 협 력 개 론

한반도 평화체제의 길

강동완 박사

12. 한반도 평화체제의 길

머리말

다시 문제는 사람이다. 세상이 급변하고 있다. 국제정세는 요동치고 있다. 불확실성의 시대다. 다들 끝이 보이지 않는 암흑의 터널을 지나고 있다고 아우성친다. 터널의 끝에 무엇이 기다리고 있을지, 아무도, 모른다. 터널을 지난다고 해도 오리무중 이기는 매한가지다. 뿌연 안개 속, 희미한 유령들이 거리를 배회한다. 서광은 쉬이 비추지 않는다. 패러다임 변화의 전환기다.

혁명적 변화는 그렇게 갈피조차 잡기 힘든 카오스적 상황, 혼돈의 상태에서 찾아진다. 광활한 백사장에서 모래알 움켜쥐기와도 같다. 손가락 사이를 신기루처럼 빠져나가는 것들 가운데서 주섬주섬 그러모아 인류의 삶에 녹여낸다. 한 줌 모래알이 새로운 패러다임의 주체로 변화한다. 북경에서 나비 한 마리가 날갯짓하면, 뉴욕에 폭풍이 몰아치는 것과 같은

한반도 평화체제의 길

이치다.

'생산주의(Productivism)'. 어렴풋한 이 개념이 내일의 주인공일지 모르겠다. 신자유주의 이후 새로운 패러다임이 도래한다. 생산주의 체제로의 전환이다. 이렇게 예측하는 전문가들이 부쩍 늘고 있다.[01] 생산주의는 말 그대로 실물이 중시되는 체제라고 이해해도 좋다. 자원, 에너지, 식량 등이 그렇다. 빼놓을 수 없는 게 있다. 노동력 즉, 사람이다. 생산의 주체로서의 사람이 중시되는 시대, 노동하는 사람이 대접받는 구조일 것이라는 데 의견이 모인다.

---

01 "신자유주의 대체 패러다임으로 '생산주의'가 뜬다?", (경향신문, 2022.07.11.)

패러다임의 변화 조짐은 의도했든 아니든 미국으로부터 시작되고 있다. 코로나19 사태로 인한 통화량의 증가(양적완화)는 인플레이션 압박으로 작용했다. 6월 미국의 소비자물가지수는 9.1% 상승했다. 41년 만에 최고치다.[02] 이를 해소하기 위해 미국은 공격적인 금리 인상을 단행하고 있다. 인플레이션 억제에 나선 것이다. 전망은 그리 밝지 않다. 유로존의 7월 소비자물가 또한 전년 동월 대비 8.9% 상승할 것이라고 한다. 통계 집계 이래 최고치다.[03]

세계 경제가 일찍이 경험해보지 못했던 미증유의 대침체 속으로 빠져들 것이라는 경고가 곳곳에서 터져 나온다. 국가가 파산 사태에 이른 신흥국들이 벌써 여럿이다. 스리랑카의 국가 부도 이후 파키스탄과 방글라데시도 위기를 넘기지 못하고 국제통화기금(IMF)에 차관을 요청했다.[04]

여기에 엎친 데 덮친 격으로, 지구의 한편에서는 국가 간 전쟁이 한창이다. 러시아가 우크라이나 수도 키이우(키예프)를 미사일 공습하면서 시작된 러시아-우크라이나 전쟁은 5개월째에 접어든다. 아직은 끝날 기미조차 없다. 피해는 걷잡을 수 없이 확대되고 있다. 전쟁 당사자인 양국의 물적 인적 피해만 큰 것이 아니다. 이 전쟁이 세계 각국에 미치는 영향은 매우 엄중하다. 우선, 유럽 지역에는 러시아산 가스 공급이 제대로 이루어지지 않고 있다. 유럽의 천연가스 가격은 올 초 기준 250%나

---

[02] "미국, 금리 0.75%p 인상…인플레 억제 위해 두달 연속 '자이언트 스텝'", 《경향신문》, 2022. 07. 28)
[03] "유로존 7월 물가상승률 8.9%…또 통계 작성 이래 최고치", 《연합뉴스》, 2022. 07. 29.)
[04] "방글라데시도 IMF에 'SOS'…전쟁 이후 남아시아 경제위기 커진다", 《머니투데이》, 2022. 07. 27)

폭등했다. 러시아의 에너지 무기화 정책 때문이다.

 우크라이나의 농작물 생산도 크게 타격을 받았다. 세계 곡물 시장도 난리다. 우크라이나는 세계 식량 시장에서 밀과 감자, 옥수수, 보리, 호밀, 해바라기 씨의 생산 비중이 높은 나라다. 생산량은 감소했고, 수출길도 막혔다. 세계적인 에너지, 식량 위기가 핵폭탄급으로 닥쳐올 것이라며 야단법석이다. 식량 보호주의, 식량 안보 위협이 기존의 군사 동맹체제에 균열을 내고 국제관계가 새롭게 재편될 것이라는 전망도 나온다.

 그런가 하면, 중국은 언제든 대만을 침공할 태세다. 하나의 중국을 완성하겠다는 이유에서다. 미국은 만약에 있을지 모를 중국의 대만 침공을 보고만 있지는 않겠다며 벼르고 있다. 항공모함과 구축함 등을 동원해 대만해협 주변에서 '항행의 자유(freedom of navigation)[05]를 외치며 시위를 벌이곤 한다.

 8월 2일 밤, 미국 권력 서열 3위 낸시 펠로시 미 하원의장이 대만을 방문했다. 중국은 즉각 군사적 대응 태세에 돌입했다. 일촉즉발의 위기 상황이 수시로 벌어진다. 이 지역이 세계의 화약고로 급부상하고 있다. 제3차 세계대전 발발을 우려하는 목소리가 커지는 이유다.

---

05 평시 공해상에서는 어느 나라의 군함이나 선박도 자유롭게 항행할 수 있는 권리.

패러다임 변화의 시기다.[06] 인류가 맞닥뜨리고 있는 무질서하고 혼란스러운 두려움의 정체는 그 실체가 분명해졌다. 구체제를 밀어내고 새로운 사회 질서 탄생을 위한 준비된 산고다. 장강의 뒷물결이 앞 물결을 밀어낸다. 형체야 어떻든, 새 물결은 오고야 만다.

---

06 "The New Productivism Paradigm?", (Project Syndicate, Jul 5, 2022)

제1강. 통일은 해방이다.

> **키 - 포인트** key point
>
> 한반도 분단체제를 극복하고 평화체제로 나아가기 위해서는 분단에 대한 바른 인식이 선결과제이다. 분단의 현실과 이유를 국내·외적 요인으로 나눠 설명한다.
>
> - ✅ 내적 요인 : 한반도에 내재한 분단의식의 일상화
> - ✅ 외적 요인 : 국제정치에서 힘의 역학관계 작용
> - ✅ 분단 이유 : 일본의 공작과 강대국의 인식의 오류

Ⅰ. 남북(한반도)분단의 현실

1) 한반도 내적 문제

통일이 곧 해방이다. 1945년 8월 15일, 한반도는 일본의 식민 지배로부터 해방되었다. 광복을 맞이했다. 하지만 반쪽짜리다. 분단과 갈등이라는 불행을 잉태한 채 주어진 해방이라 그렇다. 한반도 분단은 일본 제국주의가 낳은 식민 통치와 떼려야 뗄 수 없는 관계다. 일본의 식민 지배 이전의 한반도는 분단되지 않은 하나의 국가였으며, 온전한 영토였고, 한민족이었다.

분단의 일상화가 익숙하다. 우리는 분단이 현실인 삶을 살고 있다. 삶 속에 분단도 오롯이 녹아들었다. 그저 당연한 일상이다. 아무렇지

않다는 듯 살아간다. 더불어, 서로에 대한 적대감도 그대로 일상의 언저리에 화석으로 굳어버렸다.

 분단의 현실이 극복되지 못하는 내적 이유에는 구성원들의 박제되어 버린 분단 의식구조만 있는 게 아니다. 여기에 더해 남북 양 진영의 정치권력 논리도 상당 부분 이유로 작용한다. 체제의 우월성을 선전하기 위한 겉치레식 과시욕이 그렇다. 남과 북 상호 간 불신 조장의 흔적들도 사회 전반에 걸쳐 문신처럼 각인되어 있다. 남한의 반공 논리와 북쪽의 괴뢰정권 논리가 대표적이다. 남한은 한국전쟁 이후 반공을 기본 가치 삼아 국시로 정립했다. 공산주의에 대한 강한 거부감이다. 한국 사회에서 무시무시한 낙인인 '빨갱이'의 탄생이다. 지금도 다수의 남한 사람은 북한을 빨갱이로 통칭해 부른다. 혐오감과 배척의 또 다른 표현 형태다. 괴뢰정권 논리도 그렇다. 겉으로는 독립국이지만 자주성과 주체성이 없어서 남의 나라에 종속된 정부를 말한다. 북쪽이 볼 때 남쪽이 그렇다는 얘기다.

 말이 나온 김에 남과 북이 서로서로 바라보는 몇 가지 다른 인식을 정리해 보자면 이렇다. 우선, 남한에서는 북한을 공산당 일당 독재국가로 규정한다. 공산당이라는 일당이 지배하는 체제이며, 3대를 이어(김일성 주석→김정일 위원장→김정은 위원장) 권력을 세습하는 독재국가라는 인식이 그것이다.

 3대 세습국가에 독재국가라는 인식에 더해, 앞서도 거론했던 빨갱이라는 부정적 이미지가 덧칠된다. 한국전쟁에 대한 아픈 기억 탓이 크다.

이런 인식이 남한 사람들이 북을 바라보는 이미지로 정형화되었다. 물론, 부정적 정형화이다.

그렇다면 북쪽 사람들은 남한을 어떻게 인식하고 있을까? 우리가 그들을 인식하는 부정적 이미지에서 크게 다르지 않다. 우선, 미국에 맹목적으로 추종하는 미국의 '꼭두각시' 정부라는 인식이 있다. 앞서 말한 괴뢰정권이 그것이다. 비슷한 이유로 한국전쟁을 북쪽에서는 '조국 해방전쟁'이라 부른다. 미 제국주의로부터 남조선을 해방하기 위한 전쟁이었다는 뜻이다.

이는 뒤에서 논할 국제정치에서의 힘의 문제와도 관련이 있다. 세계 패권 구조에서 크게 대립하는 두 힘은 자유주의 진영과 공산주의 진영이다. 이 두 세력 간의 긴장 구도가 냉전체제였다. 남과 북의 현 분단상태가 이 구도의 최전선에 자리하고 있다. 패권 대립의 중심축 또한 동북아시아로 점차 옮겨오는 추세다. 중국의 부상이 이유다. 한반도가 국제정치의 힘의 논리에 쉽사리 휘둘릴 수밖에 없는 처지다.

한편, 사회주의 국가인 북쪽과는 다르게 남한은 자본주의 국가다. 이런 이유로 북쪽 사람들은 남한을 자본주의의 모순이 팽배한 사회로 보는 경향이 짙다. 자본주의 체제의 대표적인 모순은 부의 불평등(자본가와 노동자의 계급대립)과 부익부 빈익빈(부와 가난의 대물림) 현상을 먼저 떠올릴 수 있다. 자신들은 나름 사회주의의 가치와 이상에 충실한 평등한 사회라는 생각이 강하기 때문이다.

2) 국제정치에서의 힘의 문제

제1차 세계대전으로 인한 유럽 지역의 인명피해나 물적 손실은 상상을 초월했다. 전쟁이 끝난 뒤에 엄청난 피해에 충격을 받은 것은 전쟁을 치른 유럽인들만이 아니었다. 세계 각국의 지도자들은 전쟁 재발 방지를 위한 노력에 들어간다. 이때 주목받은 이가 미국의 윌슨(Thomas Woodrow Wilson) 대통령이다. 윌슨은 1918년 미 하원에서 행한 연설에서 '14개조 평화원칙'을 발표했다. 인류의 자유와 평화라고 하는 윌슨의 이상주의적 정치사상을 밝힌 것이다. 이 사상이 국제정치학에서는 이상주의로, 세계 각국에는 국제연맹(League of Nations, 1920년~1946년)의 설립이라는 새로운 대안으로 제시되었다.

제1차 세계대전 발발의 원인으로 지목되었던 보호무역주의와 비밀외교, 민족주의에 대한 부정적 시각 등도 재평가되었다. 세계는 미국 주도로 국제연맹을 창설하고, 집단안보 체제를 채택했다. 전쟁 방지가 목적이었다. 하지만 거기까지였다. 한계에 봉착했다. 전쟁을 제재할 수단을 갖지 못했다. 전쟁을 일으킨 국가에 대한 제재 수단 또한 찾지 못했다. 무엇보다도 미국 상원이 미국의 국제연맹 가입안을 부결시켰다. 이로 인한 미국의 불참이 가장 큰 한계였다.

전쟁의 근본 원인을 제거한다. 국제연맹을 통해 전쟁이 재발하는 것을 방지한다. 목표는 원대했다. 하지만 그저 한낱 허약한 이상에 지나지 않았다. 이 사실을 알아차리는데 그리 긴 시간이 걸리지 않았다. 유럽에서는 독일과 이탈리아가 도발했다. 아시아에서는 일본의 제국주의적

본성이 분출했다. 이상주의는 이들의 팽창 욕구를 잠재우지 못했다. 제2차 세계대전이 벌어진 것이다.

1939년 9월 1일 독일의 폴란드 침공으로 시작된 제2차 세계대전은 1945년 8월 15일 일본의 항복으로 끝이 났다. 대략 6년 동안 이어진 전쟁으로 인한 사망자만 공식 집계로 5,646만 명이다. 제1차 세계대전 사망자보다 대여섯 배나 많았다. 난민의 숫자도 헤아릴 수조차 없었다. 전쟁에 투입된 모든 국가의 전비는 약 1조 달러(한화 약 1,196조)로 추정하고 있다. 그야말로 세계 경제 자체가 완전히 마비 상태였다. 죽음이 턱밑까지 차올랐다. 다들 죽음의 문턱에서 허우적댔다.

전쟁의 결과, 이상주의로는 국가의 대국주의적 팽창 욕구를 억제할 수 없다는 사실이 명료해졌다. 그렇게 이상주의는 물러갔다. 새롭게 현실주의가 등장한다. 현실주의 정치이론은 간단하다. 국가는 자국의 이익에 부합해 움직인다는 논리다. 자국의 이익이 있는 곳에 국가는 있다. 국가는 자국의 이익을 최우선 과제로 설정해서 판단한다. 현재 우리가 처해있는 현실과도 일맥상통한다. 한반도 분단의 현실을 놓고, 주변 강대국들은 계산기를 두드린다. 어떠한 형태의 한반도가 자국의 이익 확보에 최선인가를 놓고 머리를 굴린다.

Ⅱ. 남북(한반도)분단의 이유

1) 일본의 치밀한 공작

　제2차 세계대전은 1943년 9월 이탈리아가 항복하면서 연합국의 승리가 점쳐졌다. 1945년 5월에 독일이, 8월에 일본이 무조건 항복했다. 마침내 종전을 맞았다. 패전으로 인해 독일은 동독과 서독으로 분할이 되었다. 아시아에서는 한반도가 남과 북으로 분단되었다. 독일은 추축국(Axis powers)[07]의 일원이었기에 그럴 수 있다. 그 당시의 상황 즉, 미국과 유럽의 관계, 자유주의 진영과 사회주의 진영 간의 긴장 속 대립 구도 형성 등을 고려해볼 때 그렇다. 반면, 한반도는 왜 분단이 되었는가? 상식적으로 하려면 아시아의 추축국이었던 일본이 분할되어야 마땅하다. 이치상 일본 열도가 남과 북으로든, 동과 서로든 분할되는 게 맞다. 연합국들 사이에서 그런 논의도 일부 있었다. 하지만 어이없게도 분단은 한반도의 차지였다.

　1943년 9월 이탈리아가 연합국에 항복했다. 전쟁의 향방은 연합국에 유리하게 돌아갔다. 연합국 수뇌들이 한자리에 모였다. 향후 전쟁 수행에 대한 논의, 전후 처리 문제를 해결 짓기 위한 자리였다. 이집트 수도 카이로에 마련되었다. 1943년 11월 22일부터 26일까지 첫 회담이 열렸다. 미국의 루스벨트 대통령, 영국의 처칠 총리, 중화민국의 장제스 위원장이 참석했다. 회담 후 카이로 선언(Cairo Declaration)을 발표했다. 일본과의

07　추축국 형성 과정: 1936년 10월 베를린-로마 추축 형성, 1936년 11월 독일-일본 방공협정, 1937년 11월 이탈리아 참가, 1940년 9월 독일-일본-이탈리아 삼국동맹 결성

전쟁에 서로 적극적으로 협력한다는 것을 약속다. 일본이 항복한 이후 일본이 점령했던 영토처리에 대한 기본 방침 등도 결정했다. 불명확하기는 하지만 조선의 독립을 확인한 회담이기도 했다.

하지만 실제로 전쟁이 종결되는 시점은 이로부터 한참이 흐른 1945년 8월이었다. 이 기간에 일본 정부는 무엇을 했는가? 전쟁을 계속 수행하며 전쟁 종결 이후에 벌어질 전후처리 과정에서의 성과에 주력했다. 자국에 유리한 방향으로 전쟁을 끝내고자 화평공작(和平工作), 종전공작(終戰工作) 등을 비밀리에 추진했다. 자칫, 패전의 결과는 일본의 영토 분할로 돌아올지도 몰랐다.[08] 일본은 항복 조건을 놓고 연합국 측과 밀고 당기기를 했다. 자신들의 요구를 관철하기 위한 공작에도 나섰다. 일본 정부의 핵심적인 요구가 국체호지(國體護持) 즉, 천황제의 존속과 일본 왕인 천황을 선범으로부터 면책시켜 달라는 것이었다. 또한, 기존에 자국이 영유하고 있던 대만과 조선(한반도)은 패전처리와 무관하게 자신들이 계속 지배하겠다는 요구였다.[09] 이의 연장선상에서 영토 분할을 막을 방안에 대한 작업도 추진했다. 이를 연합국 측이 들어줄 리가 없었다. 유럽에서는 이미 승기를 잡았다. 독일의 패색도 짙어지고 있었다.

연합국 지도자들이 크림반도 얄타(1945년 2월 4일~11일)에 모였다.

---

08 Eiji Takemae (Author), Robert Ricketts(Translator), Sebastian Swann(Translator), John Dower(Introduction), 『Inside GHQ: The Allied Occupation of Japan and Its Legacy』, (Continuum Intl Pub Group; 1st edition, 2002), p. 95

09 김기조, "제2차 세계대전 말기 일본의 「和平工作」과 연합국의 대응-한반도 영유를 위한 막후외교", 『한국정치학회보』 제35집 제3호, (한국정치학회, 2001), p. 261~278

미국의 루스벨트 대통령, 영국의 처칠 총리, 소련의 스탈린 서기장이 함께 했다. 이들은 독일 패전 후 독일을 미·영·프·소 4국이 분할 점령한다는 원칙을 세웠다. 일본으로서는 더욱 안달이 날 수밖에 없었다. 일본 정부는 사활을 걸고 요구 사항 관철에 나선다. 결과적으로 천황에 대한 전범 면책 조건은 패전 이후 전범 재판에 기소되지 않음으로써 관철했다고 볼 수 있다. 일본의 영토 분할을 막는 문제 역시 한반도의 대리 분단으로 말끔하게 해결되었다.

미국은 꾸준하게 소련의 대일전(對日戰) 참가를 요구하고 있었다. 하지만 다른 한편으로는 사회주의 소련이 동아시아에 진출해 세력을 확대하는 것에 대한 강한 경계감을 느끼고 있었다. 이러한 국제정세 분위기를 일본은 집요하게 파고들었다. 일본의 영토 분할을 막기 위해 즉, 한반도의 대리 분할을 위해 일본은 소련을 끌어들였다. 소련의 동아시아지역 진출에 대한 미국의 경계심을 한껏 부추기기 위한 고도의 심리적 술책이었다. 소련군이 한반도 이북 지역에 빠르게 진출할 수 있도록 배려했다. 한반도 전역이 사회주의권에 완전히 점령될 수도 있다는 위험 신호를 보내기 위함이다. 위험 신호를 수신하는 쪽은 미국이다. 일본 정부와 스탈린 간 모종의 거래가 있었다는 설이 분분하다. 소련으로서도 나쁘지 않은 거래다.

미국은 한반도를 포기할 수 없다. 한반도 전역이 사회주의권에 편입되게 수수방관할 처지가 아니었다. 지정학적으로 한반도는 사회주의권과 최전선에 있는 경계 국가다. 국경을 맞대고 있다. 한반도의 활용 가치 즉, 반공의 보루와 같은 방패막이 역할에도 관심이 있었기에, 소련의 한반도 진출이 몹시 거슬렸다.

소련은 일본에 대한 선전포고와 동시에 만주 지역으로 밀고 들어왔다. 1945년 8월 9일 새벽, 소련군의 만주 전략공세작전이 시작되었다. 일본군의 전력 부족이 만주 지역 방어 실패의 직접적인 원인은 아니었다. "한정된 병력으로 소련군을 방어하기 위해서 기존 위수지역의 70% 이상을 포기하고 한반도 이북의 비교적 협소한 지역에서 지구전을 통해 결국 '본토결전'[10]의 원활한 추진을 꾀한다는 전략"을 숨기고 있었다.[11] 전선을 좁혀서 일본 본토 방어에 전념한다는 계획이었다.

소련군은 미국의 예상보다 빠르게 한반도 이북으로 진출했다. 미국으로서도 더는 소련군의 한반도 남하를 용인할 수 없는 처지에 놓였다. 한반도 북위 38도선을 기준으로, 그 지점에서 합의가 이루어졌다. 북쪽은 소련군이, 남쪽은 미군이 점령 통치하는 안이 결정되었다. 한반도 분단은 한국전쟁을 낳았다.

2) 힘의 역학관계

소련은 1939년 8월 23일 독일과 상호불가침조약을 맺는다. 1941년

---

10 본토결전(本土決戰)은 일본 본토 방어 정책을 말한다. 전쟁 막바지로 내몰린 일본은 일본 본토에서 적과 싸워 전세를 역전시키겠다며 국민 총동원령을 내렸다.

11 조 건, "일제 말기 關東軍의 韓人 동원과 피해 실태", 『韓日民族問題研究』 제29집, (한일민족문제학회, 2015), p. 90

4월에는 일본과 불가침조약을 맺는다. 상대의 영토를 침공하지 않겠다는 직접적인 약속이며, 제3국과 전쟁을 할 때는 중립을 지킨다는 선언이다. 약속을 저버리고 나치 독일이 소련을 침공했다. 독일의 '바르바로사 작전'(1941년 6월 22일) 개시로 독소 불가침조약은 파기되었다. 4년여에 걸친 전쟁 상황에 돌입한다. 소련이 연합국에 가담하게 되는 계기다. 일본과는 1945년 8월 8일 전쟁을 선포하며 일소 불가침조약(일소 중립조약)은 파기된다.

제2차 세계대전을 대하는 미국의 태도는 분명했다. 제1차 세계대전의 뼈아픈 교훈, 유럽과 거리두기를 원하는 국내 분위기 등으로 미국은 제2차 세계대전에 가능하면 관여하지 않을 생각이었다. 당시의 시대 상황은 '고립주의(non-Interventionism)'가 우세했다. 이런 분위기를 반영하듯 미 의회는 '중립법(Neutrality Act)'을 통과시키기도 했다. 즉, 전쟁 중인 국가에 무기나 군수물자 제공을 금지하는 법안이다. 하지만 유럽의 상황이 심각했다. 자칫하다가는 러시아를 포함한 유럽 전역이 나치 독일의 수중에 넘어가게 생겼다. 생각이 바뀌었다. 중립법을 '수정 정책(Cash and Carry)'[12]으로 변경하고, '무기대여법(Land-Lease Act)'[13]을 만들어 일정부분 유럽의 전쟁에 관여할 기반을 마련했다.

12　1939년에 책정된 정책으로 군수품을 제공은 하되, 무기나 군수물자가 아닌 현금을 통해서만 제공한다는 내용이다.
13　1941년 3월 제정된 법으로 정식 명칭은 '미합중국 방위 촉진을 위한 조례'이다. 연합동맹들(영국, 소련, 중국 등)에 전쟁 물자를 제공할 수는 지침이 되었다.

의도치 않게 참전의 빌미가 생겼다. 일본이 미국의 진주만을 공습하는 일이 벌어진 것이다. 정박 중이던 미국의 태평양 함대 소속 전함 5척이 침몰했다. 200여 대의 항공기와 2천 명 이상의 사상자가 발생했다. 1941년 12월 7일의 일이다. 선전포고도 없는 일본의 기습 공격이었다. 미국은 다음날 즉시 선전포고를 발령하고 본격적으로 전쟁에 참여하게 된다.

세계대전으로 확전된 전쟁도 어느덧 종결로 향했다. 미국은 전후 국제 질서 재편을 염두에 두고 전략적 요충지역 확보에 나선다. 당시의 세계는 3개의 힘이 자웅을 겨루고 있었다. 유럽과 사회주의 소련, 그리고 미국이다. 세계 패권 차원에서 미국은 아직 힘의 절대적 우위를 확보하지 못한 상태였다. 독일에 한발을 걸침으로써 유럽에도 영향력을 행사하게 되었다. 한반도는 사회주의 진영과 맞닿아 있는 경계 지점이다. 이곳을 전부 소련에 넘겨줄 수 없었다. 그렇다고 한반도 전역을 욕심내기에도 마뜩샪다. 한반도 남쪽에도 한발을 걸친다. 한반도는 계륵 같은 존재였는지 모른다.

3) 연합국의 인식 오류

한반도가 일본의 식민지로 완전히 전락하는 시점은 1910년 8월 29일이다. 일본이 대한제국을 강제 합병한 한일병합조약이 체결된 날이다. 국권을 빼앗겼다. 경술년의 국가적 치욕이라 해서 경술 국치라 한다. 35년에 걸친 일제강점기의 시작이자, 한반도 분단의 잉태였다.

카이로 회담에서 연합국 지도자들은 처음으로 한반도의 독립문제에 대해 의견을 나눴다. 미국 루스벨트 대통령은 한반도의 독립을 언급하며 '적절한 시기'에 허용할 것이라고만 했다. 이때의 미국 입장은 소련이 일본과의 전쟁에 하루빨리 참전해주기를 바라는 마음 간절했다. 카이로 회담이 끝난 이틀 후인 11월 28일 테헤란에서 다시 얼굴을 맞댄 미·영·소 3국 정상은 이 자리에서도 한국의 독립문제를 놓고 논의를 이어갔다. 구체적이지는 않았지만, 루스벨트의 40년 신탁통치 방식에 스탈린도 감정적으로 동의했다. 한반도는 최소 40년은 신탁통치를 하며 보호하고 지원해야 그나마 독립국으로 행세할 수 있다고 봤기 때문이다.

제2차 세계대전의 결과, 국토가 분할된 국가는 3개국이다. 독일, 오스트리아, 한반도다. 독일이야 추축국의 핵심이었으니 그렇다 치지만, 오스트리아와 한반도는 의외다. 우선, 오스트리아는 무늬만 독립국이라는 인상이 강했다. 독일과 서로 국경만 있을 뿐이지, 오랜 세월 아주 친밀한 유대관계 속에 살았다. 거의 천년의 역사를 그렇게 살았다. 히틀러 역시 오스트리아 출신이다. 1938년 3월 히틀러는 오스트리아를 침략하여 독일과 병합한다. 이후 독일과 함께 세계대전을 일으킨데다, 연합국은 두 국가의 역사를 익히 아는 터라 전범국 취급을 한 것이 분할의 계기였다.

그렇다면 한반도는 왜 분할되었는가? 앞서 두 가지 이유를 설명했다. 일본의 공작 탓에 더해 국제정치에서의 힘의 역학관계 작용이었다. 세 번째 이유는 연합국이 가진 인식의 오류 탓이다. 한반도는 제2차 세계대전 훨씬 이전부터 일본의 식민지였다. 그래서 연합국이 보는 한반도 문제는 세계대전의 결과물이 아니었다. 한일 양국 간 식민 지배에 관한 문제로 인식했다.

조선을 전쟁 대상국이 아닌 비전쟁 상황에 있는 국가라고 판단한 것이다.

조선을 전쟁 피해국으로 보지 않았다는 사실은 1943년에 발표된 카이로 선언문에도 잘 나와 있다. 조선의 상황은 일본의 "비참한 노예 상태(treacherous enslavement)"에 있다고 기술하고 있다. 전쟁 상황 이전에 이미 노예 상태에 있었다는 인식이다. 그래서 조선의 독립 또한 바로 가능하지 않았다. "가능한 가장 이른 시기에(at the earliest possible moment)"라는 모호한 단서를 붙였다.[14] 그들이 보기에 한반도는 당장 독립시켜준다고 해도 자립을 보장할 수 없는 미개한 국가였다.

지금도 일본 정부는 한반도에 대한 배상이나 보상 문제와 관련해서 "조선과 전쟁을 한 것이 아니기 때문에 조선에 대한 배상이나 보상은 해 줄 필요가 없다."라고 주장한다. 식민지 건설이나 지배 통치는 당시의 강대국 위주의 보편적인 세계질서였다는 궤변을 늘어놓는다. 단, 문제가 있었다면 창씨개명(일본식 성명 강요)과 같은 일부의 난폭했던 행위였을 것이라며 이는 인정한다. 그러나 이에 대해서도 이미 충분히 사과했기 때문에 더는 문제 될 것이 없다는 뻔뻔한 태도로 일관한다.[15] 강대국이 가진 그릇된 한반도 인식으로 인해 우리는 전후처리를 위한 샌프란시스코 강화조약 조인식에 초대조차 받지 못했다.

---

14 Office of the Historian(https://history.state.gov/historicaldocuments/frus1943CairoTehran/d307)

15 이토 나리히코 지음, 강동완 옮김, 『일본헌법 제9조를 통해서 본 또 하나의 일본』, (서울: 행복한 책읽기, 2005), p. 225

제2강. 남·북·미 관계사

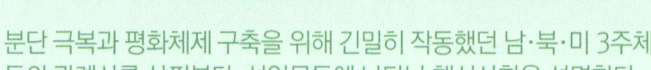

키 – 포인트 key point

분단 극복과 평화체제 구축을 위해 긴밀히 작동했던 남·북·미 3주체들의 관계사를 살펴본다. 선언문들에 나타난 핵심사항을 설명한다.

- ✓ 통일의 3대 원칙(자주적, 평화적, 민족적 대단결)
- ✓ 한반도 비핵화 약속
- ✓ 북미 간 새로운 관계수립

I. 남북 교류사

1) 남북 교류사 개괄

일본의 식민 지배는 5천 년 이어온 한반도의 허리를 두 동강 냈다. 일본 제국주의의 패전은 한반도의 승전이 아니었다. 분단의 비보(悲報)로 전해졌다. 일본의 패망과 함께 시작된 남과 북의 분단체제는 1948년 남쪽에는 자유민주주의 체제가 들어서고, 북쪽에는 사회주의 정부가 출범하면서 고착화했다. 분단체제 극복을 위한 노력도 있었다. 김구 선생을 비롯한 남쪽 인사들은 1948년 4월 평양에서 개최한 남북 정당 사회단체 대표자 연석회의에 참석했다. 남북 통일정부 수립 방안 등이 논의되었다. 별다른 진전을 보지는 못했다. 남과 북은 단독 정부 수립으로 나아갔다. 1950년 한국전쟁이 발발했다. 남북관계는 전면 중단된 채, 전쟁의 소용돌이 속으로 빠져들었다.

  이후의 남북관계는 냉탕과 온탕을 오갔다. 갈등과 화해를 반복했다. 한국전쟁이 끝나고도 한참 동안 대화의 실마리를 찾지 못했다. 남과 북의 등을 떠민 것은 국제정세의 변화였다. 남북 각 정부의 대내적 위기감도 한몫했다. 1960년대 후반이 되면서 사회주의권과 자유주의 진영에는 새로운 움직임이 움텄다. 프라하의 봄, 중소 국경분쟁, 브레즈네프 독트린 등으로 사회주의 진영 간에 분열 조짐이 확대되었다. 자유주의 진영에는 닉슨독트린과 미중 화해 분위기가 변화의 움직임으로 작용했다.

  남한 대내적으로는 주한 미군의 부분 철수론과 노동 민주 운동 진영의 세력 확산이 박정희 정부를 압박하고 있었다. 북쪽은 경제적 어려움에 직면해 있었다. 이를 타개하기 위한 고육지책으로 남북 대화가 비밀리에 추진되었다. 이 결과물이 1972년 발표된 '7·4 남북공동선언'이다. 대의명분에만 충실했을 뿐이지, 애초에 남북관계 개선이라는 선의의 뜻은 없었다. 남북 정권 모두 같았다. 당연히 별다른 진전을 보지 못한 채, 남쪽은 박정희 유신헌법(1972년 12월)으로 폭주했다. 북쪽은 사회주의헌법 채택(1972년 12월)을 통한 주체사상 확립으로 나아갔다.

  1988년에 노태우 정부에 의해 '7·7선언(민족자존과 통일번영을 위한 특별선언)'이 발표되었다. 서울 올림픽을 통한 동서 화해 분위기 조성을 극대화하고자 하는 차원에서 추진하였다. 한편으로는 냉전 질서가 해소되며 중국과 소련 등 사회주의권 국가들과의 수교 등이 남북관계에도 영향을 미쳤기 때문이다. 하지만 곧이어 악재가 터져 나왔다. 북의 핵무기 개발 의혹이 불거졌다. 김일성 주석이 사망(1994년)했다. 남북관계는 냉각기로 돌아섰다.

1998년 김대중 정부가 들어서며 햇볕정책을 적극적으로 추진했다. 동시에 이를 반영한 '베를린 선언(2000년 3월)'을 발표했다. 다시 화해와 평화 분위기가 조성되기 시작했다. 2000년 6월 13일 김대중 대통령이 평양을 방문했다. 김정일 위원장과 회담 후 '6·15 남북공동선언'을 발표함으로써 그 분위기는 절정에 달했다.

햇볕정책을 계승한 노무현 정부가 출범했다. 노무현 대통령은 2007년 10월 2일 평양을 방문하고 '10·4 남북정상선언(남북관계 발전과 평화번영을 위한 선언)'을 발표했다. 하지만 이명박, 박근혜 보수정권으로 넘어가며 더는 진전을 보지 못한 채 주춤했다. 다시금 대결국면으로 전환되었다.

2017년 출범한 문재인 정부는 햇볕정책의 계승을 표방하며 총 3차례에 걸쳐 남북 정상회담을 이어갔다. 제1차 남북 정상회담은 2018년 4월 27일 판문점에서 열렸다. 김정은 위원장과 함께 '4·27 판문점선언'을 발표했다. 제2차 남북 정상회담은 같은 해 5월 26일 역시 판문점에서였다. 이 회담에서는 한반도 비핵화에 대한 의지를 재확인했으며, 4·27 선언의 조속한 이행을 약속했다.

또한 정상회담의 정례화와 수시화를 위한 실천적 노력을 약속했다. 제3차 정상회담은 평양에서 개최되었다. 2018년 9월 18일부터 2박 3일간 평양을 방문한 문재인 대통령은 '평양공동선언'을 발표했다. 더없이 좋은 시절이었다. 이번에는 북미관계가 발목을 잡았다. 미국이 주저했다. 북미관계가 교착 상태로 빠져들었다. 모든 것이 원점으로 되돌아갔다.

2) 주요 남북 교류사
(1) 7·4 남북 공동선언[16]

앞서도 이야기했던 것처럼 남과 북의 대화 논의는 세계적인 데탕트(화해와 긴장완화) 분위기가 등을 떠밀었고, 남북 양 정권의 대내적인 위기감 해소 차원에서 시작되었다. 남북관계의 개선, 평화 정착, 안보 위협 해소와 같은 거창한 목표는 내의명분 차원의 구호에 불과했다.

1972년 7월 4일 남한의 중앙정보부장이던 이후락이 북쪽을 방문하여 김일성 주석을 면담하고, 김영주 조직지도부장과 회담했다. 이후 1972년 5월 29일 박성철 제2 부수상이 서울을 방문하여 이후락 중앙정보부장과 회담했다. 그 성과를 담은 7개 항의 선언문을 발표했다. 7·4 남북 공동선언이다. 남북 최초의 합의문이며, 지금까지도 남북통일 문제의 '대헌장'으로 평가받고 있다.

---

16 선언문 전문은 외교부 페이지를 참조할 것(https://www.mofa.go.kr/www/brd/m_3984/view.do?seq=341001&srchFr=&srchTo=&srchWord=&srchTp=&multi_itm_seq=0&itm_seq_1=0&itm_seq_2=0&company_cd=&company_nm=&page=3)

주요 핵심 내용은 제1항의 통일의 3대 원칙과 제2항의 무장 도발을 하지 않는다는 약속 정도가 되겠다. 통일은 '자주적'으로 해결하며, '평화적' 방법으로 실현하고, '민족적 대단결'을 도모한다고 3대 원칙으로 명시하였다. 크든 작든 어떠한 형태의 도발도 하지 않겠다는 상호 불가침의 의지 표현도 담았다. 약 50년 전에 맺어진 결의문이다. 화려한 말의 성찬으로만 치부하기에는 가슴에 와닿는 울림이 너무 크다. 우리의 처지도 매우 급박하다. 국제정치 질서가 요동치고 있다.

(2) 6·15 남북 공동선언[17]

2000년 6월 15일 김대중 대통령과 김정일 위원장이 서명하고 발표한 선언문이다. 눈길을 끄는 것은 제1항의 '우리 민족끼리 서로 힘을 합쳐 자주적으로 해결'해 나간다는 문구다. 앞선 7·4 남북 공동선언에서 밝힌 '외세의 간섭을 받음이 없이 자주적으로 해결'하여야 한다는 문구에서 '외세의 간섭을 받음이 없이'가 '우리 민족끼리 서로 힘을 합쳐'로 바뀌었다. 국제정세를 대하는 사고가 한층 유연해졌음을 알 수 있다. 물론 중요한 원칙에는 변함이 없다. 자주적, 평화적 실현에 대한 의지는 여전히 굳건하다.

제2항의 '남측의 연합제 안과 북측의 낮은 단계의 연방제 안이 서로 공통성이 있다고 인정'한다는 내용도 눈에 띈다. 분단 이후 남과 북이 추구하는 통일론은 서로 달랐다. 적대적 감정도 격했다. 때로는 정권

---

17 선언문 전문은 행정안전부 국가기록원을 참조할 것(https://theme.archives.go.kr/next/unikorea/six/six04.do)

추구하는 통일론은 서로 달랐다. 적대적 감정도 격했다. 때로는 정권 유지 차원에서 악용도 했다. 공존과 상생의 통일론보다는 일방적 흡수통일에 관한 주장 또한 드셌다. 세월이 흐르고 남북 상호 간 이견이 많이 좁혀진 걸 느낀다.

(3) 4·27선언(판문점선언)[18]

정식 명칭은 '한반도의 평화와 번영, 통일을 위한 판문점선언'이다. 총 3개 항으로 되어 있으며, 각 항에 부속 약속들이 별도로 첨부되어 있다. 제1항과 제2항은 이제까지의 선언과 약속에 대한 성실한 이행을 결의하는 내용으로 볼 수 있다. 진전된 내용은 제3항에 있다. 3항에서 말하는 정전상태의 종식이란 한국전쟁의 종결을 뜻한다. 종전선언이나 다름없다. 한국전쟁의 종결 선언은 남북관계 정상화 즉, 한반도 평화체제가 도래했나는 선언이나. 한편으로는 북미관계 개선과 국교정상화에 대한 요구이기도 하다. 여기에는 한반도 비핵화에 대한 남북 정상의 의지도 담았다. 하지만, 또 여기까지다. 북미관계의 불투명성과 윤석열 보수정권의 등장으로 남북관계는 한층 거칠어지고 험악한 분위기로 변해가는 양상이다.

---

18 선언문 전문은 외교부 페이지를 참조할 것(https://www.mofa.go.kr/www/brd/m_3973/view.do?seq=367938)

II 북미 교류사

1) 북미 교류사 개괄

　북미 정전체제 70년이 되었다. 지금까지 이렇다 할 교류의 역사조차 찾기 어렵다. 강대강 대립의 연속이었기 때문이다. 양국은 여전히 미수교 상태다. 당연히 상호 대사관도 없다. 현재 양국 간 교류는 외교적 회담 외에는 없다. 미국 뉴욕의 유엔본부에 뉴욕 유엔주재 북한 대사가 있을 뿐이다. 미국에서의 활동에는 많은 제약이 따른다. 양국의 첫 정상회담조차 제3국에서 개최했다. 적대적 감정과 상호불신의 골이 그만큼 깊다는 의미다.

　눈에 띄는 정상급 북미 간 교류는 대개가 1990년대 이후에나 일어난다. 그 이유는 북이 그 시점에서 핵무기 개발에 집중했기 때문이다. 미국은 이를 저지하고자 했다. 그동안 무관심으로 일관했던 북한과의 관계에 관심을 보이기 시작한 것이다.

　1994년 지미 카터 전 미국 대통령이 북한을 방문했다. 1차 북핵 위기가 불거진 시점이다. 북한이 1993년 핵확산금지조약(NPT)을 탈퇴하면서 북핵 위기가 최고조에 달했다. 카터 전 대통령은 이후 두 차례(2010년, 2011년) 더 북한을 방문하게 된다.

　1999년에는 윌리엄 페리 미 국방장관이 조명록 국방위원회 제1부위원장과 회담했다. 2000년 10월에는 올브라이트 국무장관이 북한을 방문해 김정일 국방위원장과 만났다. 2009년 8월에는 빌 클린턴 전 대통령이 북한을 방문하고 김정일 위원장과 회동했다. 모두 북핵 문제 해결이 목적이었다.

2017년 미국 제45대 대통령에 취임한 도널드 트럼프 전 대통령은 총 3번에 걸쳐 북한 김정은 위원장과 만났다. 최초의 정상 간 만남의 성사였다. 2018년 6월 12일 싱가포르에서 제1차 북미정상회담을 시작으로 2019년 2월 27일~28일 베트남 하노이에서 제2차 북미정상회담, 마지막으로 제3차 회담은 2019년 6월 30일 판문점에서 남·북·미 정상회담을 가졌다.

2) 주요 북미 교류사
(1) 6·12 제1차 북미정상회담[19]

제1차 북미정상회담 당시 세계는 깜짝 놀랐고, 언론에서는 역사적 순간이라며 반겼다. 미국의 트럼프 대통령과 김정은 위원장은 만면에 웃음을 띤 채, 서로의 손을 마주 잡았다. 그리고 4개 항의 결의문을 발표했다.

크게 보면 대략 3가지 내용에서 의견의 일치를 봤던 것 같다. 우선은 새로운 북미관계 수립을 위해 노력한다는 것이다. 정전체제를 넘어 종전체제로의 이행까지를 염두에 둔 약속으로 해석할 수 있다. 이는 양국

---

19 선언문 전문은 외교부 페이지를 참조할 것(https://www.mofa.go.kr/eng/brd/m_5478/view.do?seq=319135&srchFr=&srchTo=&srchWord=&srchTp=&multi_itm_seq=0&itm_seq_1=0&itm_seq_2=0&company_cd=&company_nm=&page=1&titleNm=)

국교의 정상화 즉, 수교국이 된다는 의미이기도 하다. 두 번째는 한반도에서 영속적이고 안정적인 평화 정권을 구축한다는 것이다. 이는 무력으로 북한 정권을 타도하지 않겠다는 위협요인의 제거다. 정권 보장용이다. 마지막으로 한반도에서 완전한 비핵화를 추진하겠다는 약속이다. 4·27 판문점선언의 한반도 비핵화를 위해 "남과 북은 각기 자기의 책임과 역할을 다하기로" 한 것에 대한 재확인이다.

제3강. 한반도 평화체제가 희망이다.

> **키 – 포인트** key point
>
> 한반도 평화체제의 실현은 동북아시아 갈등 해소는 물론 미중 패권 대립 구도 완화에도 도움이 된다. 한반도 평화체제의 3대 이점을 설명한다.
>
> ✓ 동북아시아 힘의 균형을 통한 지역 안정화
> ✓ 한반도와 북방경제권 개발을 통한 미중 패권의 완충지대화
> ✓ 세계 평화경제 실현과 에너지자원 공급기지화

I. 갈등의 동북아시아(한·중·일)

1) 갈등의 원인과 해소

한·중·일 3국은 오랜 시간을 이웃으로 함께 했다. 협력자였다가 경쟁자로, 때로는 적대국으로 마주했다. 힘이 어느 쪽으로 쏠리는가에 따라서 문화와 문물을 전파하고 교류하는 우호적 사절단이 되기도 했다. 때에 따라서는 주종의 관례에 따라 조공을 바치기도 했다. 심하게는 식민 지배 관계를 장기간 유지하기도 했다. 핵심은 군사력 즉, 힘이었다.

우리와 관계된 최근의 3국 간 갈등 사례만 보더라도 상황이 영 심상치 않음을 알 수 있다. 중국과는 '종말 고고도 지역 방위체계' 사드(THAAD, Terminal High Altitude Area Defense) 문제로 갈등을 겪은 바 있다.

아직도 완전히 해소되지 않고 있다. 사드는 미사일 요격 시스템이라고도 하나, 이는 어디까지나 방어용이므로 그다지 중요하지 않은 사안 같다. 중국이 문제 삼는 부분은 사드가 가지고 있는 레이더(AN/TPY-2) 기능이다. 중국 정부에서는 한국에 설치된 사드가 중국 전역을 감시할 것으로 우려하고 있다. 특히, 자신들의 최대 안보 자산이나 다름없는 미사일 시설의 위치 노출이 가장 신경 쓰일 것이라는 전문가 분석도 있다. 이에 대한 보복 조치로 중국은 한국 단체 관광을 제한했고, 한한령(한국 대중문화 금지 조치)을 내려 한국 경제에 타격을 입히려 했다.

그러나 중국 역시도 비슷한 성능의 레이더로 한반도 곳곳을 감시하고 있다는 것은 상식이다. 일본에도 사드에서 탄도미사일을 제거한 채 운용되는 X밴드 레이더(AN/TPY-2) 2대가 운용 중이다. 아오모리현(青森縣)의 샤리키(車力) 기지에 1대(2005년), 교토(京都)의 교가미사키(經之岬) 기지에 1대(2014년)를 운용하고 있다. 사정이 이러한데도 중국은 한국에 배치하는 사드만 콕 집어 문제 삼고 있다.

일본과의 갈등 수준도 만만치가 않다. 3년 전으로 거슬러 올라간다. 아베(安倍晉三) 당시 일본 총리 시절이다. 일본 정부가 한국 때리기에 나섰다. 한국 대법원 내린 일제강점기 '강제징용 손해배상' 판결에 대한 불만 때문이었다. 반도체와 디스플레이 소재 부품에 대한 한국 수출을 규제했다. 또한, 외환관리법상의 우대제도인 '화이트(백색)국가'에서 한국을 제외했다. 한국은 반도체 제조 핵심 국가이다. 반도체 수출액이 전체 수출액의 약 20%에 달할 정도로 비중이 높다. 일본의 경제보복 조치로 인해 반도체 제조에 상당한 어려움을 겪어야 했다. 수입선 다변화와 자체 기술 개발로 전화위복의 상황을 만들기는 했다. 이에 대한 대응 조치로 문재인 정부는 '한일 군사정보포괄보호협정(GSOMIA)[20]의 연장을 포기하기로 했다. 한일 간 갈등 관계는 여전히 진행 중이다.

신흥 강대국의 부상에 따른 기존 강대국과의 무력 충돌은 필연적이라는 주장이 있다. '투키디데스의 함정'[21]이다. 한·중·일 3국 간 갈등이 최고조에 달해 있다. 미중 패권 경쟁도 날로 심화하고 있다. 북한 문제의 불투명성도 한층 커졌다. 세계적인 복합 갈등 상황이다. 갈등을 피할 길이 별로 안 보인다. 갈등의 해소는 화려한 말 잔치에서 나오지 않는다. 싸우지 않고 이기려면 힘이 중요하다. 힘의 균형 아래서는 동북아시아가 오랜 시간 평화를 구가했다. 지정학적 특성상 한반도는 대륙 세력과 해양 세력의 틈바구니에 있다. 서로의 길목에 자리하고 있다. 힘을 길러야 하는 이유다.

2) 아시아 패러독스(Asian Paradox)

한·중·일 3국은 과거에도 그랬고 현재도 변함없이 갈등과 협력 관계를 다람쥐 쳇바퀴 굴리듯 반복하고 있다. 사드 배치 사태나 강제징용 배상

---

20 2016년 11월 23일 체결된 한일 양국 간 군사협정
21 투키디데스의 함정이란, 그리스 역사가 투키디데스의 주장을 요약한 용어다. 『펠로폰네소스 전쟁사』를 쓰기도 했던 그는 신흥 강대국의 부상은 필연적으로 기존 강대국과의 무력 충돌을 초래한다고 봤다. 힘의 신구 교체기에 평화적 해결은 불가능하다는 말이다.

판결 사태의 예에서처럼, 마치 국경이 폐쇄될 정도로 거의 모든 부문에서 갈등이 최고조에 달하는 때도 있다. 그런가 하면, 또 언제 그런 일이 있었냐는 듯 민간차원에서의 교류와 방문이 활발히 이루어진다. 동북아시아의 특징적 현상이다. 문화와 경제적인 면에서는 서로 활발하게 협력하나, 안보나 정치 문제에서는 심한 갈등 양상을 보이는 특이성이다. 이러한 현상을 '아시아 패러독스'라고 한다. 유럽이 공동체 결성을 통해 통합에 성공한 것을 빗댄 표현으로 볼 수 있다. 유럽과는 다른 아시아적 특수성이라는 의미일 것이다.

한·중·일 3국은 전통적으로 다양한 상호교류와 많은 우호 협력 관계를 맺고 있으며, 맺어왔다. 다만, 그 관계는 거의 자국의 이익 여부에 따른 선택적 교류였다. 지역 공동체의 구축이나 평화 커뮤니티 건설과 같은 상호 공존의 미래비전은 찾기 힘들다. 시도조차 하지 않는 것이 현실이다. 동북아시아의 강국인 중일 양국은 패권적 지역통합 의욕만 앞서 있다. 중국의 일대일로, 일본의 신군국주의가 그렇다. 이게 유럽과 다르다면 다른 점이다.

세계적인 군사력 평가기관인 글로벌 파이어파워(GFP)가 발표한 2022년 세계 군사력 순위에 따르면 미국, 러시아, 중국, 인도, 일본, 대한민국, 프랑스, 영국, 파키스탄 순이다.[22] 군사력 1위 미국을 제외하고 2위부터 6위까지가 우리와 인접한 국가다. 중국이 3위, 일본이 5위, 대한민국은

---

22 https://www.globalfirepower.com/countries-listing.php

6위다. 수치상으로는 우리나라가 많이 성장했다. 그러나 아직 부족하다. 확실한 힘의 균형 상태로 나아가야 한다. 지역의 평화에 기여하는 길이기도 하다.

Ⅱ 한반도 평화체제

1) 한반도 평화체제를 위한 단계별 목표

남북한의 인구 차이는 대략 2배다. 합하면 7,700만 명 정도 된다. 인구만으로 보자면 유럽의 강대국이라고 하는 영국, 프랑스, 독일과 비슷하거나 약간 많은 수준이다. 평화체제 한반도가 완성되면 세계 5대 강국으로 발돋움할 것이라는 희망 섞인 전망도 나온다. 역사적으로 일찍이 경험해보지 못했던 새로운 길을 가게 되는 것이다.

평화체제 한반도는 로또와 같은 행운의 산물이 아니다. 재수나 운에 의해 어느 일순 일확천금이 손에 쥐어지는 것과 다르다. 횡재로 얻은 것처럼 주어지지 않는다. 한때, 통일은 대박이라는 구호가 유행했던 시절이 있었다. 맞다, 통일은 대박이다. 블루오션이다. 그런 구호가 한낱 일회성 촌극으로 끝나버린 이유는 대박=로또로 인식했기 때문이다.

역대 우리 정부는 '민족공동체 통일방안'을 제안하고 있다. 통일의 원칙은 자주, 평화, 민주다. 통일의 과정은 3단계를 거치게 된다. 화해협력의 단계, 남북연합 단계, 통일국가로 이어진다.

화해협력 단계는 "남북한이 서로의 실체를 인정하고 적대 대립 관계를 공존 공영의 관계로 바꾸기 위한 다각적인 교류 협력을 추진하는 단계" 이다. 남북연합 단계는 "남북 간의 체제의 차이와 이질성을 감안, 경제 사회공동체를 형성 발전시키는 남북연합을 과도체제로 설정(2체제, 2정부)"한다. 마지막 통일국가 단계에 이르면 비로소 "통일정부와 통일국가(1체제, 1정부)"가 완성된다.[23]

통일은 대박이다. 그러나 통일 대박은 로또처럼 운이 좋을 때 우연히 찾아오는 노다지가 아니다. 꾸준하고 장기적인 준비와 노력이 주는 결과 물임을 잊어서는 안 된다.

2) 한반도 평화체제의 실현과 미래

제1차 북미정상회담은 역사적 순간, 세기의 사건으로 불렸다. 전 세계의 이목을 집중시켰던 2018년 6월 싱가포르에서의 극적인 만남의 잔상이 아직도 뇌리에 생생하다. 그저 그런 해프닝 정도로 치부하고 말기에는 지나온 세월의 무게가 너무도 버겁다.

---

23 통일부(https://www.unikorea.go.kr/unikorea/policy/Mplan/Pabout/)

바통을 이어받은 바이든 미 대통령은 트럼프 전임자만큼 북미관계에 전향적이지 않은 듯하다. 현재까지 바이든 행정부의 대북정책은 "한반도 비핵화를 달성하기 위해 대화와 외교, 관여가 최선"이라는 수준을 유지하고 있다.[24] 바이든 행정부는 오바마 대통령의 전략적 인내와 트럼프 대통령의 일괄타결 방식의 중간 정도에 있는 대북 기조라는 분석이 우세하다. 실망하기에는 이르다. 이 모든 과정이 한반도 평화체제를 무르익게 만드는 자양분이다. 통일은 대박이기는 하나, 로또는 아니라고 말했다.

최근 북한은 미국과의 관계가 별다른 진전을 보이지 못하자 중국으로 손을 뻗고 있다. 미국과 패권 경쟁 중인 중국과의 친밀도를 키워서 미국을 압박하겠다는 의도로 보인다. 이는 자칫 한반도 38도선을 기준으로 더 확실하며 공고한 체제 대립 구도를 만들 수도 있다는 점에 주의해야 한다. 북한을 중국과 한편이 되게 하는 전략은 동북아시아의 평화공동체 구상을 위해서도 해롭다. 한반도는 한편으로 만들어야 한다.

현실주의 국제정치학에 따르면 국가는 자국의 이익을 가장 우선시한다. 우리에게 주어진 과제도 분명하다. 한반도 분단체제보다는 한반도 평화체제 구축이 한반도는 물론이고, 주변국에도 충분히 이익이라는 논리의 구상과 개발이 그것이다. 주변국 설득의 무기가 되기 때문이다.

중국과 미국은 동북아 지역에서 첨예하게 대립하고 있다. 세계 패권 질서

---

24 "미 백악관 '북한 핵실험 실행 준비돼있다'", (매일경제, 2022.07.27.)

에서도 맞부딪친다. 과거 소련과 미국의 냉전 시기에는 양국 사이에 서유럽이라고 하는 완충지대가 존재했다. 현재의 미중 사이에는 그런 완충지대가 전혀 보이지 않는다. 양국 사이에는 태평양 바다만이 있을 뿐이다. 태평양만 건너면 바로 상대국의 턱밑까지 진출할 수 있음이 현실이다. 미국과 중국의 불안감이 커지는 이유다.

 판을 바꾸어야 한다. 굳건한 평화체제 한반도와 이를 기반으로 한 북방경제 지역이 미중 사이에서 완충지대의 역할을 할 수 있도록 판을 재조정해야 한다. 이 지역에 세계 유수의 자본과 거대 다국적 기업이 컨소시엄을 구성해서 개발 사업에 참여하도록 유도한다. 세계의 에너지 보급지로 탈바꿈한다. 자연스레 분쟁거리는 최소화한다. 회피된다. 경제적 상호의존성이 커지기 때문이다. 전쟁 억제책으로 이만한 것이 또 없다.

 일본은 잃어버린 20년 이후, 계속해서 내리막을 질주하고 있다. 경제적 어려움만이 아니다. 사회 전반에 걸쳐 선진국에서 이탈하고 있다는 경고에 직면해 있다.[25] 여러 이유가 있겠으나, 일본 사회에 뿌리 깊게 박혀 있는 보수우경화 논리 즉, '신군국주의'의 함정에 빠져 있기 때문이다. 이는 한반도 분단의 역사와 그 궤를 같이한다. 한반도에 주어진 과제가 분단체제 극복이라면, 일본에 주어진 과제는 신군국주의의 극복이다. 우리는 이를 업보라고 부른다. 한반도 식민 지배와 분단 획책의 결과, 일본은 과거의 망령들이 움켜쥔 손아귀에 갇힌 신세로 전락했다.

---

25 "展望2021 : 日本,先進國から脫落もリモート化に壁＝野口・一橋大名譽敎授", (REUTERS, 2021.01.02)

신군국주의란, 사회 일체가 안보 하나로 연결되고 수렴되는 현상이라 정의한다.[26] 군사대국화라는 미로 속으로 사회 전반이 빠져들어 간 채, 헤어나지 못하고 있다. 신군국주의의 함정이다. 탈출구가 필요하다. 대동아공영권의 망령을 버리고 지역의 평화공동체에 동참하는 길이 해법이다. 평화체제 한반도는 일본의 갱생에도 도움을 준다.

평화체제 한반도를 중심으로 한 북방경제 개발 사업은 범세계적인 개발프로젝트가 된다. 한반도와 동북 3성(지린성, 랴오닝성, 헤이룽장성), 블라디보스토크와 시베리아 벌판을 아우르는 광활한 지역이다. 인구도 2억 명에 달한다. 이곳은 석유와 천연가스, 광물자원의 보고다. 가깝게는 중국과 러시아, 한반도, 일본 등이 시장이 된다. 좀 멀리는 인도와 동아시아 전역, 더 넓게는 유럽과 미주지역까지가 시장 범위에 들어온다. 인구 수와 에너지 소비의 60~70%를 차지하는 서내 시장이 바로 주변에 열린다. 운송 수단 역시 파이프라인이 담당한다. 간편하면서 비용조차 저렴하다. 분쟁의 위험이 없어야 가능한 수단이기에 역내 평화가 필수적이다. 유라시아는 패권 질서의 완충지대, 인류의 평화공동체이자, 세계 경제의 재생 프로젝트 지역으로 자리매김한다.

---

26 강동완, 『일본 신군국주의』, (서울: 호메로스, 2021), p. 16

끝 말

 한반도 평화체제 구축이 아시아 데탕트의 초석이다. 동북아시아는 왜 유럽처럼 되지 못하는가? 유럽연합이 만들어 누리고 있는 통합적 공동체 방식이 매우 부럽다. 유럽은 되는데, 동북아시아는 못 하는 구체적인 이유 몇 가지를 생각해 봤다. 먼저, '사상'의 다름이 떠오른다. 두 번째는 자국 중심의 '폐쇄성'이다. 셋째는 '일국 패권주의' 욕망 때문으로 보인다.

 예부터 중국은 한족 특유의 중화사상에 탐닉해 있는 나라다. 일본은 신(神)의 나라, 신이 선택한 나라라는 선민의식이 강하다. 중화사상은 화이사상(華夷思想)과 동격으로 쓰일 정도로 중화 이외의 문화는 천시하고 배척하는 경향이 짙다.

 일본의 선민의식 또한 타문화에 대한 강한 차별감을 내포한다. 민족적 우월성이 집단의 도덕성을 무디게 한다. 한반도를 향한 혐한(嫌韓)이 대표적이다. 한반도는 일본에 고통을 준 역사가 그다지 없음에도 저들은 한반도 깎아내리기에 열심이다. 일본이 고대국가를 형성하는 과정에 한반도 삼국이 끼친 막대한 영향은 망각의 저편으로 밀어 넣은 듯하다.

 자국 우월주의 사상은 자연스럽게 자국 위주의 폐쇄성을 동반하게 된다. 최근에는 여기에 민족주의까지 가미되면서 정도가 심해지고 그 골도 깊어지고 있다. 점점 자국 중심의 편협함에 깊이 빠져들고 있다. 중국의 동북공정 도발이 그렇고, 일본의 신군국주의 문화가 그렇다. 동북공정은 자국 역사의 자부심에 근거해 주변국의 역사까지를 멋대로 재해석하는 수정주의적 만행이다.

 신군국주의 논리는 과거의 망령에 전도된 과거지향적 망상이다. 현실부정과 과거 미화가 특징이다. 천황에게 충성을 맹세하고 전장으로 내달렸던 제국주의 일본에 대한 향수이자, 빛바랜 과거로의 회귀이다. 주변 피해국의 입장은 안중에도 없다.

 역사적으로 동북아시아 역시 일국 패권에 매우 집착했다. 중국의 패권이거나, 아니면 일본의 패권이 지배하는 지역이었다. 중국은 2천 년 동안 지역에서 패권을 유지했다. 일본은 메이지유신을 전후해 약 100년간에 걸친 패권국가였다.

 집요한 아집으로 일국 패권화에 목을 매는 세력은 끊임없는 침략과 도발로 그 마각을 드러낸다. 인적 물적 약탈과 수탈의 지속적인 흡혈 행각에 주변국의 사정은 몹시 피폐해진다. 다정한 이웃이 아니라, 가까이하기에는 너무 먼 사악한 이웃으로 괴리된다. 일국 패권에 취한 거대 호전세력이 민족적 우월의식이 강한데다 자국 중심의 폐쇄성마저 띠고 있다. 주변과의 갈등이 영속할 수밖에 없는 지정학적 상황임을 뜻한다.

13

남북한 제대로 알기 민주시민교육총서
남 북 협 력 개 론

농업으로 본 북한 개혁

권남회 박사

13. 농업으로 본 북한 개혁

1. 북한과 농업 문제

키 – 포인트 key point

북한에서 농업의 부진은 곧 체제의 불안이며, 농업 안정은 곧 정치·경제·사회의 안정이고, 농업 개혁은 곧 체제 변화와 직결된다.
북한 체제의 근간인 식량을 책임지는 농업이 여전히 낙후된 상태다.

- ✓ 북한 농업의 총체적 문제 '4대 난'
- ✓ 제기능 못하는 농업의 토대 '협동농장'
- ✓ 농업생산성 남한의 30~70% 불과

북한의 발전은 한반도의 밝은 미래와 남북통일을 대비해 필요하다. 그런 점에서 현재 북한의 산업부문에서 절대적인 비중을 차지하고 있는 농업을 중심으로 북한이 당면하고 있는 경제적 문제와 그 해결 방안을 찾아보는 것은 큰 의미가 있다. 특히 북한 농업의 낙후성과 식량 부족 등

농업으로 본 북한 개혁

경제적 문제 해결을 위해 체제전환국(중국, 베트남, 통일독일 등)들의 개혁사례를 분석해 북한에의 적용 가능성을 짚어보는 것도 유용성 측면에서 가치가 있다고 본다. 이를 위해 첫째, 북한 농업의 문제와 발전 방안에 대한 이해가 필요하다. 둘째, 북한의 식량 부족 문제와 해결 방안을 모색하며 셋째, 농업 분야를 중심으로 체제전환국 사례로 본 북한의 개혁 방향을 살펴보기로 한다.

남북한의 교류협력 측면에서 북한과의 농업부문 협력, 그중에서도 식량 문제는 남북 긴장 완화와 통일기반 조성을 위해 우선적으로 추진돼야 할 유용한 사업이 될 수 있다. 2022년 윤석열 대통령이 8.15 경축사를 통해 "북한이 비핵화로 나간다면 북한에 대한 대규모 식량 공급 프로그램과 농업생산성 제고를 위한 기술지원 프로그램을 실시하겠다"고 밝힌 것도 그 일환으로 풀이된다. 남한과 국제사회는 그동안 북한과 농업협력사업을 전개해 왔으며, 식량 지원은 1995년 54만t에서 출발해 2001년에는 147만t까지 지원하기도 했다.

사회주의 국가인 북한에서 농업이 가지고 있는 근본적인 문제점은 수두룩하다. 북한에서 농업은 국가체제의 근본적인 토대로서 농업 개혁은 체제 변화와 직결되는 문제이기 때문이다. 북한에서 먹는 문제는 남한에서 사용하는 '의식(食)주'를 '식(食)의주'로 표현할 만큼 중대한 사안이다. 이 문제를 어떻게 해결할 것인가? 사회주의 국가의 문제점을 도출하고, 북한 농업조직의 체계와 협동농장 구성을 알아보는 한편, 북한 농업의 낮은 생산성 실태를 파악해 본다.

사회주의 북한에서 농업 부문의 퇴보는 세계기아지수 조사[01]에서 여실히 드러난다. 2021년 조사 결과 북한은 116개 국가 가운데 96위를 차지할 만큼 식량 사정이 '심각' 단계에 머물렀다. 2020년 조사에서는 107개 국가 가운데 96위로 나타났다. 소말리아나 콩고 같은 아프리카 국가와 부룬디, 코모로, 남수단 등 주로 분쟁중인 남아시아 국가들이 그 뒤를 잇고 있다. 북한의 영양부족(결핍) 인구는 무려 1천여만 명으로 전체 인구의 절반에 가까운 42.2%를 차지하고 있다.

---

01 세계기아지수(Global Hunger Index)는 글로벌 기아 상황을 다양한 지표로 산출해 식량 지원이 가장 필요한 곳이 어딘지 알리고, 가장 필요한 곳에 지원이 이루어질 수 있도록 돕기 위해 국제인도주의단체인 컨선월드와이드(Concern worldwide)와 독일의 세계기아원조(Welthungerhilfe)가 매년 공동으로 발표한다. 2021년 조사에서 소말리아가 '극히 위험' 국가로 분류되었고, 예멘과 중앙아프리카공화국, 차드, 콩고민주공화국, 마다가스카르 등 5개국이 '위험' 단계로, 북한 등 31개국이 '심각' 단계로 분류됐다.

사회주의 국가에서 농업의 문제점은 크게 3가지로 요약된다. 첫째, 중앙계획경제 둘째, 생산성 저하, 셋째가 연성예산제약에 따른 문제이다. 계획경제는 자본주의 국가에서도 이 방식을 실시하듯 불합리한 것은 아니지만 중앙집중적인 지령형, 명령형, 일방적, 일률적 계획경제라는 게 문제이다. 생산성 저하는 협동농장처럼 공동소유와 공동 운영방식에서는 나올 수밖에 없는 산물이다. 연성예산제약으로 인한 생산성 저하는 수입 부문에 대한 고려 없이 지출계획 위주로 진행되는 재정 지출에 따른 문제점이 상존한다.

북한 농업의 문제점은 소위 '4대 난'으로 일컬어진다. 생산성 저하를 비롯해 만성적인 식량 부족, 농기자재의 생산과 공급 부족, 그리고 농업 투자개발 자금과 외화 부족 현상을 말한다. 단위 면적당 1인당 생산성이 극히 낮으며 남북 분단 이후 70여 년 동안 식량 사정이 풍족한 기간이 한 번도 없었다. 농사에 필요한 비료와 농약, 종자, 농기계 등이 절대적으로 부족하다. 코로나19 사태 이후 이런 농기자재 부족 현상은 더욱 심각해져 하우스 비닐을 꿰매 쓸 정도인 것으로 알려졌다. 농업 연구 개발과 농업 인프라 투자에 필요한 자금이 극히 모자라는 건 어제오늘의 일이 아니다.

북한의 농업 현황을 알아본다. 북한 농업의 근거 법규는 2009년 채택된 '농장법'으로 여기에서 '농장'이란 토지를 기본생산수단으로 농업경영활동을 진행하는 사회주의 농업기업소를 의미(제2조)한다. 농장은 기본적으로 행정구역인 리 단위로 조직(제8조)돼 있으며, '농장법'은 농장의 조직, 경영활동, 농장 사업에 대한 지도통제 등의 내용을 담고 있다. 협동 농장의 농촌 최일선 현장조직인 분조관리제와 작업반우대제를 통해 농업 생산물을 관리하는 것도 명시하고 있다.

북한 농업의 체계를 보면 농업 조직은 중앙의 농업위원회(내각)-도 농촌경리위원회-군 협동농장경영위원회-리(里) 협동농장관리위원회 구조로 되어 있다. 협동농장은 농촌의 생산 및 생활을 위한 사회주의적 공동체이다. 특이한 점은 협동농장이 농축산물 생산유통조직인 동시에 주민의 전체 생활(정치, 행정, 경제, 사회, 문화)을 총괄하는 기구라는 것이다.

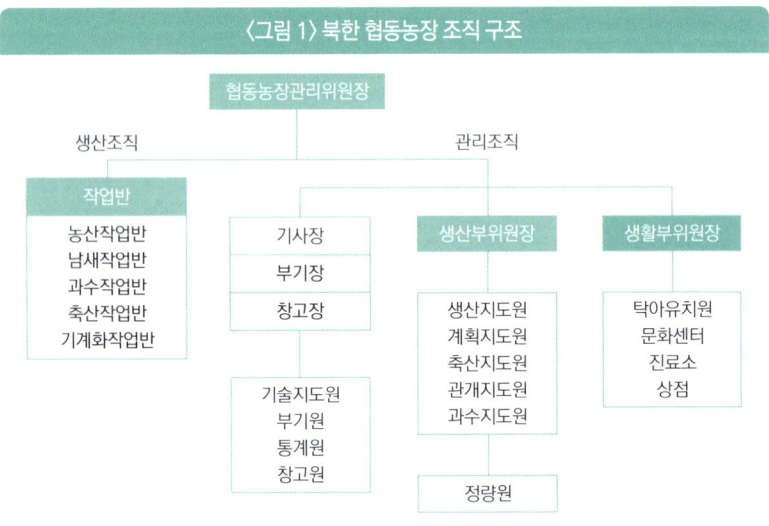

북한 협동농장 조직 구조는 〈그림 1〉과 같다. 북한에서 협동농장은 전국에 3,000여 개소가 있는 것으로 추정된다. 1개 군(현재 북한에 145개 군이 있다)에 15~20개소가 있으며 1개 협동농장에 각각 300~500 농가가 소속되어 있다. 농지는 500ha 정도 보유하고 있으며 농업인 등 평균 2천 명 안팎의 주민이 거주하고 있다. 농산물 생산조직과 기술지도 및 생활지도를 맡는 관리조직으로 구성되어 있다. 협동농장관리위원장이 리 행정기관장 역할을 동시에 수행하고 있다. 협동농장은 해방 직후인 1946년부터 1960년대 초까지 토지개혁과 농업협동화 과정에서 조직되었다. 소속된 토지는 농장 구성원들이 집단적으로 공동 소유하는 형태이지만 사실상 이용만 가능하며 토지에 대한 소유권 행사 등 지배는 국가만 가능하다. 국영농장은 농사시험장과 채종농장, 종축장, 축산전문농장 등 특수한 목적으로 세운 농장이다.

북한의 낮은 농업 생산성을 남북한 비교〈표 1〉를 통해 알아본다. 현재 북한 경지면적은 2019년 기준 191만ha로 논이 57만ha이다. 밭은 134만ha로 전체 농지의 70%를 차지하고 있다. 농지의 91.6% 달하는 175만ha 정도가 협동농장에 속하여 있다. 전체 농경지 면적은 남한의 1.2배에 달한다.

〈표 1〉 남북한 농업 생산성 비교

구분	1ha당 식량작물 생산량(M/T)			300a당 쌀 생산량(kg)			농가인구 1인당 식량작물 생산량(M/T)		
	남한 (A)	북한 (B)	B/A	남한 (A)	북한 (B)	B/A	남한 (A)	북한 (B)	B/A
1970	2.55	1.59	0.62	325	254	0.78	0.48	0.66	1.38
1980	2.65	2.04	0.77	286	196	0.69	0.49	0.55	1.12
1990	3.94	2.32	0.59	447	226	0.51	1.00	0.53	0.53
1995	4.04	2.32	0.57	441	210	0.48	1.13	0.44	0.39
2000	4.45	2.28	0.51	489	264	0.54	1.47	0.44	0.30
2010	4.42			483			1.58		
2013	4.65	2.58	0.55	508	368	0.72	1.70		
2014	4.77	2.58	0.54	520	377	0.72	1.75		
2017	4.88	2.52	0.52	527	384	0.73	1.84		
2018	4.76	2.44	0.51	524	385	0.73	1.90		
2019	4.73	2.48	0.52	513	392	0.76	1.95		

남북 농업 생산성을 구체적으로 비교(2019년 기준)해 보면 쌀, 옥수수, 감자, 콩 등 식량(북한에서는 식량을 알곡으로 표현한다)작물 생산량(1ha당)은 남한의 50% 수준에 그치고 있으며, 쌀 생산량(10a당)은 남한의 76% 수준이다. 농가 1인당 식량작물 생산량은 더욱 떨어져 남한의 30% 수준(2000년)에 머물고 있다.

〈표 1〉에서와 같이 1ha당 식량작물 생산량이 2t 이상 차이가 나고 있으며, 농가의 생산성이 남한은 해마다 상승하고 있지만, 북한은 지속해서 하락하는 추세를 보인다. 이처럼 사회주의 국가와 북한 농업은 근본적인 문제점을 내포하고 있는데 이는 공동 소유, 공동 운영에서 오는 필연적인 결과이다.

2. 북한과 식량 문제

> **키 – 포인트** key point
>
> 북한은 '식량의 자족 실현'을 외치고 있지만 경제제재·기상재해·코로나19 발생으로 생산과 공급이 악화일로에 있다.
> 농업 통계 또한 신뢰성이 아주 부족하다.
>
> ✓ 국가 책무인 '식량안보'는 악화일로
> ✓ '흰쌀밥과 밀가루' 약속은 실현될까?
> ✓ 식량 등 국가 기초통계 부재·부정확

북한의 만성적인 식량 부족 실태를 파악해 보고 이를 해결하기 위한 연구가 요구된다. 이 문제는 그만큼 농업과 식량의 중요성을 인식해야 하며 이를 위해 먼저 북한의 연도별 식량 생산량 변화에 따른 분석이 선행돼야 한다.

농업의 중요성은 한 마디로 '농업농촌의 공익적 기능' 즉 '농업의 다원적 기능'(multi functionality)으로 함축된다. 자국민에 대한 농축산물 생산 및 공급, 즉 '식량안보'(food security) 기능이 대표적이다.

농업의 다원적, 공익적 기능에 대해 세계무역기구(WTO)는 3가지로 구분하고 있는데 이는 환경보전과 식량안보, 농촌개발이다. 경제협력개발기구(OECD)에서는 농업의 다원적 기능을 12가지로 제시하고 있다.

경관 유지, 종 생태계의 다양성, 토양의 질, 수질, 대기질, 물 이용, 경지 보전, 온실효과 방지, 농촌 활력화, 식량안보, 문화유산, 동물복지로 대별된다. 유엔식량농업기구(FAO)에서는 사회적 기능, 문화적 기능, 환경적 기능, 식량안보, 경제적 기능 등 5가지로 구분하고 있다.

농업·농촌의 공익적 기능을 금액으로 환산해 보면 얼마나 될까? 한국에서의 농업의 공익적 가치를 환산한 자료를 보면 조사기관에 따라 차이[02]는 있지만 연간 50조 원(2006년)에 달하는 것으로 분석되어 있다. 논농사만으로도 30조~200조 원에 이른다는 가치 평가도 나와 있다. 여기에 산림(임업) 가치는 221조 원(2018년)으로 추산된다. 환경과 생태·경관·전통문화 보전 및 계승 등 농업·농촌의 다양한 공익적 기능과 가치에 대해 상당히 공감하고 있다는 방증이다.[03]

우리의 주곡인 벼농사의 경우, 대기 정화 기능을 비롯해 수자원 함양 및 홍수와 토양 유실 방지, 폐기물 분해 등 환경보전 기능이 탁월하다. 여기에 농촌 경관 유지 및 전통문화 보전 같은 공익적 기능도 수행하고 있다. 한국 정부는 이 같은 벼농사의 가치를 인정해 공익직불제를 시행하고 있다. 공익직불제는 농업 활동을 통해 농촌환경 보전과 농촌공동체 유지, 식품 안전 등의 공익적 기능을 증진할 수 있도록 농업인에게 보조금을 지원하

---

02 한국에서 농업·농촌의 공익적 가치는 1990년대 중반부터 연구가 진행됐다. 연구 분야나 추정 방법에 따라 가치를 평가하는 금액은 다르게 나타나 있다.

03 농업계는 '농업의 공익적 기능이 헌법에 명시돼야 한다'라고 강력하게 주장하고 있다. 농협은 2017년 10월 '농업가치 헌법 반영 범농협추진위원회'를 출범시키고 1,000만인 범국민 서명운동을 벌인 결과, 한 달여 만에 1,153만8570명의 서명을 받는 놀라운 기록을 세우기도 했다.

는 제도다.

 북한에서 식량을 중심으로 농업에 대한 중요성은 어떻게, 얼마나 인식되어 있을까? 식량은 농업 부문에서 사회주의 계획화 체제의 근간인 관계로 식량 문제는 중앙정권 차원에서 언제나 중요시하고 있다. 당연히 식량 부족은 북한 경제위기의 핵심 요소인 것이 분명하다.

 김일성 집권 시 사례를 보면 그는 1947년 북조선인민위원장 당시 "양식은 곧 정치다"며 사회주의 체제에서 식량의 중요성을 천명하기도 했다. 해방 직후인 1946년 12월에는 "모든 것이 부족한 가운데 특히 양식이 곤란하다"라며 식량 부족 문제를 토로하기도 했다. 1994년 김일성이 사망할 때까지의 김정일 후계체제(1980년 노동당 제6차 대회에서 정치국 상부위원으로 추대)에서도 외교와 농업 분야는 그가 직접 관장할 만큼 식량 문제에 대해 큰 관심을 가진 것으로 알려졌다.

 현재의 김정은 체제에서도 역시 식량 문제는 피해 갈 수 없는 중대한 국가적 사업이다. 그는 "농업 부문에서 2020년 태풍 피해로 알곡생산계획이 미달한 것으로 하여 현재 인민들의 식량 형편이 긴장해지고 있다"(2021. 6. 15, 노동당 중앙위원회 제8기 3차 전원회의)라고 말하기도 했다. 북한 중앙통신은 2022년 새해 첫 메시지를 전하며 2021년 12월 27~31일까지 진행된 당 제8기 제4차 전원회의에서 보고한 '우리식 사회주의 농촌 발전의 위대한 새 시대를 열어나가자'에서 "농업생산을 증대시켜 나라의 식량 문제를 완전히 해결"하기 위해 향후 10년 동안 단계적으로 추진할 목표를 제시했다고 전했다.

 김정은은 이번 회의에서 농업에 대한 국가적 투자를 강조하며 "설비와 자재, 자금을 계획대로 무조건 보장하는 강한 제도와 질서를 확립"해야 한다고 말했다. 이어 "인민의 식생활 문화를 (감자와 옥수수에서) 흰쌀밥과 밀가루 음식 위주로 바꾸겠다"고 약속했다.

 북한 정권을 대변하는 로동신문을 보면 북한에서 식량 부족 문제가 여실히 나타나 있다. 한국 통일부 통일연구원이 2016~2019년까지 4년간 로동신문에 보도된 '(식량)긴장' 언급 기사 빈도수를 분석한 결과, 2016년 1,632건을 비롯해 2017년 1,652건, 2018년 1,795건, 2019년에는 1,321건으로 조사됐다. 식량 문제 기사가 로동신문에 매일 4~5건씩 거론되고 있다는 조사이다.

 세계기아지수 보고서에 따르면 2021년 세계적으로 1억 5,500만 명 이상이 심각한 식량 불안정 상태에 빠진 것으로 나타나 있다. 국제사회에서 기아의 3대 요인은 무력 분쟁과 기후변화, 코로나 19 같은 팬데믹 상황의 발생이다. 북한도 농업 생산성이 크게 떨어진 가운데 이 같은 기아 요인이 겹치면 식량 상황이 더욱 악화할 것은 불을 보듯 하다.

 2022년 들어 북한이 2월 6~7일 평양 만수대의사당에서 개최한 최고인민회의 제14기 제6차 회의에서는 그 해 목표로 사회주의농촌건설사업의 집중이 특히 강조되었다. 국립통일연구원(KINU) 보고서에 따르면 이번

회의에서는 농업농촌 부문의 발전을 위해 농업 부문에 대한 예산 항목을 별도로 만들고 관련 예산 지출을 늘렸다.

2021년 말에 개최된 제8기 제4차 노동당 중앙위원회 전원회의에서는 농업 부문 투자 확대와 농촌의 생활여건 개선을 강조한 바 있다. 또한 이례적으로 협동농장의 미상환 대부금을 탕감하는 조치를 발표하기도 했다.

2021년 1월 노동당 제8차 당대회에서 발표한 '국가경제발전 5개년계획'(2021~2025)은 중심과업으로 '금속공업과 화학공업을 관건 고리로 틀어쥐고 투자를 집중하여 인민경제의 모든 부문에서 생산을 정상화하며, 농업 부문의 물질·기술적 토대를 강화하고, 경공업 부문에 원료, 자재를 원만히 보장하여 인민 소비품 생산을 늘리는 것'으로 설정하고 있다.

산업 부문별 주요 내용을 보면 농업 부문에서는 '당이 이미 제시한 식량 생산목표를 무조건 달성하고, 농업의 지속적 발전을 위한 물질·기술적 토대를 다지는 것'을 중심 목표로 내세웠다. 이를 달성하기 위한 전략적인 과제로 종자혁명을 비롯해 과학 농사, 저수확지에서의 증산, 신규 농지 개발과 간석지 개발, 농산과 축산 및 과수의 발전, 영농의 수리화, 기계화 등 6가지를 제시하였다.[04]

---

[04] 산업연구원 산업경제분석에 따르면 2021년 1월 노동당 제8차 당대회 총화보고의 5개년계획 부문에서는 식량 증산 방안이 중점적으로 제시된 반면, 당대회 결론에서는 생산된 식량의 수매 및 주민 공급 문제를 제시하였다. 특히 '향후 2~3년간 국가 의무수매계획을 2019년도 수준으로 정하고, 반드시 달성하며, 전망적으로 수매를 늘려 인민들에게 식량 공급을 정상적으로 할 수 있게 하여야 한다'고 언급하기도 했다.

북한의 농업에 관한 관심은 2021년 7월 유엔(UN)에 자발적으로 제출한 '지속 가능한 발전목표'(Sustainable Development Goals, SDGs)에서도 잘 나타나 있다. SDGs의 이행사항과 방향을 작성한 자발적 국별 검토(Voluntary national Review: VNR) 보고서[05]를 발표한 북한은 농업과 에너지, 물, 환경 분야에 우선 순위를 두고 발전목표를 추진하겠다고 밝혔다. 특히 보고서에 "지속 가능한 농업 발전과 식량의 자족 실현"을 명시했다.

유엔전략계획(2017~2021)을 수립하여 추진한 북한은 이번에 VNR을 발표하면서 과거 공개하지 않았던 SDGs 관련 통계자료를 제시하여 북한 사회에 대한 전반적인 실태를 파악하는 데 기초적인 자료로 활용할 수 있게 되었다.[06] 북한이 VNR에서 SDGs 달성과 관련하여 17개 목표와 95개의 세부목표, 132개의 이행지표를 공개하여 그동안 비공개된 여러 통계자료를 공개한 점에서 긍정적으로 평가할 수 있다.

북한지역에서의 식량 접근성에 대해 알아본다. 북한에서 식량 접근성은 지역적, 계절적, 직업적, 계층적으로 차이가 있다. 황해도 등 서남권에서는 벼 같은 논농사 위주로 농사를 하며, 양강도와 함경도 등 동북권 지역에서는 감자와 옥수수 등 밭농사가 발달하여 있다. 식량 부족으로 1990년 중·후반부터 사실상 전국적인 식량배급제가 사라진 북한에서 당직자와 기업노동자 등은 공공배급제의 우선 대상이다. 식량 조달의 소외계층

---

05 UN SDGs, 〈https://sdgs.un.org/es/goals〉 (Accessed September 23, 2021).
06 황수환 외, "통일 준비를 위한 북한의 SDGS 소개와 지표 분석", KINU 연구총서 21-16, pp. 22-25.

이 다수 존재하는바 장애인과 노인, 어린이들은 식량 조달에 특히 어려움을 겪고 있다.

북한에서 식량 생산과 공급이 악화한 3대 요인을 꼽으면 대북한 경제제재와 코로나 19 발생과 지속, 기상재해이다. 북한의 핵과 미사일 개발과 발사로 2017년 이후 경제 제재가 더욱 가중되고 있다. 여기에 코로나 발생은 국내외적으로 인력과 물자의 이동이 제한되고 농촌 인력 지원이 제약받으면서 농업 부분에도 어려움을 배가시키고 있다. 최근 들어 홍수와 가뭄, 태풍이 해마다 몰아치면서 농사와 수확에 차질을 가져온 것도 식량 문제를 더욱 어렵게 하고 있다.

식량을 한 톨이라도 더 생산하기 위해 북한은 인력과 물자를 총동원해 지원하는 형편이다. 비료가 부족한 관계로 퇴비 생산을 독려하기 위해 성인과 학생 등을 대상으로 과제를 부여하면서 풀과 가축분뇨, 인분까지 수집해 오고 있다.

북한의 식량작물 생산 현황을 농촌진흥청의 '2021년도 북한의 식량작물 생산량' 통계를 바탕으로 추정해 본다. 식량 생산량 조사방법은 북한지역의 기상여건과 병충해 발생, 비료수급 상황, 국내외 연구기관의 작황 자료, 그리고 위성영상 등을 참고해 종합 분석한다.

2021년도 북한의 식량 생산량은 총 469만t으로 2020년의 440만t에 비해 29만t, 7%가량 증가했다. 북한의 식량(곡물) 수요량은 매년 평균 550

만t 정도로 추산한다. 세부적으로 작물별 생산량을 보면 쌀이 216만t으로 가장 많았다. 2021년 벼 재배면적은 54만4,006ha로 2020년(54만679ha)과 비슷했다. 이어 옥수수 생산량이 159만t으로 뒤를 이었고 감자와 고구마 57만t, 콩 19만t, 밀과 보리 16만t, 잡곡 2만t 순이다. 쌀 생산량은 2020년보다 13만5,000t(7%) 증가했으며 옥수수는 7만4,000t(5%)이 늘었다.

북한은 모자라는 식량을 중국 등지에서 수입해 충당해 오고 있다. 식량을 연평균 32만t(2010~2019) 정도 수입한 것으로 집계됐다. 최근의 식량 수입은 중국 의존도가 절대적으로 높으며 국제기구를 통한 인도주의적 지원물량도 있지만 대북 제재와 코로나 발생 이후 원활하지 못한 상태이다. 남한을 통한 식량 지원은 2008년 이후 사실상 중단된 상태이다.

북한에서의 식량 생산량 정확성에 대해 의문이 제기되고 있다. 그것은 통계의 부정확성에서 오는 신뢰 부족 문제이다.

〈표 2〉 북한의 연도별 식량(곡물) 수요량과 생산량 추이(추정)

(농촌진흥청, FAO, 만 t)

연도 (구분)	2016	2017	2018	2019	2020	2021
생산량	480	515	420~455	464~560	440~556	469
UN 보고 생산량	580	540	495	665	552	

〈표 2〉에서 UN에 제출한 자체 보고 생산량은 '지속 가능한 발전목표(SDGs)를 추진하기 위한 UN 고위급 정치포럼에 따른 유엔아태경제사회위원회(UNESCAP)에 제출한 자발적 국별 보고서(VNR,2021.7)에 근거한 물량이다.

북한이 내놓은 연도별 식량 생산량(495만~665만t)을 분석해 보면 국내외 기관에서 추정한 식량 생산량과 연간 30만~200만t까지 차이가 나고 있다. 국내외 기관에서는 북한 식량 생산량을 연간 420만~560만t으로 추산하고 있다. 북한이 한 해에 식량이 100만t가량 부족한 적도 있었던 것을 고려해 볼 때 차이가 너무 심하다.

이는 국가통계의 부정확성을 나타내는 것으로 이로 인해 북한 통계의 신뢰성 저하 문제가 다수 거론되고 있다. 앞에서 언급한 것처럼 북한이 UN에 제출한 SDGs 해당 자료가 신뢰성이 낮다는 지적이다. 먼저 북한이 VNR에서 공개한 GDP 경제성장률 수치에 대한 신뢰성이 낮다. 또한 2020년 코로나19 발생 이후 변화된 상황에 대해 반영하지 않는 부분이 다수 발견되어 북한의 SDGs 이행현황에 대한 정확한 평가가 어렵다는 게 문제다. 따라서 전문가들은 북한의 SDGs 이행과 관련된 다양한 자료를 수집해 더욱더 체계적이고 분석적인 현황을 파악하는 연구가 필요하다는 견해를 보인다.

이번 내용을 정리해 보면 한국은 물론 북한을 포함한 국내외적으로 농업과 식량의 중요성은 두말할 나위가 없다. 농업농촌의 역할과 공익적 가치가 지대하기 때문이다. 특히 북한에서 식량 문제는 체제 안정과 직결되는 문제여서 핵심적으로 다뤄지고 있는 부문이다. 하지만 북한의 식량 사정은 열악하기 그지없는 상황이며 농업과 관련된 통계 부재와 부정확으로 식량 생산량 통계의 신뢰도가 극히 낮은 상태이다. 북한에서 식량의 안정 생산과 공급을 위한 대책이 절실하게 요구되는 시점이다.

3. 체제전환국 사례와 북한 농업개혁 방향

> **키 – 포인트** key point
>
> 중국과 베트남, 통일독일 같은 체제전환국들의 농업 개혁 사례는 북한에 유용하다. '위로부터의 모험적 변화' 기대는 북한에 대한 환상인가?
>
> ✓ '김씨 3부자'의 농업개혁 조치는 개선 수준
> ✓ 농가 경영권 강화와 인센티브 제공이 핵심
> ✓ 중국·베트남 등 개혁개방은 농업에서 출발

　북한 농업은 분명한 한계점을 내포하고 있다. 이는 역으로 개혁의 필요성이 그만큼 요구된다는 점을 방증한다. 사회주의 국가 체제에서 자본주의 시장경제 체제로 변화한 체제전환국들의 여러 가지 개혁 선행사례를 분석하여 북한에의 적용 가능성과 그 유용성을 분석해 북한 농업 발전의 길을 제시하는 것은 의미가 크다.

　이를 위해 북한 농지의 한계와 남한 농업과의 격차를 살펴보는 한편 북한 농업에 대한 개혁의 당위성을 도출해 보기로 한다. 이어 체제전환국 농업 개혁 사례를 분석해 북한에의 적용 유용성을 타진하며 농업 부문을 중심으로 북한 개혁의 나아갈 길을 제시하고 전망한다.

　현재 북한 농업은 곳곳에서 한계상황을 노출하고 있다. 먼저 북한의 농경지는 70% 정도가 강산성 상태이다. 냉습지 또한 많다. 그만큼 농사에 적합하지 않은 땅이 많다는 것이다. 영농에 필요한 농기계의 경우 10대 중 7대 정도가 가동조차 못 하고 있다는 전언이다. 이에 따라 노동집약적 농업을 할 수밖에 없으며 높은 인력의존도는 불가피하다. 농기계의 생산과 공급이 불충분한 상태이지만, 농기계를 보유하고 있다고 해도 에너지 부족으로 전력공급을 제대로 해주지 못한다. 북한의 전력 공급량은 남한의 24분의 1에 불과한 실정이다. 수리하고 정비에 필요한 농기계 부품 또한 공급이 원활하지 못해 제때 작동을 못하고 있다.

산림 면적의 30% 안팎이 황폐(2018년)되어 있는 것도 큰 문제 중 하나이다. 산림과학원 분석에 따르면 북한이 산림면적은 939만ha로 전체 국토면적의 76% 정도를 차지한다. 연료 부족으로 주민들이 땔감용으로 나무를 베어내며, 다락밭 개간을 위해 산림을 훼손하는 일이 흔하기 때문으로 알려졌다. 이로 인해 산사태가 자주 발생하며 홍수와 태풍, 가뭄 같은 자연재해에 매우 취약하다. 특히 집중호우 때 산 인근의 논밭으로 토사가 휩쓸려 농사를 망치는 일이 다반사이다.

평등을 내세우는 사회주의 국가라고 하지만 북한에서도 도시와 농촌의 소득 격차가 심하다. 2017년 기준 최상위 소득 40%에 속하는 가구가 도시지역은 60%에 달하지만, 농촌은 8.8%에 불과하다는 조사도 있다. 반면 저소득층은 농촌지역에 몰려 있다. 소득 최하위 20%에 속하는 가구 비중이 도시는 6.4% 정도인데 농촌은 무려 41.2%에 달한다. 이러한 도농 격차는 점점 심해지고 있다고 분석한다. 이웃 중국에서도 이러한 도농

소득격차 심화 현상은 국가적인 문제로 대두되어 지도층은 이 문제 해결을 위해 골머리를 앓고 있다.

 식량작물(곡물) 생산량은 매년 30만~100만t까지 부족한 실정이다. 해방 후 현재까지 식량 부족 문제를 해결할 뚜렷한 기미가 없다. 〈표 3〉에서와 같이 식량 생산량이 남한보다 약간 많은 것은 남한보다 경지면적이 넓고 옥수수 생산량이 연간 150만t 정도로 남한의 20배에 달하기 때문이다. 쌀 생산량은 남한은 논 면적이 계속 줄고 있지만, 북한보다 1.7배가량 더 생산하고 있다.

〈표 3〉 남북한 식량작물 및 쌀 생산량 비교

구분	식량작물(천 톤)			쌀(천 톤)		
	북한	남한	남/북(배)	북한	남한	남/북(배)
2009	4,108	5,553	1.4	1,910	4,916	2.6
2017	4,701	4,466	1.0	2,192	3,972	1.8
2018	4,558	4,398	1.0	2,205	3,868	1.8
2019 ('18대비)	4,640 (1.8%)	4,375 (-0.5%)	0.9	2,236 (1.4%)	3,744 (-3.2%)	1.7

북한에서 개혁은 절실하다. 농업 부문도 예외는 아니다. 북한도 나름 농업정책에 대한 시대별 '개선 조치'[07]가 있었다. 먼저 김일성 시대(1945~1994)에는 사회주의 체제 강화 시기로 토지개혁과 농업 집단화가 추진되었다. 이때 등장한 주체농법과 그 이전에 나온 청산리정신과 청산리방법은 사실상 농업의 지도이념이었다. 협동농장 내에서의 분조관리제 실시는 처음으로 시도된 생산성 제고 방안이지만 성과는 미미했다.

김정일 시대에 들어서 1995년부터의 해외자본 유치를 위한 경제특구 등 개방 조치와 1996년의 새로운 분조관리제가 나왔다.

---

07 1950년 초부터 형성된 협동농장의 조직구조와 관리체계는 북한 농업의 현장을 파악하는 적합한 대상이다. 일련의 북한 농업정책 변화에 대해 '개선'이라고 단정한 것은 북한 농업이 아직은 개혁 수준이 아니라는 게 본 연구자의 시각이다. 구소련이나 동독 등 사회주의 국가들은 1980년대 후반까지 '개혁'이라는 단어는 잘 사용하지 않았다. 대신 '개선'(improving)이나 '완성'(perfecting), '개선완성'을 많이 사용했다. 북한에서도 외부적으로 '개혁' 용어 사용을 꺼리다가 2003년 6월 10일 조선중앙통신 보도("여러 기회에 걸쳐 경제개혁을 추진해 왔다.") 이후 자주 사용하고 있다. 강일천, " 7.1 경제관리개선조치 1년의 평가와 재해석",『고려대 북한학연구소, 제4회 국제학술세미나 자료집』(2003.6), p. 7.

2002년의 7.1경제관리개선조치[08]는 가격 현실화 등 시장 요소가 포함됐지만 역시 농업 개혁까지는 도달하지 못했다. 2012년 김정은 집권 시기부터는 우리식 경제관리방법[09]을 천명한 6.28방침[10]과 2014년의 5.30조치[11]를 단행했지만 그 효과는 미지수다.

북한에서 GDP(국내총생산)에서 차지하는 농림어업 비중(2019년)을 보면 21.2%로 제조업(18.7%)보다 높다. 이에 반해 남한은 농림어업 비중이 1.8%에 그쳐, 제조업의 27.7%에 비해 미미한 수준이다.

농가인구는 북한이 857만 명(2008년)으로 전체 인구의 36.8%를 차지한다.

---

08 2002년 7·1경제관리개선조치를 시작으로 고난의 행군 시대에 붕괴한 공식 배급제도를 정상화하고 생산력을 제고하기 위하여 시장경제적 요소를 도입하기 시작하였다. 7·1조치는 임금 및 재화 가격을 현실화하고 사회주의 계획경제의 중추가 되는 계획지표를 축소하고 자율성과 인센티브 등을 통해 개별 경제단위의 역할을 확대하는 정책이었다.

09 7·1조치를 통한 시장화의 진전에도 북한 경제의 공급기능은 회복되지 않았다. 그리고 민간부문 통화 과잉으로 인플레이션 등 부작용이 지속되자 후퇴의 한계점을 극복하려는 경제개혁 조치가 김정은 시대 다시 시작되었다. '우리식 경제관리방법'으로 대표되는 김정은 시대 개혁은 시장화라는 현실과 계획경제 제도의 괴리를 축소하고 이를 수용하여 법제화되는 과정이다. 시장 경제활동을 공식적으로 인정하고 이를 적극적으로 활용하며 이를 법 제정과 개정을 통해 뒷받침하고 있다. 그 결과 북한 경제는 완만한 성장세를 유지하였지만 2017년 이후 강화된 대북 제재의 영향으로 김정은 시대 개혁은 다시 한계에 봉착하게 되었다.

10 6.28방침을 통해 10~25명(또는 7~8명) 수준이던 협동농장 작업분조 규모를 4~6명으로 더욱 축소하면서 보다 개별화된 영농구조로 변화하였다. 이러한 규모 축소는 중국이 경제개혁 초기 시행하였던 '가족영농제'와 유사하다. 이 방침은 분조에서 맡은 포전 수확량 중 초과 생산분에 대한 자율처분권을 대폭 확대했다. 즉, 초과 생산물을 3 : 7로 분배하는 것으로 30%는 당국에서 가져가는 세금 등의 비용, 40% 국가 수매, 30%는 포전농민에게 분배되는 형태이다.

11 5. 30조치는 2012년에 시범 실시한 포전담당제를 확대해 시행하며 협동농장에 자율경영제를 도입, 가족 단위 영농을 가능하게 하였다. 농장원 1인당 농지 1,000평 정도를 할당하여 영농하고 거기에서 나오는 생산물을 국가와 개인에 일정 비율(4:6, 40%는 국가 납부, 60%는 농민 자율 처분)로 분배하고자 한 이 조치는 1980년대 전후 중국 농업 부문에서 채택된 '생산책임제 개혁' 방식과 유사한 조치로 농민에게 인센티브를 부여한다는 점이 핵심이다.

반면, 남한은 221만 명(2021)으로 전체 인구의 4.27% 정도에 불과하다. 이는 북한 산업경제에서 농업 비중이 매우 크다는 점을 잘 나타내주고 있다. 이러한 농업 비중에 비해 농업이 제 역할을 해주지 못하고 있다는 것이 북한의 현실이며 시급히 해결해야 할 고민거리인 점은 부인할 수 없다.

북한에서 부진한 농업 부문 등 경제 문제를 해결하기 위해 체제전환국의 개혁 사례를 분석해 유용한 결과를 북한에 적용하는 시도는 가치가 크다고 본다. 체제전환국이란 경제학적 개념으로 "어떤 국가가 어느 시점까지 유지했던 경제체제가 완전히 제거되고 과거와 성질이 다른 새로운 체제가 등장하는 것"을 뜻한다. 소유제도나 자원 배분 방식 등에서의 획기적인 변화를 의미한다.

사회주의 체제의 이론적 특징(속성)을 공산당 독재와 생산수단의 공유제 또는 국가 소유제, 중앙계획경제 체제라 할 때 이 세 가지 속성 중 한 가지 이상이 본질적으로 변화했으며 그 변화가 불가역적인 경우에는 체제전환[12]으로 보는 이론이 있다.

---

12 라빈은 개혁이란 공산당의 엄격한 통제, 국가 소유제, 중앙계획경제 체제의 일부를 부분적으로 교정하는 작업으로 계획경제의 틀 안에서 이뤄진다고 설명한다. 사회주의 경제체제의 개혁은 공산당의 통제 완화를 통한 분권화, 국가 소유제도의 완화를 통한 소유제도의 다양화, 시장경제 요소를 도입한 계획과 시장의 조화라는 세 가지 형태로 추진된다는 주장이다. 라빈은 또한 코르나이와 마찬가지로 체제전환에서 정치적 영역의 전환과 경제적 영역의 전환을 동시에 고려하는 시각을 가진다. Lavigne, M., The Economics of Transition: from Socialist Economy to Market Economy, New York: St. Matin's Press, 1995, pp. 3-14 ; Lavigne, M., ibid., pp. 29-43 ; 장소영, "북한의 경제개발구법에 관한 연구", 서울대학교 법학전문대학원 박사학위논문, 2017, pp. 96-98.

농업으로 본 북한 개혁

체제전환국의 개혁 형태는 그 속도와 유형에 따라 점진적 개혁과 급진적 개혁 형태로 대별 된다. 점진적(단계적, 진화적, 부분적, 보수적) 개혁 형태 국가는 중국과 베트남 사례가 있다. 급진적(동시적, 충격적, 포괄적, 적극적) 개혁 형태 국가는 통일독일과 러시아, 동유럽 국가들이 이에 속한다.

체제전환국 개혁 사례를 북한에 적용하는 유용성을 분석해 보면 다음과 같은 결론이 도출된다. 그 첫째가 토지 이용권(소유권)의 과감하고도 대폭적인 확대 조치이다. 농가 경영권을 확실하게 강화해 주는 것으로 이를 통해 개인농이 형성된다. 북한에서 당장 토지 소유권을 농가에 돌려주는 것은 현실적으로 불가능에 가까운 만큼 이용권의 확대 조치를 거쳐 토지이용권이 실질적으로 소유권화 되도록 진행하는 방안이다.

둘째는 경제적 분권화 도입이다. 꽉 막힌 지령형 중앙계획경제 시스템에서 탈피해 농업 등 경제 전반에 시장경제, 시장요소를 확대하는 방식이다. 노동에 대한 인센티브 제도도 개선되고 확대되어야 한다.

이처럼 사회주의에서 자본주의로 체제를 전환하기 위해서는 생산 수단의 사유화가 필요하다. 기업과 집단농장 토지 등의 사유화(privatization, 사적 소유 private ownership)를 의미한다. 또한 중앙계획을 철폐하고 시장 기제를 도입해 대체하는 것이다.

여기에 가격 자유화와 무역 자유화 등 자유화(liberalization) 조치가 뒤따라야 한다.[13]

셋째는 대외교역 확대로 개혁개방이 가속되어야 한다. 이를 통해 농업 투자개발 재원 확보에 나서야 한다. 지금 북한엔 산업에 투자할 자금 등 여력이 없다. 마지막은 북한이 국제 교류와 협력의 무대로 나오는 것이다. 남북한은 물론 여러 국제기구와의 대화와 협력이 요구된다. 북한도 2001~2008년 국제농업개발기금(IFAD)과의 농가 소액금융지원사업 등 국제협력사업 사례가 다수 있다

북한 체제 특성상 어느 것 하나 쉬운 것이 없지만 그만큼 '모험적인 변화' 노력 없이는 북한의 발전은 요원하다. 특히 최고지도자의 결정이 모든 것을 좌지우지하는 북한 체제 특성상 '위로부터의 모험적 변화'는 북한의 생존을 위해 결단이 요구된다는 점을 강조하고 싶다. 중국이 1982년 헌법에 '개혁개방의 지속적 추진'을 명시하고, 베트남은 2013년 개정 헌법의 서문에 '도이모이(쇄신) 사업 추진'을 반영한 사례를 보면 북한에서도 최고지도자를 중심으로 개혁과 경제 발전에 대한 강력한 의지가 필요하다는 것은 분명하다.

---

13 체제전환(이행) 경제학은 사회주의에서 자본주의로 경제 체제를 전환하는 국가들의 이행과정을 연구하는 경제학의 한 분야이다. 많은 사회주의 국가들이 체제전환 당시와 직후에 높은 인플레이션이나 생필품 부족(shortages) , 높은 재정 적자 등에 시달렸기 때문에 경제의 안정화(stabilization)도 필요하다. 사유화 , 자유화, 안정화 세 가지가 체제 전환의 가장 중요한 정책이 되었으며, 제도 개혁도 체제 전환의 중요한 정책이다. 김병연, "체제 이행과 독일통일 : 남북한에 주는 함의", 『대한민국 학술원논문집 제57집 2호』, (2018), p. 271.

북한의 농업발전 모델로 예상되는 중국은 사상해방[14]과 농가생산책임제 같은 사실상의 토지 소유권화를 단행했다. 또한 베트남은 미국 등 서구와의 관계 개선을 통해 농업투자개발 재원을 마련했다. 체제전환국들이 자국의 농업개혁 성과를 높이려면 국제사회와 국제기구의 지원과 협력이 뒤따라야 한다. 이를 뒷받침하는 사례로 베트남의 빈곤감소전략(PRSP)을 제안한다. 이 사업을 벌인 베트남 지역 빈곤율이 10년간 26%p나 감소한 결과를 볼 때 북한이 왜 문을 열고 다시 대화와 협력의 장으로 나와야 하는지 그 필요성을 여실히 증명해 주고 있다.

북한에서 가장 못사는 직업 1순위로 언제나 협동농장 농장원이 꼽히고 있으며, 농촌은 '한심한 곳'으로 인식되고 있다.[15] 지금 북한 주민들의 빈곤, 결핍, 거기에서 나온 고난은 농업의 부진에서 초래된 것이며 이는 결국 식량 생산의 불안정이 근본 원인이다.

농업은 식량 보장과 체제 안정이라는 막중한 역할을 수행하기 때문에 체제 전환 과정에서 필수적으로 고려해야 할 중차대한 요소로, 이는 북한학의 중심적 과제라고 하겠다. 체제전환국인 중국과 베트남도 개혁개방

---

14 덩샤오핑은 1978년 12월 중국공산당 '제11기 3중전회(中全會)'에서 개혁개방의 3개유리(3個有利) 가치표준(기본사상)을 제시하면서 '종합국력의 증강', '생산력의 발전', '인민생활의 향상' 등 세 가지 중 어느 하나에 유리하다면 자본주의적 요소도 과감히 도입할 수 있다고 결론지었다.

15 서울대에서 북한이탈주민들을 대상으로 조사한 자료이다. 2013년 조사 이래 농장원이 가장 못사는 직업 1순위를 계속 차지하고 있다. 2020년에는 조사 대상의 86.2% (1, 2순위 합계)가 농장원을 꼽았다. 농장관리일꾼도 23.9%로 기업소노동자(53.2%)에 이어 3위이다. 김학재, 김병로, 정은미 외, "북한사회 변동 2020 : 시장화, 정보화, 사회분화, 보건", 『서울대 통일평화연구원』(2021.2). pp. 103-104 : 박영자·조정아·홍제완·정은이·정은미·이석기·전영선·강호제, 『김정은 시대 북한 경제사회 8대 변화』, (서울: KINU통일연구원, 2018), p. 201.

과정에서 농업 농촌 개혁부터 시작해 도시경제체제 개혁과 대외 개방 정책을 통해 사회주의적 시장경제체제(Socialist market economy)로 진행해 오고 있다.

이미 언급했듯이 사회주의 국가는 생산수단의 공유화, 통제와 명령의 중앙계획경제, 그리고 연성예산제약으로 인한 비효율적 체제라는 게 역사적 경험적인 결론이다.[16] 농업 부문도 사유화 불인정, 농업 집단화, 물질적 인센티브 제공의 결여에 따른 생산성 저하와 식량 부족 등 경제적 후진성을 벗어나지 못하고 있다. 북한은 이런 점이 더욱 심각한 국가로 꼽힌다. 북한도 지금까지 농업 부문 등에 걸쳐 여러 차례 개혁 조치를 단행했지만 개선 수준에 그칠 만큼 언제나 불충분하였고 되레 후퇴하기까지 했다.

북한은 지금 개혁의 갈림길에 서 있다. 북한이 여전히 문을 꽉 닫고 '자력갱생(경제독립)'의 고립된 길로 나갈 것인가? 아니면 밖으로 손을 내미는 '개혁발전(개방협력)'의 길을 선택할 것인가?

---

[16] 당 지배를 추구하는 사회주의 당-국가(party-state) 체제로 현실적으로 국가가 사회의 모든 영역에 대한 통제와 관리의 주체이다. 정부는 기업들에 대하여 직접 명령을 통해 생산과 유통, 분배를 실현한다. 1980년대 말을 전후하여 탈사회주의 바람이 불어 시장경제화가 진행됨으로써 사회주의적 기본틀이 변형되고 있다. 베트남의 경우 1980년대 말 '개혁사회주의경제'로부터 '혼합시장경제', 즉 사회주의 지향 시장경제'(Socialist-Oriented Market Economy)로 이동하였다고 평가된다. 이러한 혼합경제체제를 이론화하는 작업은 이념적 사회주의 고수와 실제적 탈사회주의화를 조화시켜보려는 노력의 산물이다. 이한우, "베트남 사회주의 개혁모델의 탐색",「한국연구재단」연구보고(2011), p.1.

참고문헌

1. **강일천** "7.1 경제관리개선조치 1년의 평가와 재해석", 『고려대 북한학연구소, 제4회 국제학술세미나 자료집』(2003.6).

2. **권남회** "체제전환국 농업 개혁의 북한 적용에 관한 연구", 경기대 정치전문대학원 박사학위논문(2020).

3. **권태진** 『북한의 농업 및 식량 상황』(동향과 분석, 2020).

4. **김병연** "체제 이행과 독일통일 : 남북한에 주는 함의", 『대한민국 학술원논문집 제57집 2호』(2018).

5. **김영진** 『유라시아 체제전환과 경제발전』(한울아카데미, 2012).

6. **김영훈·전형진·손학기·박주언** 『남북한 경협 재개 국면의 농업교류협력 구상과 추진』(KREI, 2019).

7. **김학재·김병로·정은미 외** "북한사회변동 2020 : 시장화, 정보화, 사회분화, 보건", 『서울대 통일평화연구원』(2021.2).

8. **박영자·조정아·홍제완·정은이·정은미·이석기·전영선·강호제** 『김정은 시대 북한 경제 사회 8대 변화』(서울 : 통일연구원, 2018).

9. **양문수** 『북한 경제의 시장화 양태·성격·메커니즘 함의』(한울, 2010).

10. **이한우** "베트남 사회주의 개혁모델의 탐색",『한국연구재단 연구 보고』(2011).

11. **장소영** "북한의 경제개발구법에 관한 연구", 서울대학교 법학전문대학원 박사학위논문(2017).

12. **조동호, 박지연 외** 『체제전환 이론과 사회주의 농업』(KREI, 2016).

13. **KINU Online Series** (2021.6.22, 8.6.).

14. **UN SDGs** 〈https://sdgs.un.org/es/goals〉(Accessed September 23, 2021).

15. **도표, 통계** : 농촌진흥청, FAO, 통계청(북한농업통계) 등

남북한 제대로 알기 민주시민교육총서

남북협력개론

발행일	2022년 10월 10일
발행처	경기대학교 통일교육선도대학추진사업단
인쇄·편집	도서출판 유니크

ISBN 979-11-92637-03-7
판매가격 22,000원

본 제작물의 저작권 및 판권은 경기대학교 통일교육선도대학추진사업단에 있습니다.